Mars et Vénus font la paix

Du même auteur
aux Éditions J'ai lu

Mars et Vénus au travail, n° *6872*
Mars et Vénus, petits miracles au quotidien, n° *6930*
Les hommes viennent de Mars – Les femmes viennent de Vénus, n° *7133*
Mars et Vénus sous la couette, n° *7194*
Une nouvelle vie pour Mars et Vénus, n° *7224*
Mars et Vénus, les chemins de l'harmonie, n° *7233*
Mars et Vénus, 365 jours d'amour, n° *7240*
Comment obtenir ce que nous désirons et apprécier ce que nous possédons, n° *7253*
Mars et Vénus, les enfants viennent du paradis, n° *7261*
Mars et Vénus ensemble pour toujours, n° *7284*
Mars et Vénus se rencontrent, n° *7360*
Mars et Vénus au régime, n° *8412*
Mars et Vénus en harmonie, n° *8958*
Vénus en feu, Mars de glace, n° *9596*
Mars et Vénus réussissent ensemble, n° *10841*

JOHN GRAY

Mars et Vénus font la paix

Savoir résoudre les conflits pour une vie de couple harmonieuse

Traduit de l'anglais (États-Unis)
par Catherine Marx

J'AI LU
Bien être

Titre original :
MEN, WOMEN AND RELATIONSHIPS,
MAKING PEACE WITH THE OPPOSITE SEX

Première publication en langue originale par Beyond Words Publishing, Inc., Hillsboro, Oregon
Cette édition en français a été possible grâce à l'intervention de Sylvia Hayse Literary LLC, Bandon, Oregon, États-Unis, et de l'agence Schweiger.

Pour la traduction française :

SOMMAIRE

PRÉFACE

J'ai écrit ce livre, *Mars et Vénus font la paix,* avant mon best-seller *Les hommes viennent de Mars et les femmes viennent de Vénus*. Il est le fruit de dix années de recherches et de ma pratique de thérapeute. C'est grâce à ces deux éléments que j'ai pu élaborer toutes ces idées, dont très peu sont reprises dans *Les hommes viennent de Mars et les femmes viennent de Vénus*. *Mars et Vénus font la paix* est un livre plus complet qui permet d'aller plus en profondeur dans la compréhension des différences hommes-femmes. En sachant comment ces différences se rencontrent et se complètent, nous accédons à une meilleure communication, à plus d'empathie, nous acceptons mieux l'autre et sommes davantage capables de pardonner ses erreurs.

Cet enseignement vous incitera à faire des choses qui comptent aux yeux de votre partenaire même si elles ne vous semblent pas importantes. La plupart des gens débutent une relation de couple en ne désirant qu'aimer, donner de l'amour et rendre leur partenaire heureux. Mais sans une connaissance approfondie des différences entre hommes et femmes, ils sabotent inconsciemment cette expérience.

Bien qu'ayant écrit ce livre il y a vingt-cinq ans, l'information qu'il dispense est toujours d'actualité ; elle est même encore plus nécessaire que lors de sa première parution. Parce que, aujourd'hui, nous avons davantage la possibilité et la liberté d'exprimer nos énergies masculines et féminines. Ainsi, les femmes sont face à un nouveau défi : alors qu'elles expriment davantage leurs énergies masculines, elles ont besoin de renouer avec leurs énergies féminines pour trouver l'équilibre. De leur côté, les hommes ont été encouragés à être plus féminins ; il leur est donc plus difficile d'être équilibrés dans leurs énergies masculines.

Quand elles subissent ce type de déséquilibre, les femmes ont tendance à se sentir dépassées et à subir de hauts niveaux de stress. Elles veulent donner toujours plus d'elles-mêmes aux autres et elles ont du mal à trouver le temps de prendre soin d'elles-mêmes. Elles peinent à identifier les besoins liés à leur nature féminine. Or c'est dans la satisfaction de ces besoins qu'elles pourraient trouver du soutien.

En ce qui concerne les hommes, ils sont un peu désorientés quand ils tentent de rendre leur femme heureuse. En général, ils sont frustrés car ils ont l'impression que leur compagne attend d'eux qu'ils se comportent comme une amie. Toutefois, si les femmes ont envie qu'ils sachent manifester une part de féminité, elles ont aussi besoin que leur conjoint se montre viril.

Dans ce livre, vous apprendrez à développer de nouvelles compétences en matière de communication. Les hommes apprendront à être forts, présents, et à donner à leur compagne la compréhension profonde dont elle a besoin, pour qu'elle puisse faire baisser son niveau de stress et qu'elle puisse se sentir plus connectée à son conjoint.

En reconnaissant les besoins élémentaires qui sont les nôtres en tant qu'hommes et femmes, nous obtenons l'assurance de rester fidèles à nous-mêmes, ce qui nous autorise à grandir pour devenir plus que ce que nous sommes.

Si vous êtes nés dans le corps d'un homme, vous devez honorer votre part de masculinité en premier lieu. Ensuite, sur la base de cette force masculine, vous pourrez croître en maturité et exprimer davantage votre côté sensible, prévenant et attentionné. Quant aux femmes, comme elles expriment désormais davantage leurs énergies masculines, elles ont besoin d'apprendre à soutenir leurs énergies féminines et les besoins qui y sont associés.

Dès lors qu'on devient plus équilibré, le niveau de stress décroît et nous devenons spontanément plus généreux, plus aimants et plus aptes à pardonner dans nos relations de couple. Nous devenons également capables d'entretenir la passion que nous ressentions au début de notre histoire d'amour.

C'est avec une immense joie que je partage ce livre avec vous. Je suis convaincu qu'il apporte une meilleure compréhension des différences hommes-femmes et qu'il le fait d'une manière absolument positive et enrichissante pour toutes nos relations.

John Gray
Octobre 2014

AVANT-PROPOS

La mort de mon père peut expliquer les raisons qui ont motivé l'écriture de ce livre. C'était un homme profondément généreux, plein de compassion. Un jour, il s'est arrêté pour prendre un auto-stoppeur et ce dernier l'a enfermé dans le coffre de sa voiture après avoir dérobé son argent. Mon père a tenté de se libérer durant des heures. La police fut alertée par des résidents du quartier qui lui signalaient une voiture abandonnée. Malheureusement, leurs indications n'étaient pas suffisamment précises. Il fallut attendre la troisième signalisation pour qu'on puisse enfin la retrouver. Il était alors trop tard : mon père était mort asphyxié.

La façon dont mon père est décédé est représentative de sa vie et de celle de bon nombre de personnes. Il a toujours eu le désir d'aider les autres, mais n'est jamais parvenu ni à s'ouvrir à eux, ni à partager. Comme lui, plein de gens meurent avec le cœur brisé, seuls et abandonnés. Ils n'ont pas pu être sauvés parce que les indications qu'ils ont fournies n'étaient pas assez claires. Personne ne pouvait savoir comment accéder jusqu'à eux et les aider. Ce livre peut vous permettre de lever le voile de confusion qui couvre les relations amoureuses ; ainsi, elles seront plus lucides et source d'espoir.

Mais il y a une chose importante qu'il me faut rajouter au sujet du décès de mon père... Après ses funérailles, j'ai voulu ressentir ce qu'il avait traversé. Je me suis donc installé dans le coffre de la voiture et j'ai refermé le capot. J'ai passé mes doigts sur les endroits cabossés qu'il avait frappés du poing pour appeler au secours. Or, mon père était un homme qui demandait rarement de l'aide... J'ai vraiment éprouvé la solitude qui fut la sienne. Puis, j'ai constaté qu'il avait cassé le feu arrière pour tenter d'avoir de l'air. Instinctivement, j'ai passé ma main à l'intérieur du trou qu'il avait fait. Un de mes frères se trouvait à l'extérieur. Il me guida en me conseillant d'allonger la main pour essayer d'atteindre le bouton qui permettait d'ouvrir le capot. Ce que j'ai fait, avec succès. Si mon père avait eu l'idée d'ouvrir le coffre depuis l'extérieur, il serait toujours en vie. Mais comment l'en blâmer ? Moi-même, à sa place, je ne pensais qu'à tenter de l'ouvrir depuis l'intérieur ! Il m'a fallu un regard extérieur, quelqu'un qui me montre la voie...

La mort de mon père a profondément bouleversé ma vie. Elle m'a révélé avec force ma responsabilité vis-à-vis des autres, de ceux qui sont emprisonnés dans leur cœur. Il fallait que je leur montre comment faire pour provoquer le déclic qui les libérerait. Ce livre leur est dédié. J'espère qu'ils y trouveront des solutions qui leur étaient invisibles du fait de leur enfermement en eux-mêmes et qu'ainsi, ils accéderont à l'amour et à la compassion. Je souhaite enfin que par leur exemple, ils inspirent d'autres personnes et qu'elles sortent de leur cage et partagent leur amour ! Ce livre est également dédié à celles et ceux qui sont porteurs de lumière, les guides, ceux qui sont à l'extérieur et qui se sont donné pour mission d'aider les personnes en difficulté à se libérer d'elles-mêmes. Puissent ces pages soutenir leurs efforts et leur permettre d'améliorer leur travail !

Écrire ce livre et mettre mes idées, mes stratégies et compétences à l'épreuve fut pour moi passionnant et extrêmement enrichissant. J'ai voyagé par monts et par vaux, j'ai essuyé des tempêtes et j'ai traversé des endroits ensoleillés où régnaient la beauté, l'amour et la confiance.

Je remercie ma femme, Bonnie, pour m'avoir accompagné durant ce voyage et pour m'avoir offert son soutien et son amour. Elle a contribué à nourrir cet ouvrage et a été mon plus grand instructeur. J'ai découvert la plupart des concepts que j'énonce simplement en l'écoutant. Par son affection, sa vulnérabilité et sa franchise, elle m'a amené à respecter sa nature féminine et m'a donné envie d'être un meilleur mari. Grâce à son amour, j'ai appris à faire confiance, à accepter et à respecter ma propre nature masculine. Et plus important encore, j'ai appris que l'amour avait l'immense pouvoir de me faire évoluer. Je remercie sincèrement ma fille, Lauren, pour m'avoir fait découvrir les merveilleuses facettes de l'amour paternel ; j'ignorais que je pouvais aimer ainsi. Merci aussi à mes belles-filles, Shannon et Julie pour m'avoir accepté et me porter autant d'affection. Merci à toi, Jimmy, mon jeune frère parti trop tôt. Ton amour inconditionnel ne m'a jamais quitté tout au long du chemin et ton suicide m'a appris à quel point la vie était précieuse. Ta souffrance m'a montré la voie de l'empathie et ton amour sans limites me motive encore à aider ceux qui n'ont pas eu autant de chance que moi. Je remercie chaleureusement ma mère, Virginia Gray, qui a contribué à ce que je devienne l'homme que je suis par la bienveillance dont elle a fait preuve à mon égard. Sa spiritualité et son altruisme m'ont servi d'exemple. Je n'aurais pas pu rêver meilleure mère qu'elle. Je suis également reconnaissant à Lucille pour avoir toujours cru en moi. Merci aux patients dont je partage l'histoire dans ce livre, merci à celles et ceux qui ont participé à mes séminaires, qui m'ont fait confiance et qui ont prouvé l'efficacité de mes conseils. Je salue leur sagesse et j'apprécie sincèrement le fait qu'ils aient voulu partager leurs expériences. La plus grande partie des témoignages significatifs que je livre ici, je la leur dois. C'est grâce à eux si j'ai pu publier cet ouvrage et ceux qui ont suivi. Ma gratitude va à Ann Weyman, Sara Steinberg et Julie Livingston pour leurs compétences et l'aide qu'elles m'ont apportée pour faire éditer ce livre ; de même, je remercie Richard Cohn et Cindy Black ainsi que toute l'équipe de Beyond Words Publishing pour avoir autant tenu à le publier.

Pour conclure, je vous remercie de me donner l'occasion d'apporter des changements radicaux à votre vie. Merci pour le courage dont vous faites preuve et pour votre implication pour faire entrer la lumière de l'amour dans vos cœurs et vouloir la partager. Grâce à cette lueur d'amour, les ténèbres s'effacent pour créer un monde meilleur ; elle apporte la compassion permettant de guérir nos souffrances collectives et procure la joie qui efface nos peines. N'oubliez jamais que vous êtes quelqu'un de spécial et que votre capacité d'amour fait la différence.

INTRODUCTION

Une bonne relation implique du travail mais également du plaisir. Ces deux éléments sont importants ; il ne faut pas que cela devienne une corvée ! Les femmes comprennent intuitivement qu'il faut consacrer des efforts pour bâtir une relation de qualité. Les hommes par contre, considèrent généralement que c'est dans leur vie professionnelle qu'il faut travailler. Ils vont au boulot, font ce qu'on attend d'eux et quand ils rentrent chez eux, ils décompressent. Depuis l'aube de l'humanité, ils se sont spécialisés en ce sens. Au temps des chasseurs-cueilleurs, ils devaient faire preuve de patience et ensuite déployer une énergie considérable pour poursuivre un animal. Ces qualités (attendre, observer et préserver son énergie) apparaissent aujourd'hui à beaucoup de femmes comme de l'inaction et de la paresse. Elles ont du mal à comprendre que cela puisse être une manière de se détendre après une journée de travail. Quand une femme voit son conjoint assis devant la télévision, la télécommande à la main, elle le prend souvent comme une offense personnelle et pense faussement qu'il n'a aucune considération pour elle. Il est intéressant de décrire la relation de couple en l'envisageant sous l'angle du travail, particulièrement pour les hommes, puisqu'ils ont été fortement conditionnés en fonction de ce rapport à la vie professionnelle. D'un point de vue historique, la manière dont on attendait qu'ils prouvent leur soutien à leur famille et l'amour qu'ils portaient à leur femme, c'était qu'ils sortent et rapportent quelque chose. De nos jours, cela ne signifie plus grand-chose parce que dans de nombreux cas, la femme travaille aussi et quand elle rentre chez elle, il reste beaucoup à faire, notamment tout ce qui touche au travail relationnel. Et s'il fut un temps où on considérait qu'il était suffisant pour un homme de subvenir aux besoins de sa femme, il est révolu. Les femmes sont parfaitement capables d'assurer leur subsistance matérielle ; elles attendent désormais un soutien émotionnel, et c'est là que réside tout le secret d'une bonne relation. Si les hommes ont aujourd'hui envie de les soutenir et de se montrer aimants, cela nécessite de rectifier certaines attitudes.

Vous devez apprendre un art de la communication qui va bien au-delà du simple transfert d'information et qui permet d'exprimer votre amour… Généralement, quand une femme dit : « Il faut qu'on parle », son conjoint pense : « Oh non, pas ça ! Pas parler ! » C'est le même type de réaction que pouvaient avoir les chasseurs des temps préhistoriques : « Oh non, pas chasser un animal ! Est-ce que je dois réellement faire ça ? Et s'il m'attrape ? » Ils exprimaient là leur peur de ne pas savoir comment réagir. Cependant, nous avons appris – et nous apprenons toujours – ce que requiert une relation de couple, c'est-à-dire ce qui est exigé dans le cadre de ce « nouveau travail ».

Aujourd'hui, ce qui pose problème, ce n'est pas l'argent, même si on pourrait parfois le croire. Le vrai problème, c'est de combler mutuellement nos besoins affectifs – et chez une femme comme chez un homme, ils diffèrent considérablement de ce qu'ils étaient il y a plus de cinquante ans ! Nous formons une nouvelle génération vivant dans un monde transformé et nos attentes ont évolué.

Pour un homme, l'amour implique de ne rien changer. Quand il rencontre « la bonne personne », il finit par laisser son cœur parler et l'appréciera telle qu'elle est. Les hommes attendent la même chose en retour. Mais la plupart des femmes l'ignorent... Quand une femme part en quête d'un homme, elle imagine quelqu'un auprès de qui elle se sentira bien, qui soit attentionné et aimant. Mais quelque part au fond d'elle, une petite voix suggère : « Il a du potentiel ; j'imagine très bien comment je pourrais le faire évoluer. Grâce à mon amour, il changera. » Eh oui, une femme va vouloir vous changer, messieurs, et il n'y a rien que vous puissiez faire pour lutter contre cette tendance. Néanmoins, les femmes peuvent apprendre à travailler sur ce point et les hommes peuvent quant à eux apprendre à accepter qu'elles fonctionnent de cette manière.

Dans mon livre *Les hommes viennent de Mars, les femmes viennent de Vénus*, je traite ce sujet avec beaucoup d'humour et de manière positive. Car il n'y a rien de mal dans nos inclinations masculines ou féminines dès lors qu'on aborde les choses de façon optimiste et qu'on décide d'aller vers une meilleure compréhension de soi et de l'autre pour construire une relation épanouissante. Le but que je poursuis, c'est d'amener les couples à respecter davantage leurs différences mutuelles pour leur permettre, comme une conséquence logique, de se rapprocher l'un de l'autre.

Quand tout va mal et qu'on s'arrache les cheveux à se demander pourquoi ça cloche, quand on se dit qu'on est trop différents et pas faits l'un pour l'autre, on peut envisager les choses sous un angle très amusant : rappelez-vous juste que votre conjoint vient d'une autre planète ! Les hommes sont originaires de Mars et les femmes de Vénus. Sur ces planètes, on n'a pas les mêmes coutumes ! Si vous apprenez à respecter les usages en vigueur sur chacune d'elles, tout ira comme sur des roulettes ; si vous ne les respectez pas, vous vous marcherez sur les pieds.

J'ai découvert que la clé du succès, c'était d'aborder les aspects les plus faciles à changer, plutôt que ce qui est compliqué. Je me souviens d'un couple auquel j'avais demandé de me parler de ses difficultés. En bonne Vénusienne, la femme passa en revue chaque détail. Les femmes n'oublient rien ! De son côté, l'homme semblait rétrécir sur son siège, parce que les Martiens sont réputés pour parvenir à résoudre les problèmes. Ce qui fait qu'un homme se sent bien sur Mars, c'est d'avoir le sentiment d'être compétent et que les autres reconnaissent ses aptitudes. C'est ce qui explique qu'il ne s'arrêtera pas pour demander son chemin. « Regarde comme je suis fort ! Je vais nous sortir de là ! » Dans cette situation, la dernière chose qu'un Martien ait envie d'entendre de la bouche de sa compagne, c'est qu'il s'est perdu. Souvenez-vous que pendant des milliers d'années, les hommes étaient des chasseurs et des guides pour leur tribu. Il fallait absolument qu'ils sachent où se diriger ; se perdre n'était pas acceptable. Un homme possède donc une certaine vision de sa compétence ; alors, si en tant que femme vous espérez lui donner de l'énergie quand il se sent faible, il vaut mieux lui montrer à quel point vous appréciez ses capacités. Surtout, ne lui rappelez pas qu'il va mal ou que ça fait dix minutes qu'il tourne en rond : je vous assure qu'il en est parfaitement conscient !

Il y a de petites choses qu'une Vénusienne peut changer chez un Martien, mais il y en a une qu'il faut absolument accepter : quand un homme a passé toute la journée à gérer des problèmes et qu'il en a subi un stress, il va se rendre dans sa caverne. Tous les Martiens ont une caverne. À l'entrée, il y a une inscription rédigée en langage martien. Je vais la traduire pour vous : « Ne pas entrer. Dragon féroce à l'intérieur. » Tous les hommes comprennent cette inscription, mais pas les femmes. Et les hommes ne parviennent pas à comprendre qu'il soit nécessaire qu'ils expliquent en douceur à leur compagne cette facette d'eux-mêmes. Il y a une autre inscription, juste à côté : « Je serai de retour bientôt. » Il est primordial de comprendre qu'il va ressortir de sa caverne, qu'il n'est pas en train d'y perdre du temps alors qu'il pourrait faire quelque chose d'essentiel pour une Vénusienne, par exemple discuter.

Pour une Vénusienne, le bien-être est rattaché à la possibilité de s'exprimer verbalement. Aujourd'hui, beaucoup de Vénusiennes enfilent un costume de

Martien et partent travailler. Durant toute la journée, leurs besoins émotionnels ne sont pas satisfaits. Plus que jamais auparavant, les femmes ont besoin de parler, pour préserver leur équilibre et avoir un sentiment de plénitude. La difficulté à laquelle vous vous heurtez quand vous êtes l'une d'elles, c'est que si vous parlez à un homme de vos soucis, sa nature profonde va le pousser à vous indiquer une solution. Or, à ce moment précis, ce dont vous avez besoin, ce n'est pas d'une solution mais qu'on vous écoute avec empathie.

Quand votre compagnon sort de sa caverne, il se peut que vous soyez furieuse d'avoir dû l'attendre si longtemps, voire même que vous soyez partie construire votre propre caverne pour le punir de ne pas avoir voulu vous parler. J'ai rencontré cela dans mon propre mariage, il y a huit ans. À cette époque, je commençais tout juste à comprendre les histoires de cavernes et à cerner les besoins de ma femme. Quand je suis sorti de mon antre, elle est partie. Je me suis dit : « Chouette, je vais pouvoir regarder la télé ! » ; je ne savais pas que j'avais été puni… Des jours ont passé, durant lesquels nous avons très peu échangé. J'ai alors pensé : « C'est vraiment paisible, un peu comme si j'étais à la pêche ! » Ce n'est que plus tard, quand je me suis approché d'elle pour faire l'amour, que j'ai découvert qu'elle avait été silencieuse parce qu'elle était en colère après moi.

Le cadeau qu'on peut se faire au sein du couple, c'est d'accepter que nous soyons humains – donc faillibles – et qu'il peut nous arriver d'oublier notre altérité. Se dire aussi que pour changer d'attitude, il faut du temps. Quand les gens commettent des erreurs, ils méritent une autre chance, surtout quand entrent en jeu des différences de genre. Il est également essentiel de ne pas prendre pour soi toutes les remarques que fait son conjoint. Sachant que je suis un Martien, ma femme s'adresse à moi ainsi : « Tu n'as pas à régler ce problème, ce n'est pas de ta faute. J'ai juste besoin d'en parler et je vais déjà mieux rien qu'en le faisant. » Et je lui dis : « C'est vrai ? », ce à quoi elle répond : « Oui ! » Et là, je pense : « Chouette ! »

J'espère que vous trouverez dans ce livre des outils qui vous permettront d'améliorer votre vie de couple, d'avoir davantage confiance en vous-même, de comprendre les changements auxquels les hommes et les femmes sont confrontés et d'être en mesure d'apprécier les qualités inhérentes à chacun, qui font de nous des êtres uniques.

John Gray
30 septembre 1993
Mill valley, Californie.

CHAPITRE 1

AIMER UN ÊTRE DIFFÉRENT DE SOI EST UN ART

NOUS SOMMES TOUS DIFFÉRENTS !

Il est essentiel d'accepter cette vérité fondamentale si on souhaite construire une relation positive et pleine d'amour. Dans la pratique, c'est plus compliqué qu'il n'y paraît et il nous arrive régulièrement de vouloir faire changer les autres. On est excédé, on s'oppose et on rejette leurs différences. Nous exigeons en fait que ceux avec lesquels nous vivons ressentent les choses comme nous, qu'ils pensent et se comportent comme nous le ferions. Quand ils agissent autrement, on les en blâme, on les contredit, on se retourne contre eux quand ils ont besoin de compréhension et d'encouragements ; on les met à l'épreuve lorsqu'ils ont besoin de se sentir acceptés, appréciés et en confiance. Et puis, on se plaint : « Ah, si seulement ils changeaient, si seulement ils étaient d'accord avec nous, si seulement ils ressentaient les choses comme nous, si seulement ils faisaient ce qu'on leur demande, alors on pourrait les aimer ! »

Mais qu'est donc l'amour ? Est-ce que ça se réduit au fait d'accepter et d'apprécier une personne uniquement si elle satisfait nos attentes ? Est-ce qu'on peut parler d'amour quand on veut modeler une personne selon nos souhaits plutôt que de la laisser choisir qui elle veut être ? Est-ce qu'aimer, c'est prendre soin et faire confiance à une personne uniquement quand elle pense comme nous ? Assurément pas. Ça y ressemble peut-être pour le donneur, mais pas pour le receveur… Le véritable amour est inconditionnel. Il n'exige rien, mais fortifie et fait preuve de considération. Cet amour n'est pas possible sans reconnaître et accepter nos différences. Tant que nous persistons à croire que ceux qu'on aime devraient penser et se comporter comme nous, nous faisons obstacle à l'amour. Dès lors que nous comprenons que non seulement nous sommes tous différents mais qu'en plus, c'est normal, les barrières nous séparant de l'amour véritable commencent à s'effondrer.

EN QUOI SOMMES-NOUS DIFFÉRENTS ?

Une fois qu'on a accepté le fait d'être tous différents, on peut sérieusement aborder la nature de ces différences. À ce titre, certaines approches sont très efficaces pour nous permettre de mieux les cerner. L'analyse morphologique distingue trois catégories de personnes en fonction de critères physiques qu'elle associe à des caractéristiques comportementales, émotionnelles et mentales. Hippocrate, Erich Adickes, Ernst Kretschmer, Alfred Adler et Carl Jung ont classifié nos différences selon quatre fonctions psychologiques généralement qualifiées ainsi : sensation, pensée, sentiment, intuition. Le test de Myers-Briggs en définit, quant à lui, seize ! L'astrologie détermine douze tempéraments et dans le soufisme, on retrouve neuf profils psychologiques appelés ennéagrammes. Dans de nombreux séminaires professionnels ou consacrés au développement personnel, on aborde la question sous l'angle de dispositions au soutien, à l'initiative, au contrôle et à l'analyse. On avance que chaque personne possède une aptitude potentielle à chacune d'elles et qu'il lui appartient de choisir celles qu'elle veut développer. Cependant, d'aucuns objecteront qu'il est malvenu de vouloir définir ainsi les individus, que cela les limite en les enfermant dans une catégorie. Dire qu'une personne est émotive et que telle autre est rationnelle pourrait engendrer un jugement négatif. Cette crainte est liée à notre expérience : très souvent, quand on est défini comme étant inférieur à quelqu'un d'autre, ce jugement se base sur ce qui nous rend différent. Il en découle logiquement qu'on préfère adopter une attitude qui s'inscrive dans la norme.

D'un certain point de vue, les mauvais jugements et leurs préjudices associés sont le fruit de nos différences. Mais à mieux considérer les choses, on réalise que ce qui pose problème, ce ne sont pas ces différences mais notre difficulté à les accepter, voire à les apprécier ! Par exemple, une personne rationnelle pourrait penser que tel individu est « trop émotif », considérant que tout le monde devrait plutôt se comporter comme elle. Ce préjugé la rend incapable d'apprécier et de respecter toute personne émotive. C'est le préjugé qui est nuisible. Non seulement reconnaître nos différences n'est pas dangereux, mais surtout, dès lors qu'on l'a pleinement intégré, on devient capable de se libérer de la volonté de changer les gens et on peut commencer à les apprécier tels qu'ils sont, avec les qualités qui leur sont propres !

L'UNITÉ DANS LA DIVERSITÉ

Accepter nos différences psychologiques possède le grand avantage de nous permettre d'expérimenter ce qui nous unit et qui fait le ciment de nos relations. Car d'un certain point de vue, nous sommes identiques ! On retrouve cette notion d'unité humaine dans tous les enseignements spirituels : les êtres humains sont liés les uns aux autres. Quand on entend parler d'enfants qui meurent de faim, on éprouve de la peine comme si c'étaient les nôtres qui en souffraient. C'est en fin de compte quand nous brisons les chaînes qui nous séparent que nous parvenons à en prendre conscience. Ouvrir son cœur nous amène à comprendre que nous portons en nous tout ce qui nous est extérieur. Cette volonté peut se traduire sous des formes diverses : la quête de la connaissance, la spiritualité, le rêve d'un mariage heureux, la volonté de trouver l'âme sœur ou de fonder une famille aimante. Dans chacune de ces situations, chacun est inexplicablement attiré vers quelque chose ou quelqu'un d'autre. Celui qui cherche la connaissance sera attiré vers l'enseignant car il incarne quelque chose que l'étudiant veut assimiler. Quand il apprécie et comprend son enseignant, ce sont les qualités que ce dernier possède qu'il chérit et qu'il fait siennes. Progressivement, celui qui cherche trouve en lui-même le fruit de sa quête. C'est ainsi que nous sommes attirés vers ce que nous avons besoin d'éveiller en nous.

Un homme qui se coupe de son côté féminin devient détaché et froid et cherchera spontanément une compagne douce et chaleureuse. Les différences de chacun créeront une attraction, une chimie amoureuse. Lorsque cet homme mélangera ses énergies masculines aux énergies féminines de sa compagne, il goûtera au plaisir de se sentir complet. En approchant avec amour la douceur et la féminité de sa compagne, il pourra faire l'expérience de la douceur et de la souplesse d'esprit, tout en préservant sa force et sa volonté masculines.

Il se peut que nous soyons en quête d'une union plus profonde avec une âme sœur, un être spécial avec lequel partager sa vie, un peu comme si les étoiles dictaient notre vie. Quand nous sommes attirés vers elle, ce n'est pas pour sa similitude, mais bien pour ses différences. Notre âme sœur est l'incarnation de qualités qui nous font défaut et qu'inconsciemment on cherche à développer. Aimer cette personne, c'est donc s'offrir l'opportunité de nourrir les qualités qu'elle manifeste et d'accéder à une meilleure connaissance de soi, ce qui est extrêmement gratifiant ! Toutefois, l'amour ne suffit pas. Il est indispensable de reconnaître et d'apprécier les différences de l'être aimé pour qu'elles émergent spontanément en nous-même. Et ce n'est pas forcément une mince affaire ! Plus l'attraction est forte, plus elle est le signe qu'il y a de nombreuses différences à harmoniser et de multiples conflits à résoudre ! Or, si cette attraction n'est pas contrôlable, on peut être certain que là où elle réside, il y a de belles découvertes à faire et de grandes leçons à apprendre. Je le répète encore une fois : pour enrichir ses relations, il est fondamental d'accepter que l'autre soit différent, notamment parce que c'est pour sa différence qu'on l'a choisi.

Ce livre passe en revue les différences courantes entre hommes et femmes. À partir du moment où on les respecte, qu'on les accepte et qu'on les apprécie, la plupart des problèmes qui perturbent la vie de couple peuvent être résolus.

Bien entendu, toutes les femmes ne sont pas pareilles ; pas plus que les hommes ne le sont d'ailleurs ! Mais de manière assez générale, les hommes et les femmes diffèrent les uns des autres. Plus vous en aurez conscience, plus vous verrez de quelle manière ces différences se manifestent chez vos proches, plus la confusion des genres s'estompera. Alors, vous trouverez la réponse à de nombreuses questions, vous ne serez plus dans le jugement, vos conflits se résoudront plus aisément et vous pourrez peut-être même les éviter.

COMPRENDRE NOS DIFFÉRENCES

Kathy a 32 ans. C'est une musicienne talentueuse. Sa carrière est en plein essor et elle est submergée de nouvelles opportunités. Comme c'est le cas pour de nombreuses femmes qui ont réussi sur le plan professionnel, elle n'est pas mariée. Néanmoins, elle aimerait bien l'être. « Je ne sais pas ce que je fais pour qu'ils me quittent », dit-elle. « D'une certaine manière, je dois les repousser. Peut-être suis-je trop exigeante. Que peut-on attendre d'un homme ? Ils sont compliqués. Les relations amoureuses sont compliquées. Je ne sais même pas à quoi ressemble une relation amoureuse épanouie. »

Alise, 36 ans, est conseiller d'affaires ; son mari, Henry, a 40 ans et est promoteur foncier. Ils sont mariés depuis 6 ans. « Quand nous nous sommes mariés, Henry était si attentionné, plein de considération et tellement romantique ! », dit Alise. « Aujourd'hui, ma vie avec lui n'est plus que routine et ennui. On ne se parle quasiment plus. Il lui arrive de s'endormir sur le canapé. Ces nuits-là, je pleure en me remémorant comme je l'aimais avant et à quel point il me faisait me sentir spéciale. Je ne comprends pas que tout soit devenu si difficile. Il nous est impossible d'entretenir une conversation. De temps en temps, il s'ouvre et partage et puis, brutalement, plus rien. J'aimerais comprendre… »

Patrick a 42 ans et est architecte d'intérieur. Il est déçu de sa vie de couple avec Jennifer, une artiste de 36 ans. Il voudrait bien l'épouser mais a de gros doutes à cause de leurs fréquentes disputes. « Dès que je lui dis quelque chose de constructif ou que j'essaie de l'aider, elle réagit comme si je l'agressais. Et quand je tente de m'expliquer, elle s'énerve encore plus ! Je ne sais plus quoi faire. Je suis déçu car j'aimerais sincèrement l'aider. Je l'adore, mais quand elle réagit avec excès à tout ce que je fais, je deviens mauvais et agressif. Je ne sais pas combien de temps je vais supporter ça. »

Ce qui manque à chacune de ces relations, c'est une bonne compréhension des différences hommes-femmes. Sans elle, il devient presque impossible de nourrir du respect et de l'affection pour les différences qui font le charme du sexe opposé et le rendent unique. Gardez ceci à l'esprit et examinons les trois exemples suscités.

KATHY VEUT PARTAGER – TOM A BESOIN D'ESPACE

Kathy se sent frustrée parce qu'elle est incapable de satisfaire ses attentes et besoins sans offenser l'homme qu'elle fréquente. Par exemple, quand Tom et elle sortent après le travail, elle aimerait parler de leurs journées respectives alors qu'il préférerait largement lire un journal ou regarder la télévision pour se détendre. Plus elle essaie de communiquer, plus il résiste, plus ils sont tous les deux tendus.

Elle lui dit : « Comment s'est passée ta journée ? » ; il lui répond : « Bien » en pensant : « Ah... Enfin, je peux m'asseoir, regarder les infos et ne rien faire ! » Elle demande alors : « Ta réunion s'est bien déroulée ? » Il lui répond : « Oui » en pensant : « Oh non, pas encore ça ! Je n'ai pas envie d'en parler sinon, je le ferais ! Je veux juste oublier le boulot et regarder la télé ! » Elle enchaîne avec : « Tu as pensé à la nouvelle carte grise pour ta voiture ? » et il lui dit : « Oui » alors qu'il pense : « Je sais que je dois le faire, mais je ne m'en suis pas encore occupé. C'est dingue qu'elle garde à l'esprit tout ce que je dois faire ! J'étouffe ! Franchement, je suis capable de m'occuper de ça tout seul ! » Elle le relance alors : « Ça circulait bien ce matin ? », ce à quoi il répond « Comme d'habitude » en pensant : « On s'en fout du trafic ! Pourquoi m'ennuie-t-elle avec ça ? Peut-être qu'elle voudrait que je parte plus tôt au boulot ? Je déteste sa façon de me tester et de vouloir changer ma façon de faire. Punaise, qu'elle me lâche ! Je veux juste regarder la télé ! » Et quand elle lui demande : « Tu étais à l'heure à ton rendez-vous ? », il répond : « Oui » en pensant : « Fiche-moi la paix ! Tu ne me fais jamais confiance. Oui, j'ai été en retard, mais la dernière chose dont j'ai besoin, c'est qu'on me le rappelle et qu'on me dise comment faire pour que ça ne se produise plus ! Je parie qu'elle attend l'opportunité de me balancer un : *"Je te l'avais bien dit !"*. »

Kathy ressent l'irritation de Tom, mais elle ne comprend absolument pas pourquoi il est en colère. Elle se sent blessée et lui demande s'il lui en veut. En réponse, il lui dit : « Non » alors qu'il pense : « J'ai besoin de tranquillité et voilà qu'elle veut parler sentiments ! Je ne supporte pas qu'elle agisse ainsi ! Maintenant, je ne peux même plus prendre plaisir à regarder la télévision parce qu'elle est fâchée contre moi ! J'allais superbement bien jusqu'à ce qu'elle me prenne la tête. Pourquoi ne peut-elle pas me soutenir quand on est ensemble ? Il est pourtant évident que j'ai eu une journée difficile ! Je ne l'embête pas avec mes questions, moi ! »

Tom ne s'en rend pas compte, mais Kathy essaie justement de le soutenir, en le traitant comme elle aimerait être traitée. Elle ne tente pas de le mettre à l'épreuve ; ses questions visent juste à établir une conversation.

En définitive, elle attend de lui qu'il se comporte de la même manière en lui posant des questions traduisant de l'intérêt, alors que lui estime qu'il lui prouve son intérêt en évitant de lui poser des questions et en lui donnant l'espace qu'il voudrait avoir !

De son côté, Kathy se sent mal aimée, ignorée et elle croit que Tom la considère comme acquise. Elle se dit : « Je n'arrive pas à croire qu'il ne veuille pas discuter avec moi. Il le faisait pourtant au début ! C'est qu'il ne m'aime plus comme avant ! Peut-être que je le saoule. C'est dur de s'apercevoir que je ne suis plus spéciale à ses yeux. Je suis en colère ! Il ne m'écoute jamais ! Ce n'est pas le genre de relation que j'attends. Pourquoi est-ce que je ne trouve pas d'homme qui m'aime ? Il sait pourtant que j'ai eu une journée éprouvante et que j'ai besoin d'en parler ! J'ai été si attentionnée envers lui… et il ne m'a même pas demandé comment s'est passée ma journée ! Ce n'est pas juste ! »

Kathy ne saisit pas que ses tentatives pour soutenir Tom ont en réalité été perçues comme une absence de soutien. De bien des façons, elle s'est comportée avec Tom comme elle aurait souhaité qu'il se comporte avec elle et elle ne comprend pas pourquoi ça ne fonctionne pas. En fait, Kathy suppose à tort qu'un homme aimant agira envers elle comme le ferait une femme.

ALISE ESSAIE DE FAIRE PLAISIR – HENRY VEUT SE SENTIR APPRÉCIÉ

Alise est agacée car elle a le sentiment que tout ce qu'elle fait pour aider Henry est mal perçu et rejeté. En réalité, ce qu'elle fait est généralement apprécié, mais si ça doit lui coûter du stress et impacter négativement leur vie de couple, Henry préférerait qu'elle en fasse moins. Par exemple, avant qu'Henry rentre chez lui, Alise fait plein de choses pour lui faire plaisir : elle sort les poubelles, elle range son bureau, elle nettoie la maison, elle lave et plie ses tee-shirts et sous-vêtements, elle lui prépare des petits plats en pensant à ce qu'il préfère, elle nettoie derrière lui et fait la vaisselle, elle relève les messages du répondeur et une foule d'autres choses qui ont pour but de rendre la vie d'Henry plus agréable. En clair, elle anticipe les besoins de son mari en vue de les combler. Ensuite, elle lui en veut de ne pas faire de même.

Quand Henry revient du travail, il est fatigué. Quand il ressent l'agacement de sa femme, il l'est encore plus. Il n'apprécie pas pleinement ses marques d'attention parce que ce qu'elle fait pour lui est source de ressentiment pour elle. Henry préférerait qu'Alise en fasse beaucoup moins mais qu'elle apprécie davantage tout ce que *lui* fait afin que la vie de son épouse soit plus facile ! Il aimerait qu'elle soit plus joyeuse et chaleureuse avec lui. Il est excédé par le fait qu'elle envisage leur relation sous l'angle du sacrifice et qu'elle prenne des airs de martyre.

Alise est désorientée, parce qu'elle se comporte exactement comme elle voudrait qu'il se comporte avec elle ; elle fait pour lui ce qu'elle voudrait qu'il fasse pour elle ! Et malheureusement, elle ne sollicite pas Henry pour ça ! Elle estime que puisqu'elle en fait tant, il devrait tout naturellement agir de même sans qu'elle ait besoin de le lui demander. Elle suppose aussi que si Henry l'aimait vraiment, il verrait ce dont elle a besoin. Elle n'envisage pas que le manque d'investissement d'Henry puisse être une réaction à la rancœur qu'elle manifeste et que plus elle en fait, moins il a envie d'en faire. Et quand d'aventure elle demande de l'aide, c'est sur le ton du reproche, ce qui met son mari hors de lui.

Ils parlent rarement ensemble, excepté pour des détails pratiques. Si Henry évoque sa journée de travail, Alise – dans un élan de générosité – essaie de l'aider à se sentir mieux et Henry est dépité, suite à quoi il évite d'en dire davantage. Par exemple, quand Henry dit : « L'entreprise n'a plus suffisamment d'argent ; je vais devoir licencier une bonne partie du personnel. C'est vraiment une décision difficile à prendre », Alise lui répond sur un ton enthousiaste : « Eh bien, il te reste juste à déterminer qui sont les employés les plus méritants et à virer les autres ! » Henry sombre alors dans le silence ; il est dégoûté. Il pense : « Je ne lui demandais pas ses conseils. Je suis tout à fait capable de me débrouiller avec ça. Évidemment que je vais garder les meilleurs ! Pourquoi est-elle incapable de simplement m'écouter et d'apprécier ce que je fais au boulot ? Et pourquoi diable est-elle si enthousiaste ? »

Alise est perplexe. Elle voulait aider Henry et ne saisit pas qu'il puisse se sentir méprisé par les efforts qu'elle prodigue pour résoudre son problème. Elle s'est montrée enthousiaste parce qu'elle voulait lui être agréable et qu'il lui semblait que c'était une bonne occasion de le faire. Dans ces moments-là, elle n'a pas la moindre idée de ce dont son mari a réellement besoin. Elle ne comprend pas qu'il ait juste envie d'être écouté et qu'il ait soif de reconnaissance pour le travail qu'il effectue. Exactement comme elle voudrait être spéciale à ses yeux, il aimerait être son héros.

PATRICK DÉNIGRE LE RESSENTI DE JENNIFER

Patrick n'en peut plus ; il est excédé par les réactions colériques de sa compagne toutes les fois qu'il a l'impression de la soutenir. Par exemple, la première chose qu'il fait en rentrant du travail, c'est lire ses mails. Ensuite, il écoute ses messages vocaux et caresse le chien. Après avoir feuilleté le journal, il erre dans la cuisine où Jennifer prépare le repas. La première parole qu'il lui adresse, c'est : « Pourquoi mélanges-tu ces épices ? » Se sentant critiquée, elle lui rétorque : « Parce que j'en ai envie. » Intérieurement, elle ronchonne : « Il ne m'a même pas dit bonjour qu'il me critique déjà ! Il m'ignore. Il préfère lire ses mails que discuter avec moi. Il n'est même plus content de me revoir. Franchement, je ne l'ai pas vu de la journée et il ne vient même pas m'embrasser ni me prendre dans ses bras ! En fait, il s'en fout ! Quel salaud... Il préfère caresser son toutou ! Et après, il a le toupet de venir dans ma cuisine et se plaindre de ma façon de cuisiner ! »

Patrick devine que Jennifer est énervée. Il tente de la calmer en lui disant : « Bon, c'est pas grave. C'est juste que je trouve que ces épices ne sont pas terribles avec ce poisson. À mon avis, tu devrais éviter le poivre. » Il pense : « Mais pourquoi donc est-elle sur la défensive quand je ne lui fais qu'une suggestion ? C'est quoi son problème ? C'est fou ce qu'elle est susceptible ! On ne peut rien lui dire… »

Jennifer enchaîne : « Si c'est si peu important, pourquoi persistes-tu à me critiquer alors que je t'ai déjà dit que je n'aimais pas ça ? Tu es vraiment cruel ! Tu ne tiens aucun compte de ce que je ressens ! Je ne sais même pas pourquoi je me prends la tête avec toi : tu ne m'aimes plus, tout ce qui t'importe, c'est toi ! »

Ce à quoi Patrick répond : « C'est ridicule ! Je ne te critiquais pas. T'es pénible ! Tu fais toute une histoire pour pas grand-chose ! Évidemment que je t'aime. » Et il rajoute intérieurement : « Je ne supporte pas tes colères irrationnelles. J'aimerais bien que tu grandisses un peu. »

Patrick ne voit pas les raisons qui pourraient justifier l'emportement de sa compagne. Il ne comprend pas que des commentaires tels que : « C'est ridicule » ou « T'es pénible », ou encore « Tu fais vraiment toute une histoire pour pas grand-chose » dénigrent le ressenti de Jennifer et contribuent à ce qu'elle aille toujours plus mal. Même l'affirmation « Évidemment, que je t'aime » implique que Jennifer soit stupide d'en douter.

Jennifer réagit avec excès aux suggestions de Patrick parce qu'elle se sent négligée. Il ne la traite plus comme au commencement. Il agit comme si elle lui était définitivement acquise et ensuite lui renvoie l'impression qu'elle est nulle parce qu'elle s'emporte. Il n'essaie même pas de comprendre les véritables raisons de l'émotivité de Jennifer. Le manque d'intérêt qu'il accorde aux sentiments de sa femme fait qu'elle se sent déconsidérée et qu'elle se met sur la défensive.

Patrick est toutefois un homme aimant qui souhaite répondre aux besoins de sa compagne. Le souci, c'est qu'il ignore de quelle nature ils sont car ils diffèrent des siens. Et de la même manière, il répond mal aux réactions de Jennifer parce qu'elles n'ont pour lui aucun sens. Et parce qu'il pense qu'à sa place, il ne réagirait pas comme elle, il estime que la colère de sa femme n'est pas acceptable. Ne réalisant pas à quel point il se montre condescendant aux yeux de Jennifer, il néglige ce qu'elle ressent. Et en conséquence, ils se disputent ! Patrick pense à tort que si sa femme était semblable à lui, elle serait plus heureuse ; il tente donc de la faire changer plutôt que d'explorer ses besoins et lui apporter satisfaction. Comme beaucoup d'hommes, Patrick ne comprend pas que les femmes fonctionnent différemment et que c'est dans l'ordre des choses.

IL FAUT RÉVISER NOTRE JUGEMENT !

Ce qui explique que nos relations amoureuses soient déconcertantes, c'est de penser à tort que notre partenaire est comme nous. D'un certain point de vue, il l'est, mais sur de nombreux plans, il est absolument différent. Voyons maintenant quatre manières dont l'idée que nous soyons identiques peut ruiner une relation.

IL EST DIFFICILE DE SE SOUTENIR MUTUELLEMENT

Si on attend d'une personne qu'elle agisse comme nous le ferions et qu'elle se comporte autrement, nous sommes irrémédiablement déçus. Cette frustration nous pousse à dénigrer les réactions émotionnelles de notre conjoint, même si l'intention de départ était de le soutenir ou de l'encourager.

Quand Jennifer et Patrick traversent une crise, il a du mal à admettre qu'elle puisse réagir avec autant d'excès. Sous l'effet du stress, il devient encore plus distant alors que Jennifer demeure hypersensible. Cette différence de tempérament hommes-femmes est très répandue, mais quand on ne connaît pas son origine, les difficultés s'accroissent considérablement. Patrick prend les réactions émotionnelles de Jennifer trop à cœur et il pense qu'elle le croit incapable de gérer les choses. Il est persuadé de l'aider quand il lui conseille de se calmer, parce qu'en situation de stress, c'est ce qu'il convient de faire selon son point de vue. Malheureusement, il obtient l'effet inverse puisque Jennifer s'énerve davantage quand elle constate qu'il se replie sur lui-même et qu'il ne reconnaît pas le bien-fondé de ce qu'elle exprime. Elle n'a pas l'impression qu'il se préoccupe d'elle parce qu'il devient distant.

IL EST DIFFICILE D'APPORTER DE L'AIDE

On offense régulièrement son partenaire en estimant que ce qui est bon pour soi le sera aussi pour lui. Par exemple, Alise exaspère Henry en le couvrant constamment d'attentions. Elle n'essaie pas de l'irriter, elle n'imagine absolument pas l'ennuyer. Elle vit mal la situation car elle aimerait qu'il soit plus attentionné envers elle. En supposant qu'il accueillerait positivement ses nombreuses marques d'affection, Alise offense Henry sans le savoir. Elle croit l'aider, alors qu'en réalité elle ne fait qu'aggraver les choses. Il n'y a là rien de personnel ; c'est juste parce qu'il est un homme et qu'à ce titre, il se sent étouffé par ces démonstrations outrancières d'amour. Et Alise ne peut pas espérer aider son mari tant qu'elle n'aura pas accepté qu'il a des besoins différents des siens.

LES FEMMES ONT DU MAL À FAIRE CONFIANCE

Les problèmes surgissent quand on espère que l'autre pensera, ressentira et se comportera comme soi-même. Les femmes interprètent souvent mal le comportement de leur partenaire parce qu'elles l'évaluent en fonction de standards féminins. Par exemple, Patrick classe ses problèmes par ordre de priorité et ignore les objectifs ou engagements secondaires. Et quand ce sont les besoins de Jennifer qui deviennent secondaires, il est difficile à celle-ci de se rendre compte de l'amour qui lui est porté et d'y croire.

Selon la méthode de Patrick, si les besoins de Jennifer étaient urgents, il les placerait en tête de liste, parce qu'elle compte énormément à ses yeux. Néanmoins, comme elle ne comprend pas sa manière de raisonner, Jennifer a du mal à lui faire confiance quand il lui dit qu'il tient vraiment à elle. Quant à lui, il est incapable de réaliser que sa manière de gérer les choses puisse énerver Jennifer et ne pas combler ses attentes.

Ces incompréhensions mutuelles sont le fruit des différences fondamentales entre hommes et femmes. Confrontés au stress, les hommes parent au plus urgent et se concentrent sur une priorité. En contrepartie, ils en oublient leurs autres responsabilités ou y accordent moins d'importance. Et quand ce sont les besoins de Jennifer qui ont moins d'importance, ça ne lui fait pas plaisir... Elle peut difficilement comprendre parce que les femmes réagissent autrement quand elles font face au stress. Dans ce genre de circonstances, elles développent une conscience plus large et plus fine des nombreux problèmes qui se posent à elles. Elles n'oublient généralement pas les besoins d'une personne aimée parce qu'elles ont un gros souci au travail, raison pour laquelle elles doutent de l'amour de leur conjoint en cas de conjoncture similaire !

LES HOMMES PEINENT À ÊTRE ATTENTIONNÉS, COMPRÉHENSIFS ET RESPECTUEUX

Il est très difficile de faire preuve de ces qualités quand on présume que sa compagne *devrait* réagir comme soi ; ce n'est pas vraiment compatible... Patrick vit très mal les choses quand Jennifer se sent mal aimée et en manque de soutien. Il est profondément amoureux d'elle, alors quand elle doute de lui, il se sent offensé, perd l'estime qu'il avait pour sa compagne et juge qu'elle manque de reconnaissance ou qu'elle adopte un comportement irrationnel.

Quand Jennifer a eu une rude journée et qu'elle manifeste un sentiment d'abattement et de désespoir, il pense qu'elle se plaint de ne pas obtenir suffisamment d'aide de sa part. Tandis que pour elle, il s'agit juste d'évacuer la tension et d'avoir une oreille compatissante. Elle a simplement besoin de partager ; il pense qu'elle veut qu'il lui fournisse une solution. Comme Patrick ne connaît pas ce besoin impérieux de verbaliser ses sentiments, il lui est difficile de respecter le besoin qu'a sa femme. Quand il est contrarié, il cherche généralement une solution à son trouble. Du coup, il imagine que c'est le même genre de stratégie qui va pouvoir aider Jennifer. Plutôt que de l'écouter – ce dont elle a besoin – il l'interrompt systématiquement avec des « solutions » aux problèmes qu'elle évoque. Jennifer n'obtient pas ce qu'elle souhaitait – une écoute empathique – et Patrick n'est pas reconnu pour les qualités de soutien qu'il manifeste. Il a élaboré de fausses hypothèses qui engendrent une déception mutuelle.

Vouloir améliorer sa relation de couple, c'est bien. Mais il est impossible d'obtenir des avancées significatives sans remettre en question certains postulats erronés et motivations cachées. La grande majorité des conflits surgissent d'une incompréhension basique : nous supposons que nous sommes identiques alors que les hommes et les femmes – sous de nombreux aspects – sont aussi différents que le seraient deux extraterrestres venus de planètes éloignées. Sans une bonne compréhension de ce qui nous distingue, tous nos efforts en vue de découvrir le grand secret permettant de préserver la magie de l'amour seront inopérants !

VOTRE CONJOINT EST UN EXTRATERRESTRE

Sur le plan de la communication, l'écart résidant entre les hommes et les femmes est parfois si important qu'on dirait qu'ils sont issus de mondes différents. Admettons un instant que ce soit vrai, que les hommes viennent de Mars et que les femmes soient originaires de Vénus. Imaginez qu'il y a fort longtemps, les Martiens découvrirent la planète Vénus à l'aide de leurs télescopes ultraperformants. Ils s'ennuyaient alors un peu sur leur planète et cette nouvelle découverte les excita follement. Ils construisirent donc un vaisseau spatial capable de les transporter à la rencontre des Vénusiennes. Lorsqu'ils arrivèrent sur place, ils furent époustouflés par ce qu'ils virent ! Ils se sentirent terriblement bien auprès de ces superbes créatures, stimulés et ragaillardis, comme si de nouvelles responsabilités et un nouveau projet mobilisaient leurs muscles martiens.

Les Vénusiennes eurent également une forte réaction lors de cette rencontre ! Elles savaient intuitivement que ce jour viendrait... Lorsqu'elles virent les Martiens, leur cœur se gonfla d'un amour qu'elles n'avaient jamais ressenti auparavant. Certaines eurent l'impression de s'ouvrir comme les pétales d'une fleur sous l'effet des rayons du soleil alors que d'autres semblaient plus sûres d'elles, plus sereines et en connexion avec leur sagesse intérieure. Les Martiens et les Vénusiennes décidèrent de partir ensemble pour s'installer sur une magnifique planète nommée la Terre et y vivre heureux pour toujours. Durant un temps, ils connurent l'harmonie et l'absence de conflits. La clé de leur succès résidait dans le respect mutuel de leurs différences ; ils n'essayèrent jamais de faire changer l'autre. Aucun d'eux ne considérait l'autre comme étant inférieur ou supérieur à lui-même. Ils étaient ravis de la manière dont ils se complétaient. Leurs interactions amoureuses les rendaient plus forts et leur apportaient satisfaction. Cependant, par une nuit de tempête, un vent d'amnésie souffla sur la Terre. Quand ils se réveillèrent, Martiens et Vénusiennes avaient oublié leurs origines. Ils pensèrent qu'ils étaient originaires du même monde, qu'ils devaient donc fonctionner à l'identique. Ils oublièrent que si leur langage se ressemblait, il comportait néanmoins des nuances non négligeables... Dès lors, chaque tentative de communication se solda par des incompréhensions.

Les Martiens et les Vénusiennes oublièrent que leurs attentes et besoins étaient de nature différente, qu'ils n'avaient pas les mêmes motivations, pas les mêmes objectifs, pas les mêmes valeurs, ni les mêmes comportements, impulsions, désirs ou réactions. Ils perdirent de vue le fait que leurs façons de penser, de ressentir, de montrer leur reconnaissance, de conceptualiser, de percevoir, de comprendre et de raisonner n'étaient pas les mêmes. En une seule nuit, la conscience de leurs différences s'évanouit et avec elle, le respect qui devait en découler. Désormais, les traits distinctifs de chacun furent interprétés par l'autre comme des défauts, comme des manifestations temporaires de stupidité, de folie, de mesquinerie, d'immaturité, d'obstination, d'égoïsme, de faiblesse ou de méchanceté. Une multitude de conflits en résulta parce que les Martiens et les Vénusiennes voyaient désormais leurs particularités respectives comme des motifs de contrariété plutôt que comme une source de joie et d'émerveillement !

De même aujourd'hui, les hommes et les femmes se donnent pour mission de faire changer leur conjoint plutôt que de l'épauler, de l'encourager et de le valoriser. Inutile de préciser que dans ces conditions, donner et recevoir du soutien devient ardu. Les relations amoureuses perdent de leur magie, se compliquent et se transforment en champ de bataille. Le lien qui unit les amants s'étiole quand ils perdent la faculté de se comprendre et de se respecter en accueillant positivement leurs différences.

LES CONFLITS LIÉS AUX CONTRARIÉTÉS

Quand on oublie à quel point les hommes et les femmes diffèrent, les problèmes se multiplient, comme pour Patrick et Jennifer qui expérimentent une situation très répandue au sein des couples.

Quand Jennifer est contrariée, elle a besoin d'en parler pour passer en revue ses émotions et pour qu'on valide son ressenti. Ensuite, elle a besoin d'être touchée, soutenue et réconfortée par une personne qu'elle aime et à qui elle fait confiance.

Pour Patrick, il en va tout autrement. Quand il est contrarié, il a besoin d'espace ; il faut qu'il se retire dans sa caverne pour faire le point. Durant cette phase d'isolement psychique qui lui permettra de réfléchir à ses difficultés, il déteste qu'on le touche.

Quand Patrick et Jennifer tentent de s'apporter du réconfort, ils vont forcément au-devant de grosses difficultés s'ils ne gardent pas à l'esprit qu'ils gèrent différemment leurs contrariétés respectives. Quand Jennifer est fortement contrariée, elle a envie d'en discuter. Mais quand Patrick réalise qu'elle est dans cet état, il applique la méthode qui lui convient en de telles circonstances : il lui donne de l'espace et quitte la pièce en se disant que c'est ce dont elle a besoin pour se calmer. Mauvais choix ! Jennifer ne ferait jamais cela ! Jamais elle ne quitterait la pièce si une personne qu'elle aime était en souffrance ! Elle interprète donc le comportement de Patrick en vertu de ce qu'elle ferait à sa place et en déduit qu'il ne tient pas vraiment à elle. Comme leur relation est relativement jeune, elle cherche d'abord à lui trouver des excuses en se disant qu'il n'a pas vraiment remarqué à quel point elle était tourmentée. Alors, elle se met à pleurer de manière suffisamment sonore pour que cela ne puisse pas échapper à Patrick. Et là, stupeur, il quitte la maison ! Jennifer est encore plus désorientée ; elle se demande comment un homme qui prétend l'aimer peut se comporter d'une manière aussi insensible et désinvolte.

Quand Patrick – qui avait offert à sa compagne un espace d'intimité plus grand en quittant les lieux – revient à la maison, il retrouve Jennifer encore plus contrariée que lorsqu'il était parti. Elle tente une dernière approche pour évoquer ce qui la chagrine, mais ne se trouve pas dans de bonnes dispositions car elle croit désormais qu'il se moque de ce qu'elle ressent. Patrick l'écoute attentivement pendant quelques instants avant de décider que – selon ses critères – elle aborde la question avec trop d'implication émotionnelle. Il lui dit : « Tu t'énerves vraiment pour rien », « Comment peux-tu dire que je ne t'aime pas ? » et il rajoute en riant : « C'est ridicule. Tu plaisantes, je suppose ? » Patrick est convaincu d'aider sa femme en lui donnant de bons conseils. Bien entendu, Jennifer n'entend pas du tout les choses ainsi ; elle se sent abandonnée, méprisée et blessée. « Comment oses-tu dire que tu m'aimes quand tu me traites ainsi ? », lui envoie-t-elle.

Patrick – qui avait tenté de communiquer avec Jennifer en vue de lui apporter son soutien – se sent tout naturellement décontenancé et agacé. Il a le sentiment que ses efforts ne sont pas appréciés et ça le contrarie fortement. D'une manière typiquement masculine, il va se retirer dans sa caverne secrète pour repenser à ce qui vient de se produire. Maintenant, ils sont tous les deux contrariés, désorientés et déçus. Chacun a mis en œuvre ses recettes personnelles pour parvenir à résoudre un problème et pourtant, la situation n'a fait qu'empirer. Aucun d'eux ne comprend vraiment pourquoi et chacun pense que l'autre est un peu dingue. Or, ni Jennifer ni Patrick n'ont perdu la raison. Ils sont juste différents.

LES HOMMES ONT TENDANCE À SE REPLIER SUR EUX-MÊMES

Patrick fait le choix de s'isoler. Dans son coin, Jennifer commence à culpabiliser d'avoir blessé son compagnon, même si elle ne sait pas trop comment elle a pu le heurter. Elle frappe à la porte et dit, sur un mode typiquement féminin : « Je comprends que tu sois fâché, mon chéri. Viens, on va en discuter ! Dis-moi ce que tu ressens... » Sur un mode typiquement masculin, il lui rétorque : « Je ne ressens rien du tout. Je veux juste être seul. » Jennifer insiste pour permettre à Patrick d'explorer ses émotions : c'est ce que font généralement les femmes pour s'entraider et c'est exactement ainsi qu'elle aimerait qu'on se comporte avec elle. Elle ajoute : « Je sais que t'es fâché, mais c'est pas grave. On va en parler. J'aimerais vraiment savoir ce que tu ressens... » Mauvais choix ! Patrick est irrité par l'insistance de Jennifer : il a besoin de respirer et elle lui met la pression. Il hurle alors : « Fiche-moi la paix ! »

Jennifer se résigne et s'en va le cœur lourd, terrifiée à l'idée d'avoir perdu l'amour de Patrick pour toujours. En réalité, Patrick n'est pas aussi énervé qu'elle peut le croire. Il a juste besoin d'un peu de temps pour se ressaisir. Jennifer pense que quelque chose d'irrémédiable s'est produit parce que, pour réagir comme Patrick l'a fait, il faudrait vraiment qu'elle soit très remontée contre lui. Elle ne peut comprendre qu'on puisse se replier ainsi sur soi pour un désaccord sans gravité. Or, non seulement les hommes peuvent le faire assez facilement, mais ils sortent souvent de cette retraite aussi vite qu'ils y sont entrés. Pour une femme, il n'en va généralement pas de même : une fois qu'elle a ouvert son cœur à quelqu'un, elle ne peut pas instantanément lui tourner le dos de manière aussi absolue ; c'est une attitude qui requiert plus de temps et de déception.

Patrick et Jennifer se comprennent mal, se disputent et s'en veulent mutuellement parce qu'ils n'ont pas conscience de ce qui fait leur différence, parce que leurs besoins fondamentaux divergent parfois et qu'ils l'ignorent. Leur amour n'est hélas pas suffisant pour qu'ils sachent comment se soutenir efficacement.

QUAND LES FEMMES PERDENT LEUR AMOUR-PROPRE

Henry et Alise s'adorent. Cependant, après 6 ans de mariage, Alise doute de sa propre valeur et nourrit du ressentiment à l'égard de son mari. Lui-même n'est plus très motivé pour partager quoi que ce soit. En général, il rentre chez lui, mange en regardant la télé, puis va se coucher. Ils sortent bien ensemble de temps en temps mais parlent peu, même à ces occasions.

Comme de nombreuses femmes, Alise devient particulièrement vulnérable quand elle tombe amoureuse. Quand on prend soin d'elle, qu'on est attentionné, qu'on la chérit et qu'on la traite avec amour et respect, elle se sent terriblement bien. De ce sentiment de bien-être découle une profonde estime de soi. Si son partenaire change d'attitude et devient irrespectueux, elle commence à penser qu'elle ne mérite pas d'être aimée. Cette logique de vulnérabilité fonctionne ainsi : « Si je suis aimée et respectée, je me sens digne de l'être. Inversement, si on ne m'aime pas et qu'on ne me respecte pas, c'est que j'ai dû faire quelque chose de mal et que je ne mérite ni amour ni respect. » Et le schéma se poursuit sur le même mode en vue de compenser le manque d'affection : « Si je ne reçois pas ce dont j'ai besoin, il faut que je donne plus avant de mériter de réclamer qu'on se soucie de moi. » C'est exactement ce qui s'est produit pour Alise. Après leur première année de mariage, Henry s'est davantage centré sur son travail et a progressivement prêté moins d'attention à sa femme. En rentrant, il n'évoquait aucun de ses soucis. C'était sa manière à lui, très masculine, de faire comprendre que tout allait bien. Néanmoins, il devenait jour après jour plus distant. Alise a pensé qu'elle avait peut-être fait quelque chose de mal, qu'il en était vexé et que pour cette raison, il prenait de la distance et lui refusait son amour. Elle s'est imaginé qu'il lui en voulait secrètement parce que pour elle, discuter est essentiel pour évacuer des contrariétés et que si on ne le fait pas, il est impossible d'aller mieux. De crainte que les choses n'empirent, Alise tenta de se montrer encore plus prévenante. Ironiquement, moins Henry satisfaisait ses besoins, plus elle voulait combler les siens. Bien sûr, il lui arrivait de craquer et d'exiger qu'il se montre plus aimant. Mais en réaction, il prenait de la distance et se montrait silencieux, ce qui effrayait encore plus Alise. De son point de vue, elle avait fait tout ce qu'il fallait pour reconquérir l'amour de son mari et elle avait échoué. En constatant qu'il était importuné par ses exigences et ses sentiments, elle a commencé à ne plus les exprimer et à se comporter de façon détachée, raisonnable, en mettant un frein à son émotivité. Il en résulta que de temps en temps, elle perdait le contrôle et réagissait de manière excessive. À ce moment-là, Henry se mettait en retrait et Alise se sentait coupable d'avoir mal agi. Elle tentait donc de museler sa nature féminine avec encore plus de détermination pour se conformer à ce qu'elle pensait que son mari attendait d'elle. Plus elle se sentait coupable et honteuse, plus elle multipliait les marques d'affection pour Henry. En reproduisant ce schéma au fil des ans, Alise a progressivement renié sa nature profonde et a cessé de se percevoir en tant que femme. Ses efforts firent que le couple s'entendait plutôt bien mais elle n'était pas heureuse. Ponctuellement, il arrivait à Henry de se demander ce qu'était devenue la femme joyeuse qu'il avait connue et où étaient passées les petites étoiles qui scintillaient dans son regard jadis. Alise a perdu tout amour-propre et Henry a perdu le contact avec son aptitude à aimer. Bercé par l'ennui et dépourvu de motivation, il n'avait pas la moindre idée de ce qui s'était produit dans son couple.

POURQUOI LES HOMMES SORTENT-ILS DE LA DYNAMIQUE DU DON ?

Comme beaucoup d'hommes, Henry focalise toute son attention sur ce qu'il a défini comme étant une priorité, au point qu'on a l'impression que son champ de vision s'est rétréci. Quand il fait face à une grosse difficulté au travail, il est capable d'oublier tous les besoins d'Alise pour se concentrer exclusivement sur les plus gros et urgents problèmes qui se présentent à lui. Au bout de six mois de mariage, il a eu l'impression d'avoir réussi à résoudre tous les problèmes inhérents à la relation (les hommes ont tendance à penser qu'une fois qu'ils sont parvenus à rendre une femme heureuse, elle le reste à jamais). Accaparé et rongé par ses difficultés professionnelles, il en vint à oublier les besoins de sa femme. Malheureusement, ça ne s'arrête pas là... Il en va de même pour la masculinité que pour la féminité : elles ont toutes deux leurs faiblesses ! La vulnérabilité féminine d'Alise la pousse à donner plus quand elle reçoit peu. La vulnérabilité masculine d'Henry le pousse à donner moins quand il reçoit davantage. La logique de cette vulnérabilité masculine fonctionne ainsi : « Si elle fait autant de sacrifices pour moi, c'est que j'ai dû faire suffisamment de choses pour les mériter. Je peux donc me reposer sur mes lauriers et profiter de ce qu'elle m'offre. Et si elle en fait encore plus, je n'ai plus besoin de lui donner quoi que ce soit, je peux donner moins. » C'est la raison pour laquelle tant d'hommes deviennent paresseux au sein de leur couple après avoir gagné l'amour de celle qu'ils convoitaient. Tant qu'elle continue à donner avec le sourire aux lèvres, ils supposent qu'eux-mêmes en font assez et ils ne sont absolument pas motivés pour en faire plus.

Au bout d'un moment, la relation d'Alise et Henry devint totalement asymétrique : moins Henri donnait, plus Alise était généreuse, parce qu'elle voulait plus. Alise pensait que ses nombreux sacrifices pousseraient naturellement son mari à se montrer attentionné. Ils eurent l'effet inverse ! Henry n'avait aucune raison de donner plus quand l'expérience lui démontrait qu'il obtenait plus en donnant moins ! Le prix qu'il paya, fut de perdre l'approbation et la reconnaissance de sa femme. Le prix payé par Alise fut de recevoir moins d'amour et de ressentir plus d'amertume. À chaque fois qu'elle donnait d'elle-même pour gagner l'amour d'Henry et qu'il ne lui rendait pas la pareille, elle accumulait davantage de ressentiment. Peu importe les efforts qu'elle prodiguait pour se montrer aimante, elle ne pouvait éviter de nourrir de la rancœur parce qu'elle donnait en état de manque plutôt qu'en état de plénitude… Ses capacités de compréhension, de reconnaissance et de confiance s'amenuisèrent jour après jour au point qu'il lui était impossible de donner à Henry l'amour dont il aurait eu besoin. Dans une large mesure, Alise n'eut pas conscience de cette accumulation de rancune qui se manifestait toutefois de temps en temps, à des moments où on s'y attendait le moins. Quand il arrivait à Henry de sortir de sa routine et de faire quelque chose de spécial pour sa femme, l'amertume d'Alise l'empêchait d'apprécier le geste à sa juste mesure et de manifester sa reconnaissance. De même, quand elle avait besoin d'aide, elle devenait incapable de le formuler autrement que sous la forme d'une exigence.

LES FEMMES COMPTENT LES POINTS

Ce qu'Henry ignore, c'est que les femmes ont une incroyable aptitude à donner sans rien recevoir. Elles donnent, encore et encore, en ayant l'air heureuses, parce qu'à l'intérieur, elles comptent les points... Elles sont très fortes pour faire les comptes. Et si elles s'obstinent à donner, c'est parce qu'elles sont convaincues qu'un jour, les scores seront à égalité. Elles pensent qu'à force d'être choyé, leur partenaire va forcément un jour se montrer profondément reconnaissant et qu'elles pourront alors se détendre pendant qu'on prend soin d'elles.

Les hommes réalisent rarement que le score n'est pas à égalité dans leur couple, simplement parce que quand ils donnent quelque chose à leur compagne, ils attendent d'obtenir en retour avant de renouveler leur geste. Ils laissent rarement le score leur être défavorable. Quand le score est de 3 contre 1, ils commencent généralement à rouspéter quand on leur demande quelque chose, voire refusent tout bonnement. Les femmes peuvent facilement laisser le score grimper à 20 contre 1 en leur défaveur avant de commencer à râler...

Quand Alise finit par se plaindre en disant que la situation est injuste, Henry lui en veut parce qu'à ses yeux, les comptes sont à égalité ! Il lui reproche alors de ne plus lui être reconnaissant parce qu'il imaginait à tort qu'elle devait forcément l'être. Dans le cas contraire, pourquoi aurait-elle continué à se montrer généreuse ? Il est outré par les accusations de sa femme et estime qu'elle lui doit des excuses alors qu'il est tout à fait vrai que dans son couple, c'est lui qui donne le moins.

Pour résoudre ce type de conflit, un homme doit prendre la responsabilité de donner plus, en faisant preuve de compréhension vis-à-vis des besoins de sa compagne. Il doit aussi apprendre à lui pardonner son manque de reconnaissance et le fait qu'elle ait accumulé du ressentiment. La femme doit, quant à elle, porter la responsabilité d'avoir fait d'elle une martyre et d'avoir toléré que le score de la partie soit aussi inégal. Ensemble, ils pourront alors commencer à tenir de nouveaux comptes.

SI SEULEMENT NOUS AVIONS SU...

Ces exemples illustrent parfaitement comment le fait de méconnaître nos particularités est générateur de problèmes relationnels. En prenant conscience de ces différences, les hommes et les femmes peuvent élaborer de nouvelles stratégies pour venir à bout de conflits séculaires !

Revenons à nos couples en détresse : Patrick peut apprendre à soutenir Jennifer en l'écoutant avec empathie pour qu'elle puisse faire le point sur ses émotions quand elle est contrariée. Il peut comprendre qu'en la traitant comme si elle était un homme, il la dévalorise et ne fait que l'exaspérer davantage. En cernant mieux Patrick, Jennifer sera moins décontenancée par les réactions de son compagnon ; elle saura qu'il n'a aucune intention de lui retirer son amour ni de faire preuve de méchanceté. Elle parviendra à comprendre son besoin d'être seul quand il est stressé, comme Patrick pourra apprendre à rassurer Jennifer avant de se retirer dans sa caverne. Peut-être Jennifer trouvera-t-elle une manière d'exprimer ses tensions sans donner l'impression à son partenaire qu'elle l'en blâme.

Henry et Alise découvriront d'autres voies pour gérer leurs problèmes s'ils acceptent leurs différences. Par exemple, Alise pourrait se dire que les hommes se comportent tous comme des pompiers : quand un feu se déclare, ils laissent tout tomber pour aller l'éteindre. Et sinon, ils font la sieste pour être suffisamment en forme lors du prochain incendie. Sachant cela, elle comprendra que si elle n'exprime pas clairement ses besoins (un feu qui couve...), il pensera que tout va bien (aucun incendie en vue...) et s'investira moins dans la relation (en se reposant davantage... sur elle). Avec le temps, elle sera en mesure d'énoncer ce qu'elle attend sans la moindre amertume, de façon à ce qu'Henry puisse l'entendre. Il saura que lorsqu'une femme n'est pas en paix, elle peut donner d'elle-même jusqu'à l'épuisement. Et la prochaine fois qu'elle se sentira accablée, plutôt que de lui reprocher d'en faire trop, il pourra peut-être faire preuve de sollicitude et l'écouter pour qu'elle ait une chance de retrouver la sérénité dont elle a besoin. De son côté, Alise saura que les hommes qui sont confrontés au ressentiment de leur compagne y répondent par un surcroît de passivité et de paresse. La prochaine fois qu'Henry fera preuve d'une confondante passivité, plutôt que d'espérer le rééduquer, elle pourrait abandonner la rancœur qu'elle a nourrie en elle, revenir à de meilleures dispositions et dire à son mari à quel point elle apprécie ce qu'il fait pour elle avant de – tout simplement – lui demander de l'aide. Un homme est plus facilement disposé à rendre service si la demande n'est pas étayée par le ressentiment, le sacrifice ou la souffrance. En comprenant que les femmes ont tendance à donner davantage quand elles se sentent mal aimées, Henry sera alerté le jour où Alise en fera un peu trop. Par exemple si elle insiste beaucoup pour savoir comment s'est passée sa journée de travail, il saura qu'elle exprime le besoin inconscient de voir son mari se préoccuper de ce qu'elle a vécu durant la journée et il pourra y répondre en exprimant son intérêt. Si d'aventure Henry devait en vouloir à Alise parce qu'elle ne se montre pas reconnaissante, il pourra se dire qu'elle le serait bien plus si elle n'avait pas accumulé autant d'amertume ; il saura aussi qu'elle a besoin d'exprimer ses émotions pour être à nouveau capable de ressentir de l'amour et de la gratitude. Quand elle aura une occasion d'en vouloir à son mari, Alise se souviendra qu'il serait bien plus généreux s'il avait conscience de ce dont elle a besoin. Elle assumera donc sa part de responsabilité en communiquant ces derniers d'une manière qui soit parfaitement claire pour Henry. Elle constatera que si les hommes ne changent pas leurs habitudes aussi vite que peuvent le faire les femmes, quand ils décident de s'y mettre, on peut compter sur eux ! Par contre, les femmes ne quittent pas un registre émotionnel aussi rapidement que les hommes. Henry doit apprendre la patience pour pouvoir écouter Alise tout le temps qu'il lui faudra afin qu'elle puisse pleinement exprimer ses contrariétés.

Pour raviver votre désir de comprendre l'élu(e) de votre cœur et éviter l'écueil du jugement, imaginez qu'il ou elle vient d'une autre planète, très distante de la vôtre. Vous n'auriez certainement pas envie de changer un adorable extraterrestre ! vous seriez intensément curieux et tenteriez de percevoir vos différences ! Cette approche vous rendrait patient et tolérant... L'intime désir de comprendre l'autre en vue de l'accepter tel qu'il est, est le fondement d'une relation de couple où règne l'amour. Si vous offrez à l'être aimé la possibilité d'être lui-même dans toute la splendeur de sa différence, votre couple s'enrichira d'une nouvelle dimension où l'amour pourra s'épanouir. Dans le prochain chapitre nous passerons en revue quatre manières de créer une relation amoureuse où l'harmonie et la bienveillance sont reines.

CHAPITRE 2

CONSTRUIRE UNE RELATION AMOUREUSE

Voici quatre conseils qui vous permettront de créer une relation gratifiante faite de soutien mutuel :

- Communiquer avec bienveillance : parler avec la volonté de comprendre et de se faire comprendre.
- Faire preuve d'ouverture : comprendre, apprécier et respecter nos différences.
- Ne plus être dans le jugement : se débarrasser des jugements négatifs qu'on pourrait porter sur soi ou sur les autres.
- Assumer ses responsabilités : partager la responsabilité de ce qui se produit dans la relation et être prompt à pardonner.

La mise en pratique de ces conseils est la clé de voûte d'une relation aimante qui satisfera vos attentes et comblera vos rêves. Grâce à eux, vous êtes à même de comprendre pourquoi votre couple a connu des difficultés. Ils vous donnent en outre la possibilité de partir sur de nouvelles bases pour construire une union stable et enrichissante.

COMMUNIQUER AVEC BIENVEILLANCE

Il est indispensable d'apprendre à communiquer si on veut pouvoir saisir nos différences et parvenir à les respecter. Dans mon premier livre, *What You Feel, You Can Heal,* j'ai démontré l'importance de dire la vérité, principalement en ce qui concerne nos sentiments. L'intimité prospère sur un parterre de vérité. Néanmoins, sans une bonne connaissance des raisons sous-jacentes de la communication, les meilleures aptitudes à échanger échoueront. Quels sont donc ces motifs sous-jacents et comment peuvent-ils affecter notre manière de communiquer ? Pour répondre à cette question je prendrai un exemple personnel. Durant un de mes séminaires, ma femme et moi nous sommes retrouvés au restaurant à la pause de midi. J'ai dit au serveur que nous ne disposions pas de beaucoup de temps. Il nous a trouvé une place, nous a rapidement apporté la carte du menu et nous avons passé notre commande. À ce stade, ma manière de communiquer portait ses fruits. Nous avons alors vu un groupe de personnes s'attabler à proximité. Ils ont passé leur commande sans se presser et ont été servis avant nous ! Mon sang s'est mis à bouillonner. Cinq minutes plus tard, je frisais l'explosion. Je suis allé trouver le serveur et lui ai demandé, en contenant mon exaspération : « Puis-je vous rappeler que nous sommes pressés ? Ces personnes sont arrivées après nous et elles sont déjà servies. » Ensuite, j'ai perdu mon calme et ai haussé le ton : « Où est ma commande ? » Le serveur répondit : « Votre commande arrive, monsieur. » Sa réponse n'était pas satisfaisante, j'ai donc insisté : « Comment se fait-il que ces gens soient déjà servis ? Où sont nos plats ? » Il répéta : « Vos plats sont en route, monsieur. » Inutile de vous dire que j'étais furieux. Toutes mes capacités de compassion s'étaient envolées, en même temps que mon talent de communicant. Je suis retourné m'asseoir, prêt à en découdre encore. À côté de nous, les gens finirent de manger et payèrent l'addition ; c'en était trop ! Je m'apprêtais à me rendre chez le patron du restaurant quand j'ai vu le serveur. Je lui ai à nouveau posé la question : « Où est ma commande ? » Un peu affolé, il me répondit qu'elle allait venir. Et c'est là que j'ai compris. Je n'avais pas posé ma question correctement ! Je lui ai donc demandé : « Pouvez-vous me dire *pourquoi* ma commande met tant de temps à être servie ? *Pourquoi* ces gens ont-ils été servis avant nous ? », ce qui exprimait finalement la véritable raison de mon agacement. Cette fois-ci, le serveur me dit : « Ces personnes ont commandé des sandwichs qui sont préparés par une cuisine secondaire. Vous avez commandé un menu qui dépend de la cuisine principale. Or, comme vous le constatez, nous sommes débordés aujourd'hui. Le cuisinier m'a assuré de faire le nécessaire pour que vous soyez rapidement servis et je suis navré que vous deviez patienter aussi longtemps. » Instantanément, je me suis calmé : parce que j'avais compris la situation. Du coup, j'étais à nouveau capable d'éprouver de la compassion envers le serveur. Il en résulta que je pus me détendre, choisir d'attendre sans être tendu ou contrarié. Je me mis à apprécier l'ambiance et – plus important – la présence de ma femme ! voyez-vous, ma communication n'était pas bien intentionnée, elle ne visait pas à comprendre. Les choses auraient encore empiré si j'en avais usé à des fins de contrôle et de manipulation en disant par exemple : « C'est inacceptable et honteux ! Faites venir le patron immédiatement ! » ou encore : « Si je ne suis pas servi dans trois minutes, je quitte ce restaurant et n'y mettrai plus jamais les pieds ! ». Quand on se sent contrarié ou menacé, la communication prend un aspect vicieux, celui de la manipulation ; elle vise à intimider, à dénigrer, à blesser, à critiquer ou à faire en sorte que la personne se sente coupable. On ne communique plus à bon escient. Certes, on va peut-être parvenir à prendre le dessus mais inévitablement, on génère de la rancœur. Une communication vraie et efficace vise avant tout à comprendre et se faire comprendre dans un esprit de partage.

FAIRE PREUVE D'OUVERTURE

La communication est essentielle, mais elle n'est pas suffisante pour qu'une relation de couple fonctionne. Si elle permet de nous comprendre mutuellement, encore faut-il *bien* nous comprendre, car la mauvaise compréhension est nuisible. C'est là qu'entre en jeu l'ouverture d'esprit, l'ouverture à l'autre. Combien de fois vous êtes-vous disputé avec une personne que vous aimiez pour découvrir un peu plus tard qu'il y avait un malentendu à l'origine de votre conflit ? La difficulté réside dans le fait que nous avons tendance à attribuer une signification aux paroles et aux actes de l'autre et à penser que nous voyons juste à chaque fois. Malheureusement, il nous arrive de nous tromper, de mal comprendre ses intentions et d'en tirer de fausses conclusions.

Quand je conseille des couples, il m'arrive très souvent de jouer le rôle de l'interprète. Il dit quelque chose et elle en comprend une autre. Elle affirme quelque chose et il lui rétorque qu'elle a tort. Il leur faut généralement peu de temps avant de commencer à se quereller. C'est un peu comme s'ils ne parlaient pas le même langage ! Lorsque je reformule les mots de monsieur dans des termes compréhensibles par madame, et vice versa, le conflit cesse…

Je me souviens avoir un jour demandé à une de mes patientes ce qu'elle attendait de son mari. Martha inspira profondément puis se mit à pleurer en disant : « Je veux juste qu'il m'écoute ! J'ai l'impression qu'il ne m'aime pas ! » À côté d'elle, son mari Joe se renfrognait et paraissait de plus en plus froid. Il a haussé les épaules et soupiré et j'ai vu à quel point Martha était de plus en plus sidérée et désapprouvait son attitude ; alors, je lui ai demandé ce que cela signifiait à ses yeux. Elle m'a répondu : « Ça veut dire qu'il s'en fiche. Il me fait comprendre que j'ai tort, que je suis trop exigeante et que si j'avais quelque chose d'intéressant à dire, il m'écouterait. » Joe s'en défendit et argua qu'elle avait mal interprété son comportement. Je l'ai coupé et lui ai demandé ce qu'il avait ressenti précisément à l'instant où sa femme s'était plainte d'un manque d'écoute. Il me répondit : « Ça m'a contrarié. J'ai repensé à tout ce que j'avais fait durant la semaine pour lui prouver mon attachement. J'ai l'impression de ne pas être compétent et je ne sais pas quoi faire. Alors, quand elle vous a dit ce qu'elle pensait de ma réaction, ça m'a énervé et j'ai eu envie de la blesser en retour. » Martha n'avait pas compris la réaction détachée de Joe. Elle croyait qu'il la méjugeait et se moquait de ses sentiments. De manière très ironique, sa mauvaise compréhension a réellement amené son mari à adopter un comportement insensible et très critique alors qu'au début de l'entretien, il l'écoutait assez attentivement exprimer ses émotions et semblait indulgent. Sans l'intervention d'un thérapeute, ils auraient poursuivi leur dispute.

Tous les sentiments attentionnés, positifs et empreints de vulnérabilité manifestés au début d'une relation amoureuse peuvent disparaître très rapidement sur de simples malentendus et conclusions hâtives qui risquent d'engendrer exactement ce qu'on redoutait. La plupart des tensions émotionnelles en résultent. S'ouvrir à l'autre dans un esprit de communication bienveillante diminue les risques de conflit et maintient la relation dans une dynamique positive. Apprendre à communiquer est une chose, le faire avec *l'intention* de comprendre en est une autre. Pour que la communication soit efficace, il faut maîtriser plusieurs niveaux de compréhension, tels que :

- posséder une bonne connaissance de soi et des autres ;
- savoir identifier les différentes réactions des hommes et des femmes ;
- saisir la nature exacte des émotions qui se dissimulent derrière ce que l'on dit ;
- reconnaître que les apparences ne reflètent pas forcément la réalité (par exemple, si votre partenaire hausse les épaules, ça ne signifie pas forcément la même chose que lorsque vous le faites) ;
- comprendre que ce qu'on énonce facilement peut être moins évident à formuler pour les autres ;
- savoir que ce qu'on peut aisément entendre n'est pas forcément aussi facile à entendre pour l'autre ;
- admettre que ce qu'on trouve utile ne l'est pas forcément aux yeux de l'autre ;
- garder à l'esprit que les gens parlent une autre langue même si elle semble identique à la nôtre.

Une bonne ouverture d'esprit permet d'accepter que nous soyons tous des êtres uniques et qu'il soit aisé de se méprendre sur les intentions d'autrui. Comprendre et respecter nos différences nous aide à construire des ponts pour nous rencontrer et nous apprécier.

LA PEUR D'ÊTRE DIFFÉRENT

Une des raisons pour lesquelles nous rechignons à accepter nos différences remonte à notre petite enfance. À cette époque, celui qui était différent devenait la cible de moqueries ou était rejeté. Pour être intégré, il fallait s'inscrire dans la norme. Les enfants passent beaucoup de temps à s'imiter les uns les autres. Même si nos parents nous ont éduqués dans le respect de notre unicité, nous avons gardé en tant qu'adultes l'idée qu'être différent expose au rejet et à l'échec. À des degrés divers, nous avons peur de manifester notre singularité. Nous craignons d'être repris ou jugés inaptes et malheureusement, ce n'est pas sans fondements... L'insécurité affective frappe tout le monde et pousse les gens à reprendre quiconque commence à s'écarter de la norme. La différence est effectivement perçue comme une menace.

LA DIFFÉRENCE FAIT LA MAGIE DU MONDE !

Les différences agissent tels des aimants : elles attirent les gens les uns vers les autres. Plus on gagne en maturité, plus on devient à même de les apprécier. Les traits spécifiques des hommes et femmes sont des complémentarités qui permettent d'atteindre un équilibre relationnel. Si je suis d'un tempérament plutôt combatif, je vais inconsciemment rechercher une compagne plus détendue dont les qualités vont se combiner aux miennes et me permettre d'atteindre l'équilibre. Nos complémentarités sont à l'origine de cette émotion mystérieuse qu'on nomme l'amour ! La magie de la différence offre une nouvelle dimension à la vie de couple : en permettant d'identifier les singularités de chacun, elle permet également de percevoir nos similitudes. Parce que nous sommes identiques tout en étant différents ! Cette apparente contradiction énonce un aspect sublime des relations amoureuses : la personne que vous avez choisie pour partager votre vie est généralement un savant mélange de ressemblances et de différences, ce qui s'explique de diverses manières. Voici ce que m'en ont dit des personnes amoureuses qui vivent en couple :

« Bien sûr, nous sommes très différents ! Mais c'est notre côté passionné qui nous rapproche ! »

« On a de nombreuses différences : il est de la nuit, moi du matin ; c'est un rêveur, je suis pragmatique ; il ne s'inquiète de rien, je m'inquiète de tout. Par contre, sur d'autres plans, nous sommes pareils, sur la même longueur d'ondes. »

« Parfois, je l'adore ; parfois je la déteste. Quand je ne l'aime pas, c'est que je n'en suis pas capable à ce moment-là, que je ne me sens pas bien. Mais au plus profond de moi, je sais que nous sommes faits l'un pour l'autre. »

« Nos problèmes respectifs diffèrent ; mais ce que nous avons en commun, c'est de nombreux problèmes et autant d'opportunités de nous soutenir pour les résoudre ! On a appris à faire ça sans que l'autre ne se sente jamais mal à l'aise ou indigne. Je crois que s'il était parfait et sans problèmes, j'aurais sans arrêt l'impression de lui briser le moral. »

« Pendant les deux premières années, tout se passait à merveille. Ensuite, l'amour s'est volatilisé, c'en était fini de notre romance. Je me suis réveillée un matin en me disant que nous n'avions pas grand-chose en commun. Je me sentais perdue et déprimée. C'est là que j'ai commencé à me demander ce qu'était l'amour authentique. En partageant nos sentiments et en éliminant nos rancœurs cachées, nous sommes parvenus à nous (re) connaître et à nous aimer. J'ai alors pu apprécier l'homme qu'il était et pas celui que je voulais qu'il soit. »

Dans chacun de ces exemples, l'amour s'est nourri au fil du temps grâce à la compréhension et à la reconnaissance. C'est exactement la manière dont il révèle sa raison d'être : favoriser l'harmonie et créer des liens positifs et durables.

CESSER D'ÊTRE DANS LE JUGEMENT

Inévitablement, quand on fait preuve de compréhension, on finit par abandonner son rôle de juge. Dès lors qu'on se positionne dans l'ouverture à l'autre et que l'on devient apte à communiquer ses sentiments, pensées et désirs, on commence à se défaire des opinions négatives. Cela ne vaut pas que pour le regard qu'on porte sur les autres, car une mauvaise estime de soi et de nos actes nous empêche d'exprimer pleinement nos talents. En fin de compte, quand on se déprécie, on entrave notre capacité à savourer ce que nous possédons et la vie en général ! Ces jugements négatifs indiquent qu'on souffre d'un manque d'amour-propre. Quand on a le sentiment que nous ne sommes pas assez bien, nous nous mettons logiquement à penser que ce que nous avons n'est pas suffisant : pas assez de temps, pas assez d'argent, pas assez d'amour, etc. Même nos relations amicales et familiales nous déçoivent et notre vie de couple en pâtit. Or, on continuera de se mésestimer jusqu'à ce qu'on comprenne, qu'on apprécie et qu'on respecte les différences d'autrui. Dès lors qu'on se met à aimer et à accepter les autres, on commence à avoir une meilleure opinion de soi. C'est *le* grand secret pour ne plus être dans le jugement et entrer dans un cercle vertueux : plus on aime les autres, plus on s'aime soi-même et plus on s'aime soi-même, plus on aime les autres ! L'image et l'estime qu'on a de soi grandissent de jour en jour quand on se lie aux autres ! Au contraire, quand on persiste à poser un jugement négatif sur les autres, c'est souvent symptomatique d'un dégoût de soi que l'on projette sur ceux que l'on critique.

DÉCOUVRIR QUI NOUS SOMMES VRAIMENT

Une relation de couple sincère se fonde sur la connaissance et la valorisation de ce qui nous rend différents. Cela a comme avantage de nous permettre d'ouvrir les yeux sur nos ressemblances et de les apprécier elles aussi ! Prendre conscience de ces similitudes va nous amener à développer des qualités telles l'empathie, la compassion, la bienveillance, la tolérance, l'acceptation et le sentiment de ne faire qu'un. Reconnaître nos différences crée une attraction entre les êtres, stimule l'intérêt, incite au respect, pousse à se fixer des objectifs et suscite l'enthousiasme. Quand on parvient vraiment à se comprendre mutuellement dans le partage sincère de nos sentiments et par une écoute empathique, on identifie les mauvais jugements qui nous isolaient de l'être aimé et on peut s'en libérer. N'oubliez jamais cela : ce ne sont pas vos différences qui vous séparent, c'est la manière dont vous les envisagez. Et vos jugements négatifs sont généralement le fruit d'une mauvaise compréhension !

ASSUMER SES RESPONSABILITÉS

Si vous ambitionnez d'améliorer votre vie de couple, il faut que vous preniez une part égale de responsabilité dans ce qui s'y passe et que vous pratiquiez le pardon. Être responsable, c'est le contraire d'être une victime ; il est donc difficile, voire quasiment impossible, de pardonner quand on est persuadé d'être une victime et qu'on ne se sent absolument pas responsable. Ne vous êtes-vous jamais dit : « Je donne sans arrêt, et je ne reçois jamais rien en retour ! » ou : « Ma journée était fabuleuse jusqu'à ce que tu me la gâches ! » C'est là que se manifeste notre certitude d'être une victime unilatérale, le fait que nous ne sommes pas disposés à reconnaître notre part de responsabilité dans ce qui s'est produit. Les victimes pensent qu'elles ne sont absolument pas responsables de ce qu'on leur a fait ou de ce qu'elles éprouvent. Elles se sentent incapables de changer quoi que ce soit ; elles ignorent comment elles ont permis la mise en place de mécanismes relationnels qui leur nuisent. Une attitude victimaire ne nuit pas seulement au couple, elle gâche notre vie.

Les victimes n'admettent pas que si *elles* avaient géré les choses autrement, elles auraient obtenu d'autres résultats. Les victimes ne veulent pas entendre qu'elles ont contribué à leurs problèmes. Elles refusent de voir qu'en interprétant mal une situation, elles l'ont fait empirer. Pire, elles n'envisagent pas du tout de tirer un enseignement positif d'une expérience négative ! Elles utilisent leur passé comme excuse pour ne pas s'avouer la vérité. Quand une personne s'enferme dans une posture victimaire, elle ressent de la rancœur et pense que son malheur dépend intégralement d'un tiers. Cette amertume empêche évidemment d'accepter ou de faire confiance à la personne qui l'inspire. On ne peut accorder sa confiance car on ne comprend pas comment on aurait pu provoquer pareil comportement. On trouve que c'est inacceptable parce qu'on attendait de cette personne qu'elle sache intuitivement ce dont nous avions besoin. Lire dans les pensées, c'est quelque chose qui se pratique parfois avec succès entre femmes. Mais il est impossible à un homme de savoir ce qui se passe dans la tête d'une femme et vice versa ! Quand on nourrit du ressentiment envers son conjoint, on n'accorde aucun intérêt aux raisons qui l'ont poussé à agir comme il l'a fait. On ne cherche pas à savoir pourquoi il ressent ce qu'il ressent. Dit autrement, nous pensons que nous sommes la victime et que de ce fait, l'autre est le vilain (ou la vilaine).

IL NOUS ARRIVE DE PROVOQUER L'AUTRE INCONSCIEMMENT

Quand on ne dispose pas d'une perception fine de nos différences hommes-femmes, il est tout à fait logique de se blesser sans y prendre garde. Si vous distinguez parfaitement ce qui fait de vous un Martien ou une Vénusienne vous pourrez comprendre de quelle manière vous avez pu offenser votre partenaire. Si vous adoptez un profond respect pour la différence de l'autre, en passant minutieusement en revue ce que vous avez fait ou pas, vous saurez comment votre comportement aura pu l'affecter et pourquoi vous avez été confronté à telle ou telle réaction. Vous développerez ainsi votre sens des responsabilités. Mais assumer nos actes ne suffit pas...

Nous portons aussi une autre responsabilité, moins évidente à cerner : tout comme nos actes entraînent certaines réactions, il en va de même pour nos pensées et émotions ! Le mécanisme qui entre en jeu est peut-être moins facile à comprendre, mais c'est une réalité indéniable ! Quand on méjuge quelqu'un, de manière ouverte ou cachée, il aura momentanément tendance à réagir selon ce qu'on pense de lui. Si on estime que cette personne ne nous aime pas, elle aura tendance à se montrer peu aimante ; si on est convaincu qu'elle se moque totalement de nous, elle sera effectivement encline à nous ignorer, etc. Plus cette personne a de l'importance à vos yeux, plus profondément vous serez affecté par son attitude. Ceci s'explique par le fait que plus on est en situation de dépendance affective envers quelqu'un, plus on peut influencer sa manière de penser, plus on peut l'atteindre sur le plan émotionnel. Quand on partage l'intimité sexuelle d'une personne, c'est tout autant valable : elle va influencer notre manière de nous conduire.

Prenons l'exemple d'une femme qui trouve que son compagnon la délaisse. Eh bien, ses pensées influent ce dernier qui ponctuellement se montrera enclin à la délaisser ! Même si elle prétend être convaincue de l'amour qu'il lui porte, le fait qu'elle nourrisse secrètement des pensées contraires incitera son partenaire à se montrer plus distant. À ce moment-là, l'élan affectif de cet homme sera obscurci et entravé par les pensées négatives de sa femme. Il adoptera donc une réaction de recul en lien avec ce qu'elle imagine de lui. Et plus les gens sont proches, plus c'est vrai.

Quand un homme se dit que sa femme réagit de manière excessive et irrationnelle, elle aura tendance à se comporter ainsi. Même s'il prétend la comprendre quand elle lui parle de ce qu'elle ressent, s'il pense secrètement que ce qu'elle dit n'a aucun sens, elle deviendra émotionnellement instable, perdra sa lucidité et sera désorientée. Cependant, ce n'est pas parce qu'une personne nous provoque qu'elle est responsable de nos réactions ! On ne peut pas se défausser sur elle. Blâmer celui qui nous provoque n'est qu'une manière de se positionner en tant que victime, ce qui n'est pas une excuse acceptable. Le fait de comprendre comment nos pensées ou émotions peuvent susciter chez les autres des réponses négatives ne signifie pas que leurs réactions soient tolérables ou pardonnables.

Cela permet tout simplement de comprendre leur comportement en établissant un lien entre ce qu'ils font et ce que nous avons manifesté.

On peut générer des maltraitances d'une manière encore plus puissante : si un jugement négatif entraîne une perturbation temporaire, la rancœur attire quant à elle des dysfonctionnements permanents. Ainsi, un homme qui nourrit du ressentiment vis-à-vis de l'émotivité de sa femme fera-t-il en sorte qu'elle soit en état d'hyperémotivité constante. De même, si une femme en veut à son mari parce qu'il se montre négligent, il deviendra complètement indifférent. Il n'est d'ailleurs pas rare qu'un homme soit animé de sentiments affectueux pour sa compagne quand il est sur le trajet qui le mène à la maison et qu'il les perde instantanément en sa présence. Même si elle se comporte de façon tout à fait acceptable, son mari va répondre négativement à la rancune perceptible qu'elle a emmagasinée au plus profond d'elle-même. Selon le même schéma, une femme rentrant chez elle après une journée de travail peut se réjouir à l'idée de prendre son conjoint dans ses bras et sombrer dans une froideur inattendue dès qu'elle se trouve près de lui, juste parce que ce dernier sera porteur d'un ressentiment non formulé, parfois même inconscient.

Quand nous éprouvons de l'amertume, elle reste chevillée au corps tant qu'on n'a pas fait l'expérience du pardon. Si on ne parvient pas à s'en défaire, la rancœur s'épaissit, prend toujours plus de place et provoque toujours plus de réponses émotionnelles négatives chez notre conjoint. N'imaginez même pas être suffisamment bon acteur pour qu'on ne s'aperçoive pas de ce dont vous êtes porteur. On a beau être très doué pour jouer la comédie, on se trahit en permanence par nos actions, réactions, par les mots qu'on emploie, par notre langage corporel, notre regard, le ton de notre voix, etc. Vos tensions internes transparaissent quoi que vous fassiez pour les dissimuler.

Si une personne vous agace sans que vous ayez au préalable développé du ressentiment envers elle, vos perceptions négatives peuvent s'envoler au bout de quelques minutes. Par contre, quand on est habité en permanence par la rancœur, on s'accroche – consciemment ou pas – à ses impressions négatives. Cette tendance à la dépréciation continue d'autrui, sourde et terrée en soi, porte un coup fatal à l'efficacité de la communication. Quand on exprime ses émotions sur le ton de la rancœur, il devient impossible à celui qui écoute de rester dans un état d'ouverture et d'empathie. Sur ce point, les choses sont plus aisées en tout début de relation, quand on n'a pas encore eu le temps d'accumuler du ressenti envers son partenaire.

L'amertume empoisonne l'amour et l'empêche de s'épanouir. La meilleure façon de l'éliminer, c'est de commencer par reconnaître qu'on en est en partie responsable et de comprendre dans quelle mesure et comment on obtient des autres le fruit des graines de mésentente qu'on a semées. Ensuite, en cernant mieux son partenaire et en étant moins jugeant à son encontre, on sera capable de communiquer avec respect et le pardon s'imposera presque de lui-même.

RESPONSABILITÉ *VERSUS* RANCŒUR REFOULÉE

Il est beaucoup plus facile de prendre ses responsabilités quand on a bien compris qu'en développant à l'égard d'autrui des jugements négatifs, on induit chez lui une réponse négative. Cependant, quelque chose de sournois vient s'opposer à cette démarche responsable : le refoulement, qui concerne aussi bien les hommes que les femmes. Un sentiment refoulé devient inconscient et c'est en cela qu'il est sournois : il empêche de reconnaître que nous ne sommes pas étrangers à la maltraitance que nous avons subie. Quand elle est refoulée, la rancœur peut considérablement perturber un couple.

Quand une personne prodigue de nombreux efforts pour faire preuve d'amour, de compréhension et de reconnaissance sans disposer de bons outils de communication, elle est généralement très sujette au refoulement des rancunes. Car plus on se fait violence pour être attentionné, plus on va refouler son ressentiment. Dans ces cas-là, lorsque le conjoint réagit mal parce qu'il est influencé par cette accumulation silencieuse de jugements négatifs, il est extrêmement difficile d'accepter qu'on en soit responsable. La bonne intention de départ impliquant un refoulement de rancune, elle a conduit à empirer les choses !

Si un homme frappe une femme avec un club de golf et qu'elle se met à saigner du crâne, il ne peut nier sa responsabilité, elle est manifeste. Sa compagne peut s'en prendre à lui et lui adresser des reproches qu'il acceptera d'autant plus facilement qu'il comprendra en quoi il les mérite. Par contre, si ce sont les rancœurs refoulées de cet homme qui blessent cette femme, qui font saigner son cœur et la mettent en colère, il n'est pas évident qu'il admette sa responsabilité. L'instrument avec lequel il a agressé sa femme est invisible pour les yeux. Il peut donc aisément décréter que sa femme réagit de manière irrationnelle et injustifiée.

LES BONNES INTENTIONS NE SUFFISENT PAS

Il se peut que vous ayez vraiment envie d'être aimant et que vous y mettiez toute votre détermination. Malheureusement, votre amour ne sera jamais pur si vous ne vous libérez pas de vos rancœurs, ce qui est primordial pour qu'aimer ne vous soit pas pesant. Si exprimer votre amour nécessite que vous mobilisiez des ressources importantes, c'est généralement le signe de rancœurs refoulées. Souvenez-vous des débuts de votre romance. Aviez-vous besoin de vous obliger à aimer ? Lorsque j'ai rencontré mon épouse, je ne me suis jamais dit qu'il fallait que *j'essaie* de l'aimer. Quand ma fille était toute petite et qu'elle tombait du lit, je ne me suis jamais dit qu'il fallait que *je tente* de prendre soin d'elle, de la secourir ou de la protéger. Chaque cellule de mon corps me poussait à le faire ; c'était irrésistible. Pensez aux gens que vous respectez profondément pour ce qu'ils ont créé ; avez-vous besoin de vous forcer à les respecter ? Si une attitude positive ne se manifeste pas spontanément et exige qu'on se force, c'est qu'elle est superficielle, fictive, simulée. Si un homme éprouve du ressentiment envers sa femme, il ne pourra pas le lui cacher. Elle le sentira et restera sur ses gardes pour se protéger de ses éventuelles accusations. Sachant tout cela, on entrevoit plus clairement la façon dont on se montre responsable en prenant conscience des mauvaises opinions qu'on entretient à l'égard d'autrui. Qu'elles soient énoncées ou tues, elles sont à l'origine de bon nombre de maltraitances qu'on subit et elles expliquent en grande partie l'absence de soutien dont on peut souffrir.

Linda a 38 ans. Elle est mariée depuis 12 ans. Après quelques années de thérapie, elle reconnaît enfin qu'elle est responsable à parts égales des difficultés de son couple alors qu'auparavant, elle estimait que son mari en était l'unique coupable puisqu'il la délaissait et qu'elle en souffrait en qualité de victime exclusive. Elle lui en voulait d'être aussi froid, aussi distant et si peu attentionné. Elle est parvenue à comprendre que sa propre rancœur empêchait son conjoint de ressentir ses sentiments et ses besoins. Comment aurait-il pu y répondre quand tout ce qu'il percevait, c'était le ressentiment silencieux et néanmoins omniprésent de sa femme ? Linda croyait sincèrement que si elle se taisait, que si elle veillait à ne pas trahir son amertume dans son comportement, Bob n'en saurait rien. De son point de vue, il n'avait pas le droit de lui en vouloir puisqu'elle cachait parfaitement ce qu'elle pensait et qu'il n'était donc pas supposé s'en douter. Elle n'exprimait jamais sa rancœur ouvertement et pouvait même faire des avances sexuelles à son mari. Quand il les repoussait, elle fulminait davantage intérieurement (discrètement, évidemment). Bien que Linda ait démultiplié les efforts pour cacher son amertume, Bob n'était pas dupe : cela se voyait dans la façon dont elle contractait les mâchoires, cela s'entendait dans le ton de sa voix. En conséquence, dès qu'elle se tournait vers lui pour obtenir de l'aide, il s'isolait et l'ignorait. En admettant ses torts, Linda a simultanément compris qu'elle *avait le pouvoir* de faire changer les choses ! Dès lors qu'elle sortit de son rôle de victime, son couple s'en porta beaucoup mieux !

Je ne prétends pas que son conjoint n'était pas responsable lui aussi. Aussi sûrement qu'il faut être deux pour danser le tango, il faut être deux pour entrer en conflit ! Quoi qu'il en soit, Linda a saisi que la responsabilité qui lui incombait, c'était de communiquer ses sentiments et besoins d'une manière qui soit compréhensible par son conjoint, c'est-à-dire libérée de tout ressentiment. Elle dut travailler intensément sur elle pour y parvenir et pour développer un amour sincère vis-à-vis de Bob. Pour ce faire, elle a utilisé une technique que je vous décrirai plus loin, celle des lettres d'amour. Grâce à elle, elle a pu analyser l'étendue et la profondeur de ses émotions mais aussi faire table rase de ses rancœurs. Dès qu'elle se mit à communiquer de manière responsable, elle fut surprise de constater la rapidité avec laquelle Bob répondit à ses attentes. Il lui apporta tout le soutien qu'il avait toujours voulu lui donner et ils vécurent une deuxième lune de miel !

Je vous encourage à comprendre, reconnaître et admettre que vous avez votre part de responsabilité dans les turpitudes que traverse votre couple comme dans les bonheurs qu'il vous offre. Tant qu'on a le sentiment de tout faire pour que ça marche sans obtenir ce qu'on attend, on reste une victime. Savoir, c'est pouvoir ! La connaissance de nos différences nous accorde le pouvoir d'être plus compréhensifs, tolérants, respectueux et reconnaissants. La connaissance des mécanismes du ressentiment et de ses dégâts nous amène tout naturellement à pratiquer le pardon. En affinant encore cette connaissance des différences hommes-femmes, vos aprioris négatifs vont disparaître. Vous ne voudrez plus changer votre partenaire, vous aurez juste une énorme envie de l'apprécier et de le soutenir !

CHAPITRE 3

LES DIFFÉRENCES FONDAMENTALES ENTRE LES HOMMES ET LES FEMMES

La manière la plus simple d'apprécier les différences hommes-femmes est de se positionner du point de vue biologique, et plus particulièrement d'examiner leur système reproductif. Mais de nombreuses recherches scientifiques révèlent qu'il existe d'autres différences sur le plan physique. Les hommes ont généralement une peau plus épaisse que celle des femmes, ce qui explique qu'elles aient tendance à avoir des rides plus tôt. Les cordes vocales des femmes sont plus courtes que celles des hommes, ce qui rend la voix de ces derniers plus grave. La masse sanguine des hommes est plus importante et leur sang possède environ 20 % de globules rouges supplémentaires, ce qui concourt à une meilleure oxygénation et à des performances musculaires accrues. Les hommes ont également tendance à respirer plus profondément que les femmes alors qu'elles respirent généralement plus vite qu'eux. Globalement, les hommes ont des os plus gros, ceux des femmes étant non seulement plus petits mais aussi disposés différemment. Leur démarche qui émeut tant les hommes dépend de cette structure osseuse : le bassin des femmes étant plus large pour enfanter, elles exécutent des mouvements plus amples à chaque fois qu'elles font un pas, ce qui se traduit par un délicieux balancement des hanches. Les hommes ont un ratio muscle/matière grasse plus élevé que celui des femmes, ce qui favorise leur perte de poids. Et grâce à leur masse musculaire plus importante, ils peuvent mobiliser rapidement leur énergie en cas de besoin. De leur côté, les femmes disposent d'une couche supplémentaire de graisse sous la peau ; elle les protège du froid en hiver et de la chaleur estivale. Elle constitue également une réserve énergétique favorable à l'endurance qui les avantage vis-à-vis des hommes. L'énoncé de ces caractéristiques physiques très marquées prépare le terrain pour l'analyse des différences psychologiques qui sont particulièrement intéressantes dès lors qu'il s'agit d'aborder l'art d'enrichir les relations de couple.

LES PRINCIPALES DIFFÉRENCES PSYCHOLOGIQUES

La différence des hommes et des femmes ne se limite pas à la sphère biologique et anatomique, elle comporte une dimension psychique. Par exemple, on observe généralement que les femmes sont plus intuitives et davantage intéressées par ce qui touche à l'amour et aux relations affectives. Elles ne présentent pas non plus le même type de réponse au stress. Comparées aux hommes, elles ne se plaignent pas des mêmes choses concernant leur couple. Suggérer que ce ne soit là que le fruit d'un conditionnement culturel me semble absurde. Bien entendu, la manière dont on a été éduqué influence notre façon d'être, mais elle n'est pas responsable de nos différences fondamentales.

D'un point de vue pragmatique, ces dernières sont génétiquement programmées. Ensuite, elles subissent l'influence environnementale. L'analyse de nos différences ne permet pas de dire que tel homme correspond à la définition d'un homme, pas plus qu'on ne peut dire que telle femme se résume à une définition du genre féminin. Les hommes et les femmes ne sont pas tous identiques ! Et oui, enfermer les gens dans des stéréo-types est une aberration. Les hommes comme les femmes possèdent en eux des traits de caractère et attributs masculins et féminins. Cependant, les femmes manifestent généralement plus de caractéristiques féminines alors que les hommes présentent globalement plus de caractéristiques masculines. C'est là-dessus que se basera notre investigation. Le souci, quand on émet des généralités vis-à-vis du genre, c'est que certaines personnes peuvent avoir l'impression d'être anormales si elles ne correspondent pas à la description donnée. Néanmoins, ça devient un peu pesant de s'entendre dire qu'une généralisation ne vaut rien car un membre du genre opposé pourrait très bien y correspondre si telle facette était plus développée chez lui. Pour éviter de sombrer dans un débat conflictuel sur la question du genre, envisageons les généralités sur les hommes et les femmes comme de simples descriptions de nos côtés masculins et féminins.

Dans un premier temps, la classification indispensable au développement du sujet pourra vous paraître déroutante. L'inversion des rôles et la confusion des genres sont très répandues dans notre société contemporaine. Les femmes ont occulté certains aspects de leur personnalité pour développer des traits auparavant typiquement masculins. En d'autres mots, elles ont renié une part de leur féminité pour développer leur potentiel de masculinité. Exactement à l'identique, les hommes ont rejeté certaines caractéristiques masculines en faveur d'un accroissement de leur potentiel de féminité. Indéniablement, développer notre potentiel inné est une preuve de maturité ! Mais pour éviter les problèmes, il ne faut pas que cela se fasse au détriment de nos caractéristiques fondamentales et de ce qui fait de nous des hommes ou des femmes (*ces particularités seront passées en revue dans différents contextes au fil des pages*).

De nombreuses femmes revendiquent leur droit à agir comme des hommes. Elles veulent plus d'amour, plus de liberté et plus de respect au point de nier leurs qualités et valeurs féminines. Car le féminisme n'a pas seulement aidé les femmes à découvrir leur capacité à se comporter comme des hommes, il leur a laissé croire qu'elles *devaient* être comme eux. En conséquence, elles ont majoritairement rejeté une bonne part de leur essence féminine. En réponse, les hommes ont essayé de se montrer plus doux et sensibles, dans le but de contenter leur partenaire. Ce nouveau spécimen masculin est souvent rejeté par les femmes qui trouvent qu'il manque de courage, qu'il est sympathique mais pas désirable. Le problème de ces hommes n'est pas d'avoir développé leur part de féminité, c'est d'y avoir sacrifié leur nature masculine. Ils sont totalement perdus car contraints de reconnaître que ce qui se faisait dans les années 1950 ne marche plus, sans pour autant pouvoir identifier un modèle qui fonctionne.

Il est impossible de définir un schéma comportemental type qui convienne à tous les hommes et à toutes les femmes. Mais d'une manière générale, on peut avancer que la clé de cette quête de l'harmonie consiste à respecter notre nature profonde tout en développant notre potentiel. Ce qui est nuisible, c'est de sacrifier nos caractéristiques fondamentales pour nourrir d'autres qualités. La grande confusion qui règne de nos jours tient au rejet des différences. Quand on accepte qui l'on est et que l'on accueille favorablement les différences de l'autre, on apprend à nourrir en soi des valeurs et spécificités nouvelles sans compromettre notre nature profonde. Par exemple, si un homme a une vision très cartésienne de l'univers, il faut en premier lieu qu'il accepte et qu'il apprécie le fait d'être aussi rationnel. Ensuite, il aura tendance à être attiré par une femme plus intuitive, parce que l'intuition et la rationalité sont complémentaires. Un homme très viril a tendance à être plus cartésien qu'intuitif. En apprenant à aimer, comprendre et respecter une personne plus féminine et intuitive, il commencera très naturellement à développer ses propres facultés d'intuition sans pour autant abandonner sa rationalité.

Il est bien sûr possible de rencontrer des hommes très intuitifs, même si malheureusement ils ont souvent sacrifié pour cela leur nature masculine. Ceux-là doivent d'abord accepter et apprécier d'avoir développé davantage leur potentiel féminin. Ensuite, pour retourner à une position d'équilibre, ils auront tendance à se rapprocher d'une personne plus rationnelle qu'eux. En l'aimant, en l'accueillant et en la respectant, ils parviendront à devenir plus cartésiens sans pour autant se couper de l'intuition qu'ils avaient acquise.

Lorsque j'évoque les différences hommes-femmes sous la forme de généralités, n'oubliez jamais qu'il s'agit de ce qui est communément observé chez la majorité des gens. À l'échelle individuelle, il peut en être autrement. À certains égards, la description des hommes et des femmes se doit de caricaturer les principales différences entre les sexes. Elles se manifestent de façon particulièrement marquante quand nous sommes en état de stress (*nous explorerons les différentes réponses au stress selon le genre dans les chapitres 6 et 7*). Lorsque nous sommes calmes, nous sommes généralement beaucoup plus équilibrés dans l'expression de nos facettes masculines ou féminines.

Même quand un homme a énormément développé sa part de féminité, son côté masculin a tendance à se réveiller sous l'effet du stress. Il ne lui sera donc pas très difficile – à raison d'un petit travail sur soi – d'entrer en contact avec la part de masculinité qu'il porte en lui pour la développer. De même, une femme qui a fait le choix de vivre selon des stéréotypes comportementaux très masculins, même si elle a totalement rejeté toute trace de féminité, pourra parvenir à renouer avec sa nature profonde en se servant des descriptions trouvées dans ce livre. En examinant les traits de caractère féminins, elle pourra découvrir et laisser émerger la féminité qui sommeille en elle. Peu importe à quel point elle a dû se renier elle-même pour miser sur son seul potentiel masculin, il lui sera toujours possible d'apprendre à aimer, à reconnaître et à nourrir son côté féminin.

LA COMPLÉMENTARITÉ DE NOS DIFFÉRENCES

Pour conceptualiser la manière dont les hommes et les femmes peuvent paraître identiques alors qu'ils sont si différents sur le plan psychologique, utilisons l'exemple du miroir. Quand vous vous reflétez dans un miroir, vous vous y voyez ; ou du moins, vous pensez que c'est vous. En y regardant de plus près, vous allez constater que même si l'image vous ressemble, elle est sensiblement différente : elle est inversée, comme tout ce qui vous entoure ! La psyché féminine est un peu la réflexion de la psyché masculine. Et de bien des manières, les hommes et les femmes diffèrent selon ce modèle de réflexion dans un miroir ; ils sont différents mais complémentaires. Une autre manière de bien cerner nos différences et leur manière de s'articuler, c'est d'examiner les forces complémentaires définies par Isaac Newton : la force centripète et la force centrifuge. La force centripète rapproche du centre ; la force centrifuge éloigne du centre. Ces deux forces apparemment opposées sont de parfaits exemples pour illustrer les interactions hommes-femmes.

Vous avez peut-être effectué cette expérience à l'école primaire : on prend un seau rempli d'eau et on le fait tourner rapidement autour de soi grâce à une corde fixée à l'anse. Mystérieusement, l'eau reste figée au fond du seau même si ce dernier est incliné. La force centrifuge a tendance à attirer vers l'extérieur tout corps qui tourne autour d'un axe à grande vitesse. Il s'agit d'une force expansive. Si elle n'existait pas, l'eau quitterait le seau. Si vous coupiez la corde en pleine rotation, la force centrifuge pousserait le seau à s'éloigner de vous. Quant à la force centripète, elle a tendance à ramener un corps vers l'intérieur quand il tourne autour d'un axe. C'est une force de tension, celle qui fait que la corde reliée au seau reste droite. Elle maintient les choses entre elles en exerçant une contraction. Ces deux forces sont comparables aux psychologies féminines et masculines : comme la force centrifuge (expansive), la conscience d'une femme se propage depuis son centre, vers l'extérieur. Le mouvement naturel qu'elle adopte, c'est d'aller vers les autres. Quand elle tombe amoureuse, il lui est très facile de ne plus du tout penser à elle. Elle se laisse aisément absorber par les besoins d'autrui. Un homme a quant à lui tendance à se contracter dans sa relation de couple : une fois qu'une femme l'a accepté, il se recentre sur lui-même et est plus attentif à ses propres besoins qu'à ceux de sa compagne. Comme la force centripète, l'homme a tendance à ne faire qu'un avec lui-même et peut moins aisément se disperser. Il peut très facilement devenir égocentrique et manquer de considération envers sa femme sans même s'en apercevoir.

LA FEMME EST EXPANSION, L'HOMME EST CONTRACTION

Le plus gros problème que rencontrent les femmes au sein du couple, c'est d'oublier leurs besoins et de se focaliser sur ceux de leur partenaire. Leur plus grand défi, c'est de parvenir à ne pas se négliger quand elles sont dans une dynamique d'expansion pour prendre soin des autres. D'un point de vue complémentaire, la difficulté majeure qu'a à affronter un homme, c'est de dépasser sa tendance à être centré sur lui-même et à être absorbé par ses propres besoins.

Alors que les femmes sont dans un élan d'expansion, les hommes sont dans un mouvement de contraction. Comme la force centripète, les hommes tendent vers un point. C'est ce qui explique par exemple qu'ils puissent être insatisfaits lorsqu'ils communiquent avec les femmes : elles sont enclines à largement développer un sujet alors qu'ils souhaitent qu'elles en viennent aux faits. Habituellement, quand un homme discute, il a déjà silencieusement analysé ses idées au préalable et sait exactement de quoi il veut parler en priorité. Une femme n'a pas forcément d'idée précise, parler lui permet de cerner ce qui est important à ses yeux. En explorant verbalement ses pensées et émotions, elle découvre où elle veut en venir. Tout comme les hommes ont besoin de s'isoler pour réfléchir à leurs problèmes, les femmes obtiennent une vision plus claire des choses en les énonçant de manière diffuse et dans le partage. Quand elles se lancent, elles ne savent pas encore où cela va les mener, elles savent juste que ça les conduira là où elles ont besoin d'aller. Pour les femmes, le fait de partager leurs pensées est un puissant moyen de découverte de soi. Il arrive très fréquemment que les hommes soient énervés simplement parce qu'ils méconnaissent cette différence. Leur ignorance les pousse à interrompre ce processus naturel féminin ou alors, ils se contentent de juger qu'il n'est que pure perte de temps. A contrario, un homme qui a compris et accepté cette différence est capable de soutenir et d'encourager une femme sans porter sur elle de jugement négatif pendant qu'il l'écoute.

DES MODES DE COMMUNICATION CONTRASTÉS

Harris arrive chez lui. À peine rentré, Laura lui dit : « Susie a raté son match de foot pour la deuxième fois ; elle est vraiment très déçue ! Ah, ton frère Tom a appelé pour nous dire qu'il avait prévu de nous rendre visite au mois de juin. Je n'ai pas su quoi lui répondre parce que j'ignore si nous serons là. Peut-être bien qu'on ira voir ma mère en juin, juste au début des vacances d'été. Euh… Au fait, elles débutent quand les vacances des enfants ? Zut, je n'arrive pas à remettre la main sur les photos que me réclame maman ! Tu te rappelles ? Celles qu'on a faites au parc de Yellowstone ? Dis, tu as lu l'article qui disait qu'il ne fallait pas nourrir les ours à yellowstone ? C'est dingue, les parcs ne sont plus ce qu'ils étaient… Je me souviens que quand j'étais petite, je nourrissais les ours de mes mains ! Flûte, j'espère que je vais retrouver ces maudites photos ! Parfois, j'ai vraiment l'impression que notre vie est mal organisée… Je pense qu'on devrait prendre un peu de temps pour planifier ensemble ce qu'on fera cet été. »

En partageant tout d'abord plusieurs idées qu'elle associe les unes aux autres, Laura parvient à se sentir plus sereine et finalement, en vient à ce qui est important pour elle : il faut que son mari et elle établissent leur programme pour l'été. L'approche d'Harris est très différente. Plutôt que d'évoquer à haute voix ce qu'il ressent, il prend le temps d'analyser mentalement les différents points et n'évoque que l'essentiel, le résultat de sa réflexion silencieuse.

Par exemple, admettons qu'on lui propose du travail supplémentaire pour le mois de juin. Il se demande si cela mérite de contrarier ses plans pour l'été. Il calcule ce que ça va lui rapporter en plus sur le plan financier et imagine ce que cet argent va lui permettre de partager en famille. Ensuite, il pense à différents scénarios de vacances familiales dans le cas où il refuserait l'offre. Il se dit aussi qu'il pourrait accepter ce travail et rejoindre sa famille ensuite, pour la fin des vacances. Finalement, il trouve que ce n'est pas une bonne idée. Il se demande quand les enfants quitteront l'école et aussi s'il existe une manière d'accepter ce travail sans décevoir ses proches. Il se dit qu'il préférerait ne pas avoir à sacrifier une partie de ses vacances pour gagner un peu plus d'argent mais que néanmoins, ça en vaut la peine et qu'il tentera de profiter des deux. Il conclut sa réflexion par : « J'en parlerai à Laura pour lui demander son avis ». Selon sa manière d'agir, Harris analyse ses problèmes mentalement pour finalement en énoncer les conclusions verbalement. Il rentre à la maison et dit : « Je crois que je vais accepter du boulot cet été. Il faudrait qu'on s'organise autrement pour les vacances. »

Lorsqu'aucun des partenaires ne comprend l'approche de l'autre, il en découle des tensions dont on se passerait aisément. Détaillons la réaction de Harris confronté au mode de communication expansif de Laura. Ensuite, nous examinerons ce que pense Laura de la façon dont Harris exprime sans détours le résultat de sa réflexion.

Dès le départ, Harris perçoit dans le ton qu'emploie Laura que quelque chose la travaille, qu'elle a besoin de s'en ouvrir à lui. Elle commence ainsi : « Susie a raté son match de foot et elle est vraiment très déçue. » Harris se dit : « C'est donc ça qui l'ennuie ? Pourquoi s'en plaint-elle à moi ? On dirait qu'elle sous-entend que c'est moi qui aurais dû l'accompagner ! À tous les coups, elle pense que c'est de ma faute et que je devrais me préoccuper davantage des enfants ! Franchement, ça m'énerve ! Je fais déjà tout ce que je peux ! » Ensuite, Laura évoque l'appel de Tom. La réponse intérieure de Harris est la suivante : « C'est quoi le lien entre le coup de téléphone de mon frère et le fait que je ne sois pas un bon père ? » Puis, Laura rajoute qu'elle ne sait pas s'ils seront chez eux au mois de juin. Harris pense : « Comment pourrais-je connaître le programme de cet été puisqu'on n'en a même pas parlé ensemble ! Est-ce qu'elle voudrait que je rappelle mon frère dans la foulée pour lui dire ce qu'il en est ? On n'a pas besoin de lui donner une réponse tout de suite ! » Quand Laura lui demande à quelle date débutent les vacances scolaires, Harris rumine : « Et comment je saurais ça ? Elle insinue que si j'étais plus impliqué dans la vie de mes enfants je serais au courant ? Et pourquoi n'appelle-t-elle pas l'école ? Je n'arrive pas à croire qu'elle soit énervée pour ça et qu'elle préfère me sauter dessus quand je rentre du boulot plutôt que de téléphoner à l'école ! » Lorsque Laura évoque les photos qu'elle ne trouve plus, Harris pense : « Pourquoi remet-elle ça sur le tapis ? ! Je lui ai déjà dit que je ne savais pas où se trouvaient ces photos ! Et puis, qu'est-ce que ça a à voir avec le match de foot de Susie ? Qu'est-ce qu'elle veut donc me dire ? Évidemment, j'oublie certaines choses mais je n'avais pas promis à Susie de l'emmener au foot ! Et puis, c'est quoi le lien avec Tom ? Si ça se trouve, elle me compare à lui qui emmène sa famille en vacances alors que moi, je ne suis pas fichu d'accompagner ma fille à son match de foot. C'est vraiment ridicule ! » Après que Laura a mentionné l'article sur les ours et le fait que les parcs ne sont plus ce qu'ils étaient, Harris se dit : « Euh... C'est quoi le rapport entre les ours et le fait que je ne sois pas assez présent pour les enfants ? Est-ce qu'elle prétendrait que les enfants grandissent vite et que je rate des choses importantes en n'étant pas plus présent ? Et pourquoi est-elle agacée de ne plus pouvoir nourrir les ours avec ses mains ? Qu'est-ce que je peux y faire, moi ? Je suis complètement paumé ! Pourquoi donc me fait-elle ça ? » Et pour finir, quand Laura précise qu'elle a le sentiment d'avoir une vie de couple désorganisée et qu'elle aimerait faire le point avec son mari, ce dernier fulmine : « Ah ! C'est donc ça ! Je n'arrive pas à croire qu'elle me rende responsable de ça, qu'elle m'accuse d'être un mauvais mari et un mauvais père ! Je n'ai même plus envie de partir en vacances avec elle ! Et d'ailleurs, je me demande pourquoi elle a envie qu'on passe nos vacances ensemble si elle pense ça de moi ! » Déçu et en colère, il lâche sèchement : « J'en ai marre de tes insinuations ! Pourquoi faut-il toujours que tu compliques tout ? Et si pour une fois on essayait d'être directs ? » La posture défensive sur laquelle campe Harris s'est nourrie de son incompréhension du mode de communication expansif de Laura. Malheureusement, il n'a eu aucune idée de ce que sa femme ressentait réellement. Elle n'a fait que partager une série d'idées qui devaient la conduire à ce qu'elle voulait communiquer, c'est-à-dire, la conclusion. L'erreur de Harris, c'était de penser que cette conclusion avait quelque chose à voir avec le premier point qu'elle avait énoncé. En associant le ton agacé de Laura à sa remarque concernant le match de foot de Suzie, il a imaginé que tout ce qui a suivi découlait de ce premier constat. Confronté au mode de communication très féminin de sa compagne, Harris s'est totalement fourvoyé dans son interprétation.

Voyons maintenant ce que pense Laura du mode de communication masculin de Harris, qui consiste à aller droit à l'essentiel. Lorsqu'en rentrant du travail il dit : « Je crois que je vais accepter un surcroît de travail en juin, il va falloir revoir notre planning. » Instantanément, Laura se sent blessée et offensée. Elle s'exclame : « Comment as-tu pu prendre une décision pareille sans même m'en parler ? Je compte si peu pour toi ? Et ta famille ? Tu serais probablement plus heureux sans nous, tant ton travail est la seule chose qui semble avoir de l'importance à tes yeux ! Ne savais-tu pas que les enfants seront en vacances en juin ? Et même si ta décision était prise, tu aurais au moins pu avoir la délicatesse de me demander ce que j'en pensais, pour me démontrer un minimum de respect ! » Est-il besoin de le préciser, ils entrèrent en conflit ouvert !

Laura déduit des propos de son mari qu'il a arrêté sa décision et qu'il n'a pas envie d'entendre son point de vue. Elle se sent exclue, sans importance et pense que Harris la considère comme une chose acquise. Elle n'imagine à aucun moment à quel point il a réfléchi à tout cela en prenant sa famille en considération. Harris est sincèrement ouvert à la discussion mais malheureusement, il croyait que Laura comprendrait cela instinctivement.

POUR QUELLE RAISON LES HOMMES SEMBLENT-ILS ÉGOÏSTES ?

Il existe un autre type de contraction psychique qui induit les femmes en erreur. Il leur est difficile de comprendre qu'un homme puisse être réellement attentionné et que soudainement, il bascule en mode autocentré. Comme ce type de comportement leur est étranger, elles estiment que c'est dirigé contre elles. Elles ne saisissent pas à quel point le fait de se focaliser sur un point jusqu'à en oublier tout le reste est un réflexe naturel chez un homme. Quand un homme fait des besoins de sa femme une priorité, il est entièrement dirigé vers elle. Une fois qu'elle lui semble satisfaite, il passe à autre chose, comme par exemple une préoccupation d'ordre professionnel sur laquelle il va se concentrer. Quand il est sous l'effet du stress, c'est encore plus marqué ! Toujours plus tourné vers ce qui le préoccupe, il dédaigne encore davantage tout le reste. De l'extérieur, il donne l'impression de ne penser qu'à lui et de perdre de vue les besoins des autres. Pourtant, il n'est pas nécessairement dans une démarche narcissique ou égocentrique, même s'il en a l'air. Ce qui lui importe en fait, c'est d'atteindre l'objectif qu'il s'est fixé et il investit toute son attention dans cette tâche. Pour prendre conscience du fait qu'il garde le souci d'autrui, il suffit de noter que bien souvent, son but comporte des aspects altruistes ou vise à apporter son soutien à d'autres que lui. Une femme a du mal à se projeter dans le même scénario. Quand elle subit du stress, elle a tendance à encore plus étendre son champ d'attention aux personnes qui l'entourent, surtout quand elles lui sont chères ! Quand un homme a un souci au travail, il *semble* avoir oublié que sa famille existe et se centre sur son problème. Mais tout bien considéré, il est préoccupé par sa famille et c'est aussi pour cette raison qu'il a tellement à cœur de résoudre ses difficultés professionnelles ! Quand une femme est confrontée à un problème au travail, elle tente de le concilier avec le reste, parce qu'elle sait que cela lui fait négliger sa famille et de ce fait, elle devient encore plus sensible aux besoins de ses proches. Sous l'effet du stress, son partenaire adopte un comportement de focalisation sur ce qui en est à l'origine alors qu'elle va démultiplier ses facultés expansives en essayant d'être partout à la fois.

Comme nous venons de le voir, le recentrage automatique est une démonstration de la force centripète qui régit le masculin. C'est un processus qui vise à contracter, restreindre le champ de conscience global pour augmenter la capacité de concentration sur un point précis. Une femme présume à tort que si un homme tient réellement à elle, il fera comme elle : étendre son champ de conscience. Il est indispensable qu'elle comprenne que la réaction de son conjoint n'a rien à voir avec l'amour qu'il lui porte : ce n'est qu'une expression innée résultant de l'équilibre des forces masculines et féminines qui le régissent. Alors seulement, elle parviendra à éviter de nourrir du ressentiment quand son mari l'ignorera. Dans cette dynamique de compréhension, elle pourra développer des outils de communication efficaces lui permettant d'attirer l'attention de son compagnon en cas de besoin.

LE BESOIN D'ÉQUILIBRE OU LA VOIE DU JUSTE MILIEU

Les hommes et les femmes sont tous constitués d'énergies masculine et féminine. On ne pourrait exister sans cette combinaison de forces. Ce sont les déséquilibres énergétiques qui sont responsables d'une grande part des conflits de couple.

Quand un homme a développé principalement son énergie masculine (force de contraction) au détriment de son énergie féminine (force d'expansion), il lui arrive de paraître égocentrique et distant alors qu'en réalité, il n'est tout simplement pas concentré sur les besoins des autres, ce qui est tout à fait différent ! S'il a l'air aussi absorbé par sa propre personne, c'est uniquement parce qu'il a du mal à accéder à son potentiel de féminité qui lui permettrait de garder le souci des autres. D'une manière similaire, une femme ayant principalement développé son énergie féminine sera excessivement tournée vers les autres et pas assez soucieuse de ses propres besoins. Dans cette situation, confrontée au stress, elle s'engagera encore davantage dans une dynamique d'expansion, au risque de se perdre. Elle se sacrifiera sans même s'en rendre compte ! Il peut même survenir qu'à force de s'oublier et alors que ses besoins affectifs sont accrus, elle soit incapable de les formuler parce qu'elle n'en a plus conscience. Tout comme un homme, sous l'effet du stress, semblera négligent envers les autres et se verra facilement taxé de manquer de générosité, une femme sera considérée comme insupportable ou manquant de réceptivité parce qu'elle est engagée dans un phénomène d'expansion. Pour éviter d'opposer ces comportements extrêmes, chacun doit explorer, développer et équilibrer ses facettes masculine et féminine. Non seulement cet équilibre d'énergies complémentaires permet d'améliorer la relation de couple, mais il permet en outre d'être plus créatif !

Pour atteindre l'harmonie intérieure, nous sommes naturellement attirés vers les qualités qui complètent celles que nous portons déjà en nous. Les caractéristiques masculines ont tendance à attirer les femmes et vice versa. C'est une des clés du mystère qui entoure la chimie du désir. Lorsque nous apprenons à effectivement aimer, apprécier, accepter et comprendre ces différences qui semblent nous séparer alors qu'elles nous complètent, on devient instantanément plus riche intérieurement, plus entier. À travers son amour pour l'énergie féminine, un homme devient plus féminin tout en préservant ses qualités masculines. Par son amour de l'énergie masculine, une femme devient plus masculine sans sacrifier ses qualités féminines. Respecter nos différences permet ainsi à chacun d'être plus équilibré.

L'ATTIRANCE ET SES MYSTÈRES...

Pour avoir une idée de ce qu'est la créativité, jetons un œil sur la façon dont nous avons été conçus. Le mâle est attiré par la femelle. L'ovule immobile attire le spermatozoïde en mouvement. Quand ils fusionnent, ils créent le développement d'une nouvelle vie. Toute création résulte de l'association de forces complémentaires. Et parce que la vie est un éternel processus de création, nous sommes perpétuellement en train d'attirer ou d'être attirés par les forces complémentaires qui permettent de créer. La chimie de l'amour débute dès qu'une personne ressent une force ou une qualité complémentaire chez l'autre. Ces deux personnes sont naturellement attirées l'une vers l'autre comme les pôles opposés de deux aimants. Dans ce champ magnétique de l'amour, c'est l'interaction qui génère à elle seule l'électricité du désir, de l'excitation et de l'attirance.

ENTRETENIR LE FEU DE LA PASSION

Quand un homme et une femme sont capables de s'accorder amour et respect sans se dénaturer eux-mêmes, ils peuvent tout à fait entretenir le feu de la passion au sein de leur couple. Par contre, si les deux partenaires deviennent trop semblables, la chimie de l'attirance n'opérera plus, parce que ça n'a rien d'excitant de vivre auprès de quelqu'un qui est identique à soi-même. Pour que le désir soit toujours au rendez-vous, il faut absolument veiller à préserver nos différences tout en nous enrichissant progressivement de celles de notre partenaire.

Les débuts d'une relation sont généralement très passionnels : cela signifie que ce qui nous attire chez l'autre est déjà présent en nous à l'état de bourgeon. Si nous sommes attirés par la douceur d'une personne, c'est que cette qualité a besoin d'émerger de notre for intérieur pour s'épanouir. Elle va dès lors passer du stade inconscient à un niveau de pleine conscience.

Tom, qui est plutôt froid et distant, est attiré par Jane, qui est chaleureuse et sensible. Tom est inconsciemment attiré vers ces qualités inexplorées de son propre côté féminin. L'amour va lui apprendre à compenser sa froideur et sa distance en découvrant et en développant sa propre sensibilité et son aptitude à se montrer chaleureux. En se liant à Jane, il fait l'expérience de la plénitude et est instantanément submergé par une sensation d'épanouissement. En aimant un être différent mais qui lui renvoie l'image de ce qu'il désire devenir, Tom ressent les effets de l'élixir de la réalisation de soi, que seule une relation ardente peut stimuler.

Prenons un autre exemple, celui d'un homme très attiré par les femmes douces, vulnérables, sensibles, amoureuses et conciliantes. En général, c'est plutôt un homme froid, agressif, sûr de lui, raisonnable, brillant et déterminé. Ce sont là des expressions de son côté masculin qui recherche l'équilibre en s'unissant à des qualités féminines de réceptivité et de chaleur. Quand il accepte et qu'il apprécie les qualités féminines d'une femme, cet homme se met à accepter et à apprécier son propre côté féminin. En approchant la douceur de sa compagne, il éveille sa propre aptitude à la douceur, tout en restant néanmoins ferme. Sa froideur est contrebalancée par la chaleur de cette femme, son agressivité est compensée par de la réceptivité, son assurance par de la vulnérabilité, son pouvoir par de l'amour, etc. Par ce processus, il tend à devenir complet, entier, en état de plénitude. C'est l'amour qu'il porte à cette femme qui l'amène à découvrir en lui tout un potentiel de qualités féminines. Et puisque cette femme aime également cet homme, elle commencera à percevoir ses propres qualités masculines.

Ce paradoxe est inhérent à toute relation amoureuse et passionnelle. C'est parce que nous sommes différents de l'autre qu'il nous attire. Et cependant, nous disposons d'un potentiel de ressemblances qui nous permet d'établir un lien, de communiquer intimement, d'être proches. Sans différences, il n'y a pas de rapprochement ; sans similitudes, il n'y a pas d'attachement.

LE DÉCLIN DU DÉSIR

Quand, dans un couple, on ne respecte ni n'apprécie les différences complémentaires de l'autre, l'ambiance érotique est moins chargée en électricité et l'excitation décroît ! Sans la mise en présence de polarités opposées, l'attraction disparaît tout simplement. Cette chute du désir peut survenir de deux manières : quand nous perdons l'estime de soi en nous évertuant à faire plaisir à notre conjoint ou quand nous tentons de le transformer à notre image. Les deux stratégies (se renier soi-même ou changer son partenaire) sabotent la relation. Quand on parvient à faire changer l'autre, on obtient peut-être une satisfaction à court terme, mais la passion s'évapore. Par exemple, si Tom dit à Jane : « Cesse d'être aussi émotive ! Tu t'énerves pour rien ! » et qu'elle finisse par réprimer son émotivité pour lui faire plaisir, il se sentira moins agressé par sa femme et elle gagnera l'affection de son mari. À court terme, le résultat est un semblant de relation harmonieuse mais désormais, Tom et Jane auront l'un pour l'autre un intérêt amoindri, éprouveront moins d'excitation et d'attirance. En se coupant progressivement de leur nature profonde, la passion et l'intérêt initiaux perdront toujours plus de leur intensité jusqu'à ce qu'ils finissent par ne quasiment plus rien ressentir l'un pour l'autre. Ils seront bons amis, un point c'est tout. La bonne nouvelle, c'est que ce processus peut être inversé ! On peut effectivement apprendre à se retrouver ; nul besoin de changer constamment de partenaire !

Peu importe dans quelle mesure un partenaire doit réprimer sa manière d'être, de ressentir les choses, de penser et d'agir pour obtenir de l'amour ou la paix au sein de son couple, la passion décline inévitablement. Que l'on se conforme ou que l'on transforme, on y perd en passion, mais aussi en amour ! Quand on se contrôle, qu'on se réprime ou qu'on se renie soi-même parce qu'on veut être aimé, on perd son amour-propre. Le message que vous vous adressez à vous-même, c'est que vous n'êtes pas suffisamment bien pour être aimé tel que vous êtes. Et à chaque fois que vous tentez de changer votre partenaire, de corriger ses attitudes ou de l'améliorer selon vos critères, vous lui faites comprendre qu'il ne mérite pas d'être aimé pour ce qu'il est. Dans ces circonstances, l'amour se meurt. En imaginant préserver la magie de l'amour par le conformisme ou la transformation, on ne fait qu'empirer les choses. Même si vous faites tout ça au nom de l'amour, c'est d'un amour défectueux qu'il s'agit en réalité.

POURQUOI VOULOIR SE CONFORMER OU TRANSFORMER ?

Quand un homme et une femme sont attirés l'un vers l'autre, il en découle une tension émotionnelle. Chacun des deux tente de fusionner avec l'autre. Dans le rapprochement et le partage, en communiquant, à travers le toucher et les relations sexuelles, cette tension est apaisée et on en retire immédiatement de la satisfaction, du bonheur, de la joie, de la paix, de l'inspiration, un sentiment de liberté et de l'assurance. Toutes ces émotions positives sont issues de l'éveil de nos qualités enfouies, ce qui nous apporte un sentiment de plénitude. Malheureusement, ce bonheur est de courte durée ! Il n'est qu'un bref aperçu de ce qu'on ressentira quand on sera *vraiment* complet et équilibré. Pour véritablement connaître cet état de plénitude et d'harmonie, il va falloir prendre conscience de ces qualités, c'est-à-dire les faire sortir des tréfonds de notre inconscient dans le but de les développer. Et si nous luttons de quelque manière que ce soit contre leur émergence sur le plan conscient, nous y perdrons le plaisir et pourrons même faire l'expérience de son contraire.

Par exemple, quand Tom se montre amoureux, il fait preuve de délicatesse, de compassion, d'attention et de sensibilité. Au début, il en ressort heureux et plus sûr de lui. Mais si à un moment donné, son conditionnement social ou affectif lui rappelle que ce n'est pas très viril d'être délicat et sensible, son inconscient ne laissera pas ses qualités féminines remonter à la surface. Il va les refouler. Des sirènes d'alarme intérieures se mettront à hurler : « Danger, danger, tu vas devenir une femmelette ! Fais attention, n'agis pas comme ça, fais marche arrière... » Cette résistance interne entraînera une cohorte de symptômes négatifs : Tom va se montrer plus hostile vis-à-vis de Jane et il se sentira insatisfait, malheureux, désemparé, opprimé, étouffé, anxieux, déprimé ou vide. Ce qui était si merveilleux deviendra désormais douloureux. En réaction à cette souffrance qui se développe en lui, Tom tentera de se protéger des effets du lien affectif en évitant de réellement s'impliquer dans la relation. Pour ce faire, il peut soit vouloir changer l'autre, soit décider de se conformer à ses souhaits. Dans les deux cas, il connaîtra un soulagement passager ; mais sur le long terme, son couple sera de moins en moins mû par l'amour et le désir. Lorsqu'un homme est attiré par une femme, à un moment donné, il s'opposera à sa partenaire ; il cherchera alors soit à la modeler selon ses désirs, soit à se renier lui-même pour trouver le soulagement. Il existe bien entendu d'autres moyens de trouver la paix, comme par exemple de passer de femme en femme, d'avoir des liaisons extraconjugales, de développer une addiction qui fera taire la douleur naissant de la résistance... Mais quel que soit le mode d'échappatoire choisi par cet homme, et quel que soit son degré de résistance à l'émergence des qualités qui l'ont attiré, il sera dans une démarche d'évitement relationnel, il ne créera pas de lien véritable. Vouloir transformer sa femme est une autre méthode visant à fuir l'angoisse qui naît de la résistance. L'homme insiste de plus en plus fort pour que sa femme soit à son image. Il attendra d'elle qu'elle veuille ce qu'il désire, qu'elle ressente les choses comme lui et qu'elle réagisse comme il le ferait. De par sa volonté de contrôle et de transformation, il infligera à sa femme une blessure dont il n'aura même pas conscience, tout en altérant la polarité originelle et l'attraction qui les avaient rapprochés l'un de l'autre.

De son côté, Jane peut très bien contribuer à parts égales à ce processus. Même si ce n'est pas de sa faute, n'oubliez pas qu'il faut être deux pour danser un tango ! Et alors que sa propre résistance émerge, elle va quant à elle tenter de fuir son malaise en perdant toute estime d'elle-même, en se dénigrant. Les femmes qui sont attirées vers des hommes ayant tendance à vouloir les contrôler, à les transformer, sont généralement disposées à se conformer, à se soumettre et à s'oublier dans la relation. Elles deviennent excessivement dépendantes de leur partenaire pour avoir l'impression d'exister. De leur propre chef, elles sacrifient leur amour-propre à leur compagnon en vue de créer l'harmonie et d'être aimées. Par exemple, si Tom a le sentiment que Jane est égoïste et qu'elle n'est pas à la hauteur, elle abandonnera l'image qu'elle a d'elle-même et se conformera à celle que son mari a d'elle ; elle se dira qu'il a raison. S'il tient à ce qu'elle aime les films qui lui plaisent, elle mettra ses propres préférences de côté. S'il pense qu'elle est irréaliste ou exigeante, elle l'admettra, reniant dans la foulée ses propres valeurs et besoins. Pendant qu'il passera son temps à vouloir la changer, elle s'abandonnera à lui (et s'éloignera d'elle-même) dans le but d'être aimée et de se sentir aimable...

Il est tout à fait possible que ce soit l'inverse qui se produise, bien entendu ! Un homme dont le côté féminin est très développé peut manifester un abandon excessif aux désirs de sa femme. Généralement, ce genre d'hommes est défini comme étant « sensible ». Souvent, ils se plaignent d'être appréciés par les femmes mais de ne pas susciter en elles de désir. Ils font d'excellents amis, mais elles n'ont pas envie de s'engager avec eux dans une relation amoureuse. Les principaux traits de caractère de la femme intéressée par ce type d'hommes sont l'indépendance et l'agressivité. Inconsciemment, elle va chercher à contrôler et à dominer son partenaire, jusqu'à ce qu'à force de se soumettre, il finisse par ne plus l'intéresser. Quand une femme très indépendante rencontre un homme sensible, sa partie féminine refoulée remonte lentement à la surface. Et exactement comme elle a pu éliminer de sa construction psychique cette part de féminité, elle aura tendance à se défaire de son partenaire. Souvent, elle pensera : « J'ai besoin d'un vrai mec ! » alors qu'en réalité, ce dont elle a vraiment besoin, c'est d'accepter et de développer sa part de féminité. Ainsi, ce n'est pas fondamentalement cet homme sensible qu'elle rejette, mais sa propre part de féminité qu'elle voit à l'œuvre en lui. De même, lorsqu'un homme très sensible repousse une femme autoritaire, il nécessite en fait d'accepter et de développer sa part de masculinité. Même s'il prétend avoir besoin d'une compagne douce et vulnérable, il n'a en réalité aucunement besoin d'une femme qui lui donnerait le sentiment d'être plus viril. Il a surtout besoin de renouer avec sa part de masculinité et de développer ce qui en émerge déjà – et qu'il peut donc identifier – grâce à cette femme plutôt agressive.

POURQUOI DONC S'OPPOSER À NOS DIFFÉRENCES ?

Cerner les raisons de cette résistance nous permet de mieux comprendre le fait que les hommes et les femmes puissent être si passionnés, aimants et généreux au début d'une relation pour plus tard se replier sur des positions défensives. Dans les premiers stades de la relation, ils s'emploient généralement à donner le meilleur d'eux-mêmes. Dès lors qu'ils entrent en résistance, ils tentent de résoudre le problème en essayant de se transformer mutuellement ou de s'autodéprécier. La connaissance des mécanismes sous-jacents éclaire les mystères de l'amour d'une lueur nouvelle et révélatrice. Les types comportementaux et les causes de cette résistance sont principalement :

- Le macho (le masculin résistant au féminin)
- La martyre (le féminin résistant au masculin)
- L'homme sensible (féminité développée, masculinité refoulée)
- La femme indépendante (masculinité développée, féminité refoulée)

Nous les passerons en revue pour mieux comprendre ce qui perturbe le fonctionnement de la relation. Certaines personnes s'identifieront seulement à une de ces catégories alors que d'autres pourront se reconnaître dans l'une ou l'autre, selon les situations. Il n'est pas rare qu'un homme balance entre le machisme et la sensibilité ; tout comme une femme peut osciller entre l'indépendance et un comportement de martyre.

LE MACHO

La plupart du temps, un macho est attiré par une femme qui reflète les qualités féminines qu'il n'a pas développées. En se liant à elle, il va accéder à un sentiment de plénitude ; il s'en trouvera excité, enthousiaste, curieux et intéressé. C'est la face positive du rapprochement. La face négative va elle aussi se révéler. Il est inévitable qu'il se mette à opposer une résistance aux différences de sa compagne. Sa relation amoureuse va faciliter l'émergence de sa facette féminine et, dans la mesure où il a renié cette part de lui-même, il repoussera sa partenaire. Par exemple, en déployant son amour vis-à-vis d'elle, cet homme aura tendance à se sentir plus vulnérable, sensible, en demande d'amour et de réconfort. Ce sont là des qualités de son propre côté féminin. S'il a été conditionné dans l'idée que ce sont des signes de faiblesse, il résistera au processus naturel de croissance de ces caractéristiques. Il est tout à fait possible qu'il ait été influencé en ce sens par la manière dont son père se comportait avec sa mère quand elle se montrait émotive ou vulnérable. Si ce dernier condamnait verbalement sa femme ou lui manquait de respect, il est probable que son fils ait grandi en réprimant toute expression d'émotivité ou de vulnérabilité. Il se peut aussi que le père n'ait jamais manifesté sa sensibilité et que son fils ait ainsi intégré que les hommes ne pleurent pas et qu'ils maîtrisent leurs émotions. Ce type de messages est inconsciemment perçu de manière répétée ; alors, quand le petit garçon devient un adulte macho, qu'il tombe amoureux et que sa sensibilité féminine s'éveille, son conditionnement préalable vise à la museler, pour stopper le processus d'intégration. À ce stade, il ne réalise pas ce qui est en train de se produire ; tout se passe sur le plan inconscient. Cependant, ses expériences en sont modifiées : tout lui semble compliqué, il est sur la défensive, dans le contrôle, le jugement, dans la frustration, la suffisance, le mépris, la condescendance, l'impatience ou l'isolement... sans savoir pourquoi !

Engagé dans son processus de résistance, soit il va se débarrasser de sa partenaire, soit il va tenter de la faire changer en « corrigeant ses défauts » ou en dénigrant ses émotions et ses besoins. Ne sachant pas quelle est la cause exacte de son trouble, il va penser que c'est elle qui en est responsable ! Chaque jugement négatif porté sur sa propre part de féminité sera projeté sur sa partenaire. Sans un guide pratique tel que ce livre, un macho peut mettre des années à acquérir suffisamment de connaissance de soi pour parvenir à reconnaître sa part de féminité.

Afin de vaincre ses résistances, il va lui falloir un peu de pratique dans le respect des qualités, valeurs et besoins féminins. Pour se défaire des conditionnements liés à la petite enfance, il lui sera nécessaire – dans un premier temps – d'apprendre à écouter attentivement une femme, en faisant preuve de respect, d'attention et en ayant le souci de la comprendre. Ensuite, progressivement, il apprendra à accepter ses propres émotions féminines. Alors, en comprenant mieux ce que vivent les femmes, il sentira germer en lui des sentiments comme la compassion et l'empathie pour les femmes et les enfants. Il est même probable qu'il ait besoin de se réconcilier avec sa mère. Souvenez-vous qu'avant de juger une femme, un homme devrait essayer de parcourir deux kilomètres à pied chaussé d'une paire de hauts talons !

LA MARTYRE

Ce sont à peu près les mêmes processus de résistance qui interviennent chez cette femme. Quand elle est amoureuse, elle devient naturellement plus sûre d'elle, plus forte, détachée et autonome. Ce sont des manifestations de sa face masculine. En acceptant, en aimant et en faisant confiance à un homme combatif et plein d'assurance, elle va spontanément se connecter à ces mêmes qualités qui existent en elle à l'état de germes. Si son éducation lui a donné la certitude qu'une femme ayant un tempérament masculin ne sera pas acceptée, le processus d'intégration ne peut pas se faire parce que des mécanismes inconscients vont s'y opposer. Il est possible qu'on lui ait dit qu'une femme ne devait pas se montrer trop sûre d'elle, qu'elle devait rester à la maison, qu'il ne faut pas trop briller par son intelligence si on veut être aimée, qu'une femme est inférieure à un homme et doit donc lui être soumise, etc. Ce type de conditionnement est encore plus dévastateur quand la petite fille a vu sa mère réprimer toutes ses qualités masculines. Et si cette dernière se comportait en martyre, c'est exactement le modèle féminin que sa fille va reproduire. Il existe d'autres scénarios types, comme celui où le père traite sa femme et ses filles d'une manière, mais les garçons autrement. La petite fille retiendra de son éducation que sa place est à la maison, que les femmes sont inférieures aux hommes, qu'il faut toujours en référer au père de famille et se plier à ses exigences, qu'une femme ne doit pas chercher la réussite professionnelle, etc. De mille et une manières, on peut amener une fille à se dire qu'adopter un comportement masculin, c'est mal.

Parvenue à l'âge adulte, sa part de masculinité va toutefois se réveiller au contact de l'homme dont elle va s'éprendre. C'est alors que son conditionnement négatif entrera en jeu. Mal à l'aise, incapable d'accueillir ces qualités, elle va se montrer de plus en plus jalouse, critique, insolente, méfiante, manipulatrice ou pleine d'amertume envers l'homme qu'elle chérit le plus. Tous les jugements négatifs qu'elle porte sur sa propre masculinité, elle les projette sur son partenaire. Alors qu'inconsciemment c'est à elle-même qu'elle s'oppose, sur le plan conscient elle développe de l'opposition, de la rancœur et du rejet pour son partenaire.

Pour vaincre ses résistances profondes, la femme-martyre doit faire l'apprentissage de l'autonomie et de l'affirmation de soi. Il faut surtout qu'elle apprenne à demander du soutien et à cesser d'attendre que les hommes anticipent ses besoins comme elle a coutume de le faire pour eux. Et comme au sein du couple elle a tendance à compter les points de générosité, il faut qu'elle assume sa part de responsabilité dans le fait que le score soit si déséquilibré en sa défaveur. De même, il lui faudra évacuer ses rancunes et pardonner. Quand le ressentiment et la colère se sont accumulés au fil des ans, il devient indispensable – dans un esprit d'auto-bienveillance – d'accueillir en soi ces émotions négatives et de les accepter pour mieux s'en guérir. Généralement, ce genre de femme ressent le besoin de se réconcilier avec son père.

L'HOMME SENSIBLE

Lorsqu'un homme sensible tombe amoureux d'une femme, ses qualités masculines refoulées commencent à passer sur le plan conscient. Si à ce moment-là son conditionnement le pousse à se dire que l'agressivité est synonyme de destruction et non de création, que l'assurance s'apparente à de l'égoïsme et n'est pas positive ou que la raison s'oppose à l'amour, il tentera immanquablement de réprimer l'émergence de ses qualités masculines. Ce type de conditionnement négatif se construit généralement durant l'enfance. Un jeune enfant peut rejeter toute manifestation de masculinité si son père s'est servi de sa combativité de manière violente plutôt que productive et créative. Il considérera que ce trait de caractère ne vise qu'à faire du mal et créera un lien affectif plus fort avec sa mère. De même, si son père s'est montré plein d'assurance mais uniquement de manière égoïste, en ne cherchant qu'à exercer son contrôle sur les autres, cet enfant réprimera sa propre détermination. Si d'aventure, son père justifiait ses abus à l'aide d'arguments rationnels, la puissance de l'intellect lui semblera foncièrement négative. Lorsqu'il était petit, cet homme sensible a fortement subi l'empreinte de l'exemple parental. Il est également possible qu'il ait développé ce rejet de la masculinité en voyant sa mère maltraitée par des hommes. Le petit garçon nourrira envers sa propre masculinité la même méfiance que sa mère nourrissait vis-à-vis des hommes.

Quand un homme a refoulé sa masculinité, il est très souvent attiré par une femme qui a déjà développé ces qualités. À nouveau, l'association de polarités opposées engendre une forte passion. Malheureusement, quand les énergies masculines de cet homme commencent à se manifester, un glissement s'opère… Le passé refait surface et tout ce qu'il avait nourri comme sentiments négatifs au sujet de l'assurance, de la combativité, du pouvoir, etc., le pousse à lutter contre l'expression de ces caractéristiques masculines et à projeter ses émotions sur sa partenaire. Son inconscient le pousse à se mettre sur la défensive, à se montrer critique, méfiant, manipulateur, rancunier, et réprobateur.

Pour vaincre ses résistances, un homme sensible devra cesser d'accabler sa partenaire et assumer la pleine responsabilité de ce qu'il traverse. Il faut qu'il s'entraîne à être plus résolu, plus lucide, plus logique, à prendre ses décisions davantage en se servant de son mental qu'en se fondant sur son ressenti. Il retirera de grands bénéfices en faisant pour sa compagne des choses qui nécessitent un effort supplémentaire. Mais plus que tout, il devra apprendre à aller au bout de ce qu'il entreprend et à tenir parole. En vue de renforcer sa masculinité, il lui sera utile de partager certaines activités avec d'autres hommes : sortir, voir des films d'action, faire du sport de compétition… Il aura besoin de se réconcilier avec son père et il lui sera profitable de se choisir des enseignants, des guides ou des mentors masculins.

LA FEMME INDÉPENDANTE

Quand une femme ayant réprimé sa part de féminité se lie à un homme qui a déjà développé ces qualités, ces dernières – refoulées – vont inévitablement émerger en elle. Son conditionnement entre alors dans la partie : être douce et vulnérable, c'est être faible, les personnes émotives perdent la raison, on ne doit pas dépendre des autres, ceux qui ont besoin des autres sont des victimes, etc. Alors, dès qu'elle perçoit en elle un soupçon de sentiment de besoin ou de vulnérabilité, elle panique intérieurement et entre en opposition avec son partenaire. Une femme extrêmement indépendante estime que révéler sa part de féminité la mettrait en danger. Elle craint d'être jugée ou blessée. Il se peut qu'elle prétende vouloir un homme qui l'amène à se sentir femme quand, en réalité, elle a simplement besoin de laisser sa part de féminité éclore en elle. Sa résistance la pousse à être dans le jugement, la critique, le contrôle, l'exigence et à se montrer déçue par son partenaire.

Il est possible que ses aprioris soient liés au fait que sa mère ait endossé un costume de victime perpétuellement frustrée. Les qualités de douceur et de vulnérabilité qui peuvent rendre une femme bienveillante, séduisante et réceptive ont peut-être été exprimées par cette mère comme des caractéristiques négatives traduisant l'impuissance, le désespoir et l'insatisfaction. Pour ne pas virer comme elle, la fillette apprend à réprimer en elle toute caractéristique féminine associée au malheur de sa mère. Et si en plus, son père se désintéressait de sa mère, qu'il était condescendant avec elle ou qu'il dénigrait son ressenti, la petite fille en aura probablement déduit que les émotions étaient signe d'irrationalité et n'attiraient pas le respect.

Pour vaincre ses résistances, la femme indépendante doit cultiver une part de fragilité et s'évertuer à exprimer davantage ses émotions dans un contexte rassurant, où elle se sent épaulée. Elle aura besoin de se réconcilier avec sa mère, de reconnaître que les caractéristiques de cette dernière existent aussi en elle et que ce sont des qualités adorables qui méritent qu'on lui accorde du réconfort. La confiance sera un grand facteur de réussite dans cette entreprise, car elle implique d'une part de faire preuve de vulnérabilité et d'autre part d'accepter la possibilité d'être déçue de temps à autre. Cette femme devra laisser ses émotions négatives s'exprimer, les accueillir avec bienveillance pour être à même de les apaiser. En continuant à exprimer sa féminité, elle dépassera les sentiments de honte et d'embarras qu'elle aura pu lui inspirer auparavant. Elle apprendra à respecter sa facette féminine dans la même mesure qu'elle accorde de la valeur à sa facette masculine. Elle devra aussi reconnaître que même si elle se sent indépendante et forte, une part d'elle-même craint qu'on ne l'aime pas ; qu'au plus profond de son être, elle se sent indigne d'être aimée. En s'ouvrant graduellement, elle apprendra à développer ses énergies féminines et à les équilibrer avec ses énergies masculines déjà développées.

Il existe de nombreuses façons d'influencer un enfant dans le sens d'un refoulement ou d'une valorisation de la féminité et de la masculinité. En approfondissant nos connaissances des deux facettes de notre personnalité, nous pouvons nous libérer de ce conditionnement précoce. Par l'acceptation, la compréhension, le respect et l'appréciation de nos différences de genre, nous n'apprenons pas seulement à aimer et soutenir notre conjoint, nous apprenons aussi à nous aimer nous-mêmes ! Cette estime de soi nous libérera en nous permettant de devenir ce que nous sommes.

PRÉSERVER L'ATTIRANCE

Pour qu'une relation entretienne la magie de l'amour, il est indispensable de ne pas tenter de changer l'autre et de ne pas se dénigrer soi-même. Nous parvenons à lutter contre l'envie de modeler l'autre selon notre image en comprenant mieux nos différences complémentaires. Nous devenons aussi capables d'apprécier à quel point nous sommes uniques sans nourrir de jugement négatif, de honte ou de culpabilité. Une relation s'épanouit et l'attirance unissant les partenaires est préservée dès lors que nous encourageons l'autre à se montrer tel qu'il est et que nous sommes encouragés à être tels que nous sommes. Nous devons apprendre à soutenir notre conjoint avec le désir de respecter ses besoins spécifiques et, de la même façon, apprendre à recevoir son soutien sans nous renier nous-même. Quand on ambitionne de voir le soutien mutuel s'exercer dans son couple, il est absolument essentiel d'apprendre à chérir et respecter nos différences. Cet amour grandissant pour nos particularités respectives nous donnera la force de traverser les périodes difficiles et cependant inévitables, faites d'opposition, de ressentiment et de rejet.

CHAPITRE 4

LES HOMMES ET LES FEMMES N'ONT PAS LA MÊME VISION DU MONDE

C'est un peu comme s'ils portaient des lunettes différentes. D'une manière très générale, les hommes voient les choses dans une perspective ciblée alors que celle des femmes est large. Aucun de ces deux modes de perception n'est défaillant. La conscience masculine tend à relier les choses entre elles d'une manière séquentielle pour progressivement construire une représentation complète ; c'est une perspective qui vise à atteindre la globalité à partir de ses fragments. La conscience féminine est quant à elle en expansion. Intuitivement, elle perçoit une vue d'ensemble et découvre progressivement les différents éléments qui la composent avant d'établir le lien qui les unit à la globalité. C'est une manière d'envisager les choses qui accorde plus d'importance au contexte qu'au contenu. Ces tendances divergentes impactent énormément nos valeurs, nos priorités, nos réflexes et nos centres d'intérêt. En vertu de leur conscience plus ouverte, les femmes se préoccupent davantage d'amour, de relations, de communication, de partage, de collaboration, d'intuition et d'harmonie. Dans un registre différent, la conscience masculine étant plus ciblée, elle définit de quelle manière les éléments font partie d'un tout et pousse les hommes à vouloir produire un résultat, à atteindre un but précis, à l'exercice du pouvoir, à la compétition, au travail, à la logique et à la performance.

CONSCIENCE LARGE *VERSUS* CONSCIENCE CIBLÉE

On pourrait définir la conscience ciblée comme un mouvement hélicoïdal dirigé vers un point. Vous pouvez aussi imaginer un archer visant une cible avec sa flèche. Une conscience large ou en expansion ressemble à un mouvement hélicoïdal partant du centre vers l'extérieur. Vous pouvez vous la représenter en visualisant une antenne parabolique qui capte des ondes émanant de toutes parts et qui les renvoie dans de multiples directions. La conscience large ressemble à un gros projecteur alors que la conscience ciblée s'apparenterait plutôt à un laser ; chacune présente des avantages particuliers. Voyons, au gré de quelques exemples significatifs, comment elles se manifestent au quotidien.

LES ÉCLAIREURS ET LES ÉCLAIREUSES

La conscience féminine incite à la projection. De ce fait, une femme se sent concernée par ce qui pourrait survenir dans le futur et elle pense à l'anticiper. De leur côté, sous l'effet de leur conscience ciblée, les hommes sont plus soucieux de parvenir à leur but. Alors que les hommes se préoccupent d'atteindre leur destination, les femmes pensent à ce qui se passera une fois qu'elles y seront. On peut observer cela dans le comportement des scouts : pendant que les garçons s'interrogent sur la meilleure façon d'atteindre le point B en partant de A, les filles préparent déjà ce qu'on mangera en arrivant au point B. Une fois parvenus à destination, on peut entendre un éclaireur demander : « Qui a emporté la nourriture ? » et un autre lui répondre : « Euh... Je ne sais pas... Je n'y ai pas pensé, je croyais que c'était toi qui devais t'en charger... » Les garçons avaient à ce point été absorbés par l'organisation du trajet qu'ils en avaient oublié qu'il leur faudrait manger une fois arrivés à bon port ; ils n'étaient pas correctement préparés. Ces jeunes garçons sont nés avec de faibles dispositions à entrevoir une situation dans toute sa globalité ; ils doivent prodiguer des efforts pour développer cette aptitude. D'ailleurs, il n'est pas anodin que leur devise soit : « Toujours prêt ! » ; elle est même cousue sur leur uniforme. Ainsi, pour acquérir davantage de maturité, les boy-scouts sont entraînés à se préparer.

Les filles n'ont pas besoin de travailler ce point : elles disposent d'une conscience plus ouverte, plus large qui les pousse naturellement à faire ce qu'il faut pour être prêtes. Comme un radar à large spectre, cette aptitude les alerte au sujet de tout ce qui pourrait tourner mal. Par contre, en s'y attardant trop, elles risquent d'être en retard, ou même de laisser tomber leur déplacement si elles finissent par estimer que le parcours est trop dangereux, laissant alors leurs peurs prendre le dessus. Il est en effet bien plus aisé de se montrer courageux quand on ignore les possibles conséquences néfastes d'un choix !

PORTEFEUILLES ET SACS À MAIN

Les hommes et les femmes n'affrontent pas le quotidien de la même manière. C'est même un constat qui s'impose de manière flagrante quand on observe ce que contient le portefeuille d'un homme et le sac à main d'une femme ! Elles ont des sacs plutôt grands, plutôt lourds, joliment ornés ou de couleurs chatoyantes alors qu'ils se promènent avec des portefeuilles petits, légers, marrons ou noirs, qui sont conçus pour transporter ce qui leur est essentiel : un permis de conduire, une carte d'identité, une carte bleue et de l'argent liquide. On ne peut jamais trop savoir à l'avance ce qu'on va trouver dans le sac d'une femme… Mais une chose est certaine : elle emporte avec elle tout ce qui pourrait éventuellement lui être utile ou servir à d'autres. En général, elle va y mettre d'autres petits sacs, étuis, boîtes, etc. C'est un peu comme si elle transportait une succursale de la pharmacie et du bureau. Il y aura un portefeuille, un porte-monnaie, un kit de maquillage, un miroir, un agenda, un chéquier, une mini-calculatrice, une brosse, un peigne, un carnet d'adresses, un étui à lunettes (plus un second pour les lunettes de soleil), un paquet de mouchoirs, quelques mouchoirs déjà utilisés, des tampons, des préservatifs, une plaquette de contraceptifs oraux ou un diaphragme, des clés (plusieurs jeux), une brosse à dents, du dentifrice, un spray buccal, du fil dentaire basique (plus un autre fil dentaire aromatisé à la menthe parce que ses enfants aiment bien ça), un peu d'aspirine, du paracétamol, des vitamines, deux limes à ongles, quatre ou cinq stylos et crayons, un ou plusieurs blocs-notes, une pellicule photo dans sa boîte plus un boîtier vide, des cartes de visite émanant d'amis ou de spécialistes en tous genres, un petit album photo de ses proches, du baume à lèvres, des sachets de thé, une enveloppe avec des tickets de caisse, des lettres, des cartes postales, des timbres, des factures à payer et une foule d'objets divers comme des trombones, du scotch, des épingles à nourrice, des pinces à cheveux, un kit de couture, des pansements, un coupe-ongles, des enveloppes timbrées, des enveloppes de couleur, du chewing-gum, des fruits secs ou autre encas, des tickets de réduction, des pastilles à la menthe, quelques déchets à mettre à la poubelle (au printemps prochain...). Bref, tout ce qui pourrait peut-être lui servir – on se sait jamais – elle le garde avec elle en permanence, où qu'elle aille. C'est un peu son doudou, un confident, une importante part d'elle-même. On peut mesurer le degré d'ouverture de conscience d'une femme à la taille de son sac à main : elles est parée à faire face à tout type d'urgence quel que soit l'endroit où elle se trouve. Paradoxalement, quand elle est accompagnée par son compagnon lors d'une soirée mondaine, elle laissera son sac à main à la maison et n'emportera qu'un petit sac élégant contenant le strict minimum. À ce moment, elle a le sentiment que cette nuit n'appartient qu'à elle. Son conjoint lui étant totalement dévoué, elle n'a pas à se sentir responsable de qui que ce soit. Elle a l'impression d'être à ce point unique et soutenue qu'elle n'a aucun besoin d'être rassurée par son sac à main...

EXAMEN DES LIEUX

Un homme et une femme ont chacun une manière différente de percevoir l'environnement quand ils entrent dans une pièce. L'homme va repérer un endroit précis où s'installer, il va s'y rendre, porter son regard sur une chose, puis une autre, jusqu'à ce qu'il ait une vue d'ensemble de l'espace qui l'entoure (ça peut se faire assez rapidement). Sa tendance innée sera de cibler avant d'élargir son champ de vision. De son côté, la femme entrant dans la même pièce repérera quantité de choses d'un simple coup d'œil, presque instantanément. Dans un premier temps, elle engloutira du regard tout l'espace pour ensuite se focaliser sur un centre d'intérêt. Elle remarquera la couleur des murs, les gens, les photographies ou les tableaux intéressants, les amis ou membres de sa famille, comment la pièce est aménagée, etc. Puis, quand elle aura une vue globale de l'environnement, elle portera son attention à un endroit précis et s'y rendra. Il existe un exemple encore plus marquant pour illustrer ce type de comportement : imaginez un couple se rendant à une exposition ou un congrès. L'homme va manifester sa conscience ciblée par le fait de se déplacer d'un stand à l'autre de façon déterminée et ostensible. Quant à la femme, elle se promène avec aisance et légèreté dans toute la zone d'exposition, comme si elle voulait tout saisir visuellement. Elle est entrée dans un processus d'exploration et de découverte alors que son conjoint est dans un processus de performance et de réussite. Il accorde toute son attention aux stands qui lui paraissent les plus importants ou pertinents ; elle est en train de passer un bon moment, voulant tout assimiler et, pour cette raison, ayant envie de tout emporter chez elle (ce qui correspond à une tendance féminine naturelle qui la pousse à collectionner, acquérir). Faire du shopping en flânant, sans rien rechercher de particulier, est généralement très plaisant pour une femme alors que c'est plutôt épuisant pour un homme. Inversement, ce qui stimule les hommes, c'est de faire les magasins en vue d'acheter quelque chose de précis. En gardant ces éléments à l'esprit, voyons comment les hommes et les femmes se comportent dans un centre commercial ou une grande surface.

L'ART DE FAIRE SES COURSES

Quand un homme est concentré, il est débordant d'énergie. De son côté, une femme peut s'épuiser très vite si elle doit se concentrer trop intensément, particulièrement quand elle se trouve dans un environnement vaste et grouillant de monde. Inversement, un homme se fatigue quand son attention n'est pas suffisamment focalisée sur un objectif précis. C'est pour cette raison que les femmes retirent souvent plus de plaisir que les hommes quand il s'agit de faire les magasins. Une femme se sent à l'aise en faisant du shopping parce qu'une multitude de choses entre dans son champ de perception et que sa manière de les assimiler va satisfaire son besoin d'expansion et lui permettre d'associer ce qu'elle est en train de vivre à d'autres pans de son histoire personnelle. En voyant tout ce qui l'entoure, elle établit aussi des liens entre les articles qu'elle voit et les gens qui sont chers à son cœur. Devant une jolie robe, son imagination s'emballe : elle se voit déjà en train de la porter lors d'une occasion spéciale. Alors, elle l'essaie, l'admire, la retire et la range dans le rayon, tout cela ayant constitué pour elle une expérience agréable.

Trente minutes de lèche-vitrines, c'est tout ce qu'un homme peut endurer avant de commencer à sérieusement s'ennuyer, alors qu'une femme pourra passer des heures à pratiquer cette activité pour au contraire en ressortir ressourcée et détendue. Les commerçants sont de plus en plus nombreux à prendre cette différence en considération : dans de nombreuses boutiques pour femmes, ils ont pris la peine d'installer des chaises pour que les conjoints de ces dames puissent se reposer.

Dans les supermarchés, on observe encore des attitudes distinctes : les femmes essaient d'économiser de l'argent en utilisant leurs coupons de réduction et en achetant ce qui est en promotion. Si faire une bonne affaire ne déplaît pas aux hommes, ils se sentent généralement davantage concernés par le fait de gagner de l'argent que d'en épargner. Dans ce contexte, les hommes se focalisent sur le but, les femmes sur l'art de gérer au mieux leur portefeuille, ce qui explique que les premiers se promènent rarement avec des coupons de réduction dans les poches. Quand ils sont au supermarché, leur but est d'acheter de la nourriture ; gagner de l'argent, ça se passe au travail.

AU TÉLÉPHONE ET EN VOITURE

Les hommes détestent qu'on leur adresse la parole quand ils sont au téléphone et généralement, ça laisse les femmes perplexes... Il leur est très difficile de comprendre que leur compagnon puisse s'en exaspérer parce qu'elles ignorent à quel point ils ont du mal à se concentrer sur deux choses à la fois. L'énergie masculine veut se focaliser sur un élément bien défini et l'interruption verbale sape ce processus. Une femme n'a pas ce souci. Elle peut tenir une conversation soutenue au téléphone et en même temps surveiller la cuisson d'un plat, consoler un enfant et comprendre ce que son compagnon est en train de lui dire ! Sa conscience élargie lui permet d'accorder son attention à plusieurs choses à la fois. Évidemment, un homme pourrait tout à fait y parvenir avec un peu volonté et de pratique, mais élargir son champ de perception n'est pas un réflexe inné chez lui.

Au volant d'une voiture, les différences hommes-femmes sont également prononcées. N'essayez jamais d'avoir une conversation intime avec un homme qui conduit ! Il est tellement absorbé par son trajet qu'il y a peu de chances qu'il vous écoute. Ce n'est pas qu'il se désintéresse de ce que vous avez à dire, c'est simplement que sa préoccupation majeure est d'arriver à destination de la meilleure façon possible. Et malheureusement, cette attitude est souvent mal interprétée par les femmes qui ne savent pas que leur partenaire fonctionne en mode « conscience ciblée ». L'incompréhension qui en résulte crée des tensions, cause du ressentiment, fait tourner la conversation au vinaigre et finit par gâcher une journée, un week-end ou des vacances...

Ces observations issues de la vie de tous les jours illustrent comment nos caractéristiques innées influencent notre perception du monde. Aussi simples que soient ces exemples, ils montrent que le fait d'avoir des facultés de perception larges ou ciblées peut entraîner des difficultés au sein du couple et ils nous indiquent également des pistes pour parvenir à mieux communiquer.

COMMENT ATTIRER L'ATTENTION DE MARS ?

Dès lors qu'une femme a compris qu'un homme a besoin de se concentrer sur une seule chose à la fois pour être efficace, elle évitera les conflits en ne le distrayant pas quand il est occupé. Cette compréhension plus fine de son compagnon lui permettra par ailleurs de savoir comment le solliciter quand elle en a besoin. Par exemple, elle va dans un premier temps reconnaître qu'elle le dérange et lui demander de lui accorder un instant, ce qui permet à son conjoint de détourner son attention vers elle. Plutôt que de tout de suite se mettre à dire ce qui la préoccupe, elle pourrait lui demander : « Mon chéri, je sais que tu es occupé, mais j'ai vraiment besoin de ton aide. Peux-tu m'accorder une minute ? » Avec cette entrée en matière, elle offre à son compagnon un choix doublé d'une opportunité de détourner son attention en sa faveur. Mieux le comprendre lui permet d'envisager que si son mari ne l'écoute pas, ce n'est pas forcément parce qu'elle n'a pas d'importance à ses yeux mais juste parce que son esprit est ailleurs. S'il est en train de regarder les informations télévisées, il est totalement irréaliste de croire qu'on va pouvoir obtenir toute son attention tant que le poste est allumé. Si vous lui dites : « Chouchou, quand est-ce qu'on pourrait parler ? » et qu'il vous répond : « Mais tout de suite, ma louloute ! » en baissant simplement le son, c'est qu'il surestime ses capacités de concentration. Peut-être bien qu'il s'imagine sincèrement être en mesure de vous écouter tout en gardant les yeux rivés à la télé ; mais ne soyez pas dupe, vous lui en voudriez plus tard de ne pas vous avoir accordé sa pleine attention !

LE STRESS ET L'ABSENTÉISME ÉMOTIONNEL DES HOMMES

Sous l'effet du stress, la conscience ciblée se focalise toujours plus sur l'objet de ses préoccupations et la conscience ouverte s'élargit davantage. Cette simple différence peut engendrer une foule d'incompréhensions ! Par exemple, lorsqu'un homme subit un stress important sur le plan professionnel, il va avoir énormément de mal à s'en détacher : son esprit reste scotché au problème au point que penser à autre chose devienne compliqué. Lorsqu'il rentre chez lui, c'est comme s'il était encore sur son lieu de travail... Quand on l'aborde, il a l'air préoccupé, ne prête pas attention à ce qui se passe autour de lui et semble émotionnellement absent. Et plus il sera stressé au travail, plus il sera absent à la maison ! Il pourra par exemple se saisir d'un journal et se mettre à lire alors que vous venez de lui adresser la parole. N'allez pas croire qu'il se désintéresse de vous ou qu'il vous renvoie son mépris à la figure ! Inconsciemment, il se sert de ce journal pour se couper de vous, fuir toute discussion, pour pouvoir se plonger intégralement dans ce qui lui cause du tracas. Ce qui peut vous rendre service à ce moment précis, mesdames, c'est de poliment et directement lui demander s'il peut vous accorder un peu d'attention. S'il ne réagit pas de manière totalement alerte, faites une pause jusqu'à ce qu'il remarque que vous attendez qu'il soit pleinement présent pour vous.

De son côté, l'homme doit comprendre qu'il ne répond pas aux besoins de sa compagne quand il ne lui accorde pas suffisamment d'attention parce qu'il est un peu ailleurs. Afin d'être en mesure de l'écouter, il doit prendre la décision ferme de laisser son travail de côté un instant et d'éviter toute source de distraction. Il doit délibérément opérer un transfert d'intérêt pour être en mesure de consacrer à sa femme l'attention qu'elle mérite. Sans cette prise de conscience, il se laissera facilement distraire. Je vous suggère, messieurs, de laisser tomber votre journal au sol quand votre partenaire s'adresse à vous (ne le gardez pas fermé dans une main, ne le posez pas sur vos genoux, défaites-vous-en !). Si la télévision fonctionne, il vaut mieux l'éteindre jusqu'à ce que la conversation soit terminée (ne faites pas que baisser le son !). Ces petites actions vous aideront à vous déconnecter du travail pour vous centrer sur vos proches et sur votre couple. Enfin, si vous avez des enfants, n'oubliez pas qu'eux aussi ont besoin de votre écoute empathique !

LA SURCHARGE ÉMOTIONNELLE DES FEMMES

Les femmes croulent plus facilement sous les besoins des autres parce que leur conscience est ouverte. Là où un homme se laissera envahir par un seul souci, sa compagne sera facilement submergée par une multitude de problèmes. Ce qui est ironique dans cette situation, c'est qu'une femme à bout de nerfs n'arrive plus à établir des priorités et que de ce fait, elle est encore plus disposée à se noyer dans ses tracas. Elle se sent encore plus responsable qu'habituellement, quasiment contrainte d'assurer sur tous les fronts, ce qui ne fait qu'amplifier son sentiment d'impuissance face à l'ampleur de la tâche ! C'est probablement ce qui a donné naissance à l'ancien adage : « Quand on est une femme, on a toujours quelque chose à faire. » Il n'est pas rare que les hommes s'énervent quand ils sont confrontés à une compagne sous le coup de cette vulnérabilité qu'ils ne peuvent comprendre. En général, ils se sentent accusés, ils ont le sentiment que leur femme voudrait leur faire porter la responsabilité de son état d'instabilité émotionnelle ou de son malheur. Alors, ils s'en défendent en l'accablant et en lui faisant remarquer qu'elle a tort de s'emporter pour si peu. Il faut absolument qu'ils acceptent et comprennent que leur compagne n'est pas forcément en train de leur jeter la pierre pour quoi que ce soit : elle a simplement besoin d'exprimer ses émotions pour commencer à se sentir mieux ! Dans ces moments-là, une femme a juste besoin d'être écoutée et malheureusement, ce secret échappe à la grande majorité des hommes ! Au lieu d'être tout bonnement présents dans l'écoute empathique, ils imaginent que leur femme se sentira mieux s'ils lui font remarquer que ses réactions sont excessives ou s'ils lui suggèrent des solutions. Ces tentatives visant à apaiser leur compagne ne font hélas qu'empirer les choses...

Imaginons la situation suivante : sur le seuil de la porte, Tom demande rapidement à sa femme de bien vouloir récupérer ses vêtements au pressing, parce qu'il est en retard. Jane répond sur le ton de l'agacement : « Non, je ne peux pas passer au pressing pour toi. Je n'ai pas le temps : je dois récupérer Mary à l'école, passer à la banque pour y déposer de l'argent, il faut que je rende les livres de Timmy à la bibliothèque, je dois passer à l'épicerie pour acheter de quoi manger ce soir et j'aimerais bien rentrer assez tôt pour faire ma gym. Franchement, je me demande comment ça va être possible de faire tout ça. Notre compte en banque est presque à sec et les factures s'amoncellent ! Je suis vraiment débordée ! D'ailleurs, il faut encore que je te transmette tes messages téléphoniques ». En l'entendant, Tom s'énerve intérieurement. Sur un ton sec et cassant, il lui répond : « C'est pas grave, laisse tomber, je m'en occuperai moi-même. » C'est ainsi qu'il pense instinctivement résoudre le problème de l'énervement de sa femme ; selon lui, il a fait ce qu'il fallait pour que tout rentre dans l'ordre. Et cependant, s'il avait l'impression d'être accusé, maintenant sa femme se sent jugée et incomprise... En sortant, le front plissé, Tom pense : « Pourquoi est-elle incapable de juste me dire *non*, gentiment, sans en faire tout un plat ? Pourquoi se sent-elle obligée de me détailler tout ce qu'elle a à faire ? Elle voudrait que je m'en sente coupable ? Ce n'est pas moi qui lui impose de faire tout ça aujourd'hui ! Je lui posais uniquement une question... Ce n'est pas de ma faute si elle est débordée à ce point. À l'écouter, on dirait qu'elle pense que je suis un gros fainéant alors qu'elle est tellement responsable ! Moi aussi j'ai mes problèmes, et je ne lui en dresse pas la liste, ce qui ne signifie pas que je me la coule douce ! »

Dans cet exemple, la réponse de Tom a aggravé le malaise de Jane. Il croyait ne pas se montrer exigeant et donc faire preuve de soutien vis-à-vis de sa femme ; et pourtant, Jane a supposé qu'il l'accablait de s'emballer autant pour une simple journée surchargée. Elle s'est dit que Tom se moquait éperdument de sa détresse et a fini par se sentir mal aimée et délaissée. En réalité, l'agacement de Tom est lié à l'énervement de Jane, mais pas pour les raisons qu'elle imagine... Il lui en veut parce qu'il pense qu'elle lui reproche d'avoir demandé un service, qu'elle trouve qu'il est injuste et exigeant et qu'elle s'en sert pour justifier son énervement. Tom n'est pas énervé parce que Jane est énervée. Il est énervé parce qu'il pense qu'elle l'accuse d'être responsable de son énervement. Il a mal compris sa femme. Elle ne voulait pas l'accuser de quoi que ce soit ; elle voulait juste lui exprimer son ressenti et espérait qu'il l'écoute. À aucun moment elle ne sous-entend qu'il est paresseux ou autoritaire dans ses demandes. Quand Tom lui a demandé d'aller au pressing, elle a simplement saisi l'opportunité qui s'offrait à elle de mettre des mots sur son état. Inconsciemment, c'est ce dont elle avait besoin pour se sentir apaisée : verbaliser et partager les raisons de son énervement.

Ici, l'incompréhension a des effets désastreux : non seulement Jane est toujours aussi submergée par ses problèmes, mais de surcroît, elle pense que son Tom n'en a absolument rien à faire. Et en plus, son malaise est agrandi par le fait de voir son compagnon quitter la maison en étant de mauvaise humeur. Quand la porte se referme, ni Tom ni Jane ne se sentent aimés et soutenus. Pourtant, ils s'aiment sincèrement et ont envie de s'apporter du soutien ! Leur conflit n'est que le fruit de l'incompréhension, elle-même fille d'une mauvaise connaissance de l'autre et d'une mauvaise interprétation de ses comportements.

VIVRE MIEUX, DANS LA DIFFÉRENCE !

Hommes et femmes ont plusieurs moyens de s'entraider pour faire face au stress. Quand ce dernier fait irruption dans leur vie, les femmes ont besoin de parler à leur conjoint de ce qui les tourmente, de voir qu'il manifeste de l'intérêt pour ce qu'elles ressentent. De leur côté, les hommes optent pour une attitude différente : ils se focalisent sur un problème à la fois en mettant tout le reste de côté. Ensuite, ils développent un plan d'action et une solution. Voyons maintenant comment un couple peut finir par se disputer si, quand madame exprime ses problèmes, monsieur l'interrompt avec ses solutions…

L'ÉCUEIL DU DÉNIGREMENT

Mary est en train de chercher le formulaire d'inscription pour que ses enfants puissent fréquenter la piscine municipale. Pendant qu'elle passe les tiroirs en revue, elle se demande s'il est vraiment judicieux de prendre un abonnement en ce moment. En ont-ils réellement les moyens ? Bien entendu, si elle le fait, ses enfants seront immédiatement inscrits. En revanche, si elle attend, ils perdront peut-être leur chance d'être acceptés, vu que le nombre d'adhérents est limité. En soulevant une pile de courrier, elle voit apparaître un décompte de carte bancaire d'un montant de 1 000 euros. Elle se sent encore plus inquiète et s'interroge à nouveau ; ce n'est peut-être pas le moment de faire cette dépense... Quand Bill arrive à la maison, il trouve sa femme plutôt contrariée. Elle lui dit : « On a reçu notre relevé de compte : il va falloir sortir 1 000 euros pour nos achats à crédit. Je me demande comment on va faire pour payer ça. » Il répond : « Ça ira. On a pas mal de temps pour payer. » Pensant que la seule chose qui préoccupe sa compagne, c'est cette dépense, il croit avoir trouvé une solution à son problème et qu'elle va donc se sentir mieux. Mais Mary enchaîne, toujours dans une tentative de partager son angoisse : « On a encore notre emprunt à rembourser et puis, il y a le loyer... » Bill se montre alors un tantinet irrité parce que sa femme n'a pas accepté la solution qu'il lui fournissait : « C'est bon ! T'inquiète pas comme ça, on a encore une dizaine de jours devant nous ! » Se sentant un peu agressé, il se demande si Mary est en train de lui reprocher de gaspiller l'argent ou de ne pas assez en gagner. Il se dit aussi qu'elle exagère parce qu'elle dépense tout autant que lui. Il ignore totalement qu'elle ne fait rien d'autre qu'extérioriser ses craintes au sujet de l'argent pour mieux pouvoir s'en libérer et s'autoriser à inscrire les enfants à la piscine… À ce stade de la discussion, elle se sent blessée par l'attitude de son mari : en insistant pour qu'elle ne s'inquiète pas, il dénigre en effet ce qu'elle ressent et ce qu'elle exprime. Ces mots : « Ne t'inquiète pas » traduisent pourtant la volonté qu'a Bill d'aider Mary à aller mieux en résolvant son problème. Malheureusement, ce qu'il ne comprend pas, c'est que cette approche ne fait qu'accroître les difficultés de sa femme. La dernière chose dont elle ait besoin c'est de s'entendre dire qu'il ne faut pas s'inquiéter. Ce qu'elle entend, c'est qu'on lui fait comprendre qu'elle *a tort* de s'en soucier ! Qu'elle n'a *aucune raison logique* de s'en faire, qu'elle est folle, indigne de respect, irrationnelle, incompétente… Du coup, Mary trouve Bill condescendant et sans égard pour elle. Elle avait besoin qu'il entende et comprenne ses angoisses mais, privée de cette écoute bienveillante, elle est à présent vexée et dégoûtée.

Bien que profondément blessée, elle continue à partager ses angoisses par rapport à l'argent : « Tu sais, on a promis aux enfants qu'on les emmènerait à Disneyland cet été… » Et lui, sentant la moutarde lui monter au nez, lui rétorque : « Je sais, je sais. Ce n'est pas un problème ! » Interprétant mal le ton de Mary, il pense : « Elle sous-entend quoi ? Que je suis un mauvais père ? J'ai toujours tenu mes promesses vis-à-vis des enfants ! Est-elle en train de prétendre le contraire ? De me critiquer ? Pourquoi diable ramène-t-elle ça sur le tapis ? » Bill se sent agressé et rejeté…

Ce qu'il ne sait pas, c'est que Mary trouve qu'il est un père formidable, qu'en aucun cas elle ne remettait ses compétences paternelles en question ; elle est uniquement soucieuse des finances du couple et a besoin que son mari prenne cette inquiétude en considération. Se sentant ignorée, elle continue à vouloir partager son angoisse : « Il faut aussi que nous payions les frais d'hôpital de Laurie. » De plus en plus excédé, Bill lui dit : « Écoute, je t'ai déjà dit que j'aurai une prime ce mois-ci. Ne fais pas toute une histoire pour ça ! » Il est mécontent car il pense que sa femme doute de son sens des responsabilités et qu'elle ne lui fait pas confiance ; il croit que l'énervement de Mary est dirigé contre lui... Elle l'interroge : « Et si jamais tu ne reçois pas ta prime ? », ce à quoi il répond : « Tu te poses trop de questions. » Et elle d'ajouter : « Au fait, tu avais promis à tes parents de leur rendre visite. Quand as-tu prévu de le faire ? » Bill n'en peut plus. Il crie : « Lâche-moi un peu, s'il te plaît. » Cette fois-ci, il a vraiment l'impression d'être persécuté, sous le coup d'un interrogatoire à charge. Il est à mille lieues de se sentir aimé. Son esprit se remplit d'indignation et il se demande pourquoi sa femme tient absolument à le faire passer pour un homme ne respectant pas ses promesses. Elle persiste : « Dans deux mois, on devra payer nos impôts. Est-ce qu'on a de quoi faire face ? Sais-tu combien on devra débourser cette année ? » Sur la défensive, Bill maugrée : « Évidemment que j'y ai pensé. On les paiera sans problème, comme tous les ans ! » Intérieurement, il fulmine : « Elle me prend pour un idiot ou quoi ? Comme si je pouvais oublier ce genre de chose ! » Finalement, Mary aborde l'origine de son trouble : « J'espère qu'on va pouvoir s'offrir un abonnement à la piscine pour l'été. Je crois que j'ai perdu le formulaire d'inscription. Tu saurais où il est par hasard ? » Maintenant, Bill est tellement sur les nerfs qu'il n'a même plus envie de répondre à sa femme. Dans un instant d'agacement, il lui dit néanmoins : « Non, je ne l'ai pas vu. Mais si tu penses qu'on est fauchés à ce point, pourquoi veux-tu dépenser plus d'argent ? »

Cette conversation, à force de tensions cumulées de part et d'autre, a viré au conflit. Mary est profondément offensée et Bill ne veut plus lui adresser la parole. Si cet homme avait compris que tout ce dont avait besoin sa femme, c'était d'évacuer ses angoisses en les partageant avec lui pour ensuite se sentir mieux, il n'aurait pas été empressé d'identifier le problème pour lui suggérer des solutions. Voyons à présent comment la même discussion aurait pu prendre un tournant positif...

Mary : « On a reçu notre relevé d'achats par carte de crédit. Il va falloir débourser 1 000 euros ! Je me demande comment on va s'en sortir ? »

Bill : « Hum... vache, c'est beaucoup ! »
(Intérieurement, il se dit : « Je me demande si c'est vraiment ça qui la travaille... Habituellement, ce qu'elle me dit en premier lieu est juste un préliminaire à l'annonce de ce qui l'angoisse réellement. Elle a certainement besoin de parler un peu. Je vais l'écouter sans l'interrompre. »)

Mary : « On a encore notre emprunt à rembourser, et puis il va y avoir le loyer... »

Bill (en opinant du chef) : « Oui-oui, tu as raison. »

(Là, il pense : « Ah, elle veut apparemment parler de notre situation financière. N'oublie pas : ne pas lui couper la parole. Je suis sûr que je vais pouvoir l'aider si je n'interviens pas trop verbalement et si j'essaie sincèrement de comprendre ce qu'elle ressent. »)

Mary : « Tu te souviens qu'on a promis aux enfants de les emmener à Disneyland cet été... Et puis, on doit encore payer les frais d'hospitalisation de Laurie. »

Bill acquiesce et dit : « On a effectivement pas mal de choses à payer. »

Mary : « Et si jamais tu n'obtenais pas ta prime ? »

Bill : « Eh bien, si je n'ai pas cette prime, alors on sera vraiment dans la mouise. »

À chacune de ses réponses, Bill veille à ne pas donner à Mary l'impression qu'il minimise ce qu'elle lui confie. S'il n'était pas aussi attentif et soucieux d'aider sa femme, il pourrait facilement nier ce qu'elle ressent par un simple : « Tu t'inquiètes pour rien ! » ou en lui parlant tel un monsieur Je-sais-tout qui corrige la défaillance de sa compagne : « Si je ne touche pas ma prime ce mois-ci, ce sera le mois prochain, ou celui d'après... et les factures attendront. » Heureusement, après s'être entraîné à l'écoute empathique, Bill a de l'expérience ! Il a appris à ne pas interrompre le flux de pensées verbalisées de Mary avec des solutions ou des commentaires qui la déprécieraient.

Mary : « On va aussi devoir payer les impôts dans deux mois. Tu sais si on a de quoi faire face ? On leur devra combien cette année ? »

Bill : « Un montant assez élevé. »

Bill reste prudent. Il sait que Mary a juste besoin de temps pour se libérer de ses angoisses et que ses interventions ponctuelles et mesurées l'accompagneront dans ce processus d'apaisement tant qu'il n'essaiera pas de corriger la manière dont sa femme ressent ou exprime les choses.

Mary : « J'espère qu'on va pouvoir se payer un abonnement à la piscine. Je ne parviens pas à mettre la main sur le formulaire d'inscription. Tu ne l'aurais pas vu par hasard ? »

Bill, posément : « Ah non, je ne l'ai pas vu. »

Mary : « Tu penses qu'on peut s'abonner dès maintenant ou qu'il vaut mieux attendre un peu pour avoir suffisamment d'argent ? »

Bill : « Hum... Je ne sais pas trop. Il vaut peut-être mieux qu'on attende que j'aie touché ma prime, mais rien ne nous empêche de compléter le formulaire d'inscription dès à présent. »

Volontairement, Bill évite de se montrer trop sûr de lui. À ses yeux, un abonnement à la piscine est une dépense mineure qui pourrait être effectuée immédiatement mais ayant perçu l'inquiétude de Mary, il se dit qu'il vaut probablement mieux prendre son temps pour qu'elle ne nourrisse aucune angoisse à ce propos.

Mary, en l'embrassant : « Ça se tient ! Merci de m'avoir écoutée, mon chéri. J'ai vraiment le sentiment que tu me comprends, toi. Je t'adore. »

Bill sourit et pense : « Wow, ça a encore marché ! Je suis trop fort ! C'est fou, une fois qu'on sait comment s'y prendre, écouter facilite vraiment l'existence ! »

Dans cet exemple, Bill a découvert le secret de toute communication constructive : l'écoute. Savoir écouter nécessite un temps d'apprentissage, comme le fait de savoir parler en a requis. Mary a elle aussi besoin d'apprendre l'art d'écouter. Sinon, elle fera la même erreur que son mari auparavant : elle l'offensera quand il s'exprimera.

LUI FAIRE MAL, SANS LE VOULOIR...

Tout comme un homme peut heurter sa compagne par mégarde en tentant de corriger ses attitudes, il arrive qu'une femme blesse son conjoint en essayant malencontreusement de le rendre meilleur lorsque ce dernier se confie à elle... Il ne faudra qu'une ou deux remarques désagréables pour qu'il se mure dans le silence. À ce moment précis, une femme n'a généralement pas conscience de la manière dont elle a pu le contrarier ; elle ne réalise pas que chaque tentative pour « l'aider » ou le faire « progresser » sera perçue comme une agression. Prenons quatre exemples...

Bill est inquiet. Il s'est endetté en réaménageant sa maison et, voyant certaines échéances approcher, il s'inquiète de sa capacité à assurer sur le plan financier. En rentrant chez lui, il semble abattu et dit à sa femme : « J'ignore comment on va se débrouiller pour payer nos impôts cette année... » Mary lui répond : « Je savais bien qu'on aurait dû dépenser moins pour la maison. » Bill ne dira plus rien... Mary se sent mal à l'aise mais ne comprend pas en quoi elle aurait bien pu énerver son mari. Si Bill avait été serein et non pas inquiet, le commentaire de sa femme ne l'aurait pas affecté à ce point. Il lui aurait dit : « Tu as raison. On n'a pas été bons sur ce coup... » Mais voilà, Bill allait mal. Alors, s'entendre dire « qu'elle savait bien » revient pour lui à se voir accuser de ne pas être suffisamment responsable. À ses yeux, sa femme est en train de lui faire la leçon... Il est d'autant plus meurtri qu'il attribue à la réflexion de Mary une signification qui va bien au-delà des mots qu'elle a prononcés. Il pense : « Jamais je n'aurais cru qu'elle me dirait une chose pareille... Elle croit vraiment que je ne sais pas qu'on a trop dépensé d'argent pour les travaux ? Comment ose-t-elle sous-entendre que je gère notre argent de manière irresponsable ? Le budget explose toujours quand on réalise ce type de projet ; c'est quoi le problème ? Je déteste quand elle me traite comme un gamin et qu'elle essaie de me faire changer. C'est bien la dernière fois que je lui confie mes soucis ! Elle ne pourrait pas juste m'écouter et me soutenir ? Pourquoi faut-il toujours qu'elle saisisse n'importe quel prétexte pour me critiquer ? »

Puisque les hommes peuvent se refermer comme des huîtres après une seule remarque fâcheuse, voyons un autre exemple illustrant la manière dont une femme peut innocemment blesser un homme : Joe a réalisé un chiffre médiocre au travail ; il rentre chez lui, taciturne. Martha l'interroge : « Quelque chose ne va pas, mon chéri ? » Effondré, Joe lui confie : « On n'a pas atteint nos objectifs de ventes ce mois-ci. » Martha lui répond : « Oh, tu sais, il y a toujours des hauts et des bas dans le commerce. Je crois que ce serait une bonne chose qu'on anticipe ce genre de coups durs. » Et là, Joe devient aussi muet qu'une carpe. Il est en colère et ne se sent pas épaulé. Il pense : « Je ne lui ai pas demandé son avis ! Je déteste quand elle me donne des leçons pour que je sois un meilleur homme d'affaires ! Elle croit peut-être que je suis stupide ? Je sais bien qu'il y a des fluctuations dans le secteur commercial, pas besoin de me le préciser ! » Joe avait juste besoin d'être entendu, tout conseil non sollicité était malvenu.

Même un avis judicieux peut s'avérer contre-productif, comme le démontre le scénario suivant : Steve rentre chez lui, silencieux, préoccupé. Il semble vraiment tendu et irrité. Janet a envie de lui apporter du réconfort et lui dit : « Que se passe-t-il mon amour ? » Il lui répond : « Oh, pas grand-chose. C'est juste que ma secrétaire m'agace en ce moment. Elle ne se plie pas à mes exigences et ça me rend fou ! » Janet comprend que son mari soit énervé, tout comme elle peut comprendre qu'il soit difficile à sa secrétaire de composer avec lui. Elle se dit que Steve maîtriserait davantage la situation s'il parvenait à comprendre le point de vue de son employée. Elle a raison. Mais ce n'est pas le moment de le lui faire remarquer ! Pour l'heure, il a simplement besoin qu'elle fasse preuve d'empathie envers lui. Mue par le désir de venir en aide à son compagnon, Janet lui dit avec douceur : « Tu sais, ta secrétaire serait mieux disposée si tu prenais le temps de l'écouter. Tu ne parles quasiment jamais avec elle. Dis-lui tout bonnement ce que tu ressens. » Immédiatement, Steve avale sa langue. D'abord abasourdi puis en colère, il se sent trahi par sa Janet. « Comment peut-elle prendre le parti de ma secrétaire ? Ma propre femme pense que la source du problème, c'est moi ! ? Elle croit toujours que je ne parle pas assez, c'est faux ! Je parle avec ma secrétaire, et d'ailleurs, c'est là que le bât blesse : elle ne m'écoute pas ! J'étais déjà remonté contre mon employée, maintenant, je suis fâché avec ma femme, super ! », rumine-t-il. Animée d'intentions louables, Janet a exaspéré Steve au point qu'il se réfugie dans le silence. Pourtant, elle ne voulait que lui permettre d'acquérir une meilleure compréhension d'autrui. Or, son mari a trouvé son attitude plutôt indélicate et injuste.

Voyons encore une autre façon de susciter ce type de réaction masculine : Rick invite Sharron dans un restaurant assez prisé. Cela fait déjà quarante minutes qu'ils attendent qu'on leur trouve une table et Rick est de plus en plus impatient. À maintes reprises, il a fait signe au serveur et lui a demandé d'accélérer les choses. Des gens qui sont venus après eux ont obtenu une place et ça rend Rick absolument furieux, même s'il sait que ces gens avaient une réservation. Alors que Rick rouspétait contre le service qui laissait à désirer, il lâcha : « C'est fou ce qu'ils sont lents ici ! » Et là – malheur ! – Sharron prononça les mots qu'elle n'aurait jamais dû dire... « Tu crois qu'on aurait attendu autant si on avait eu une réservation ? » En guise de réponse, le regard de Rick s'est obscurci et est devenu glacial. Furieux, il a bredouillé : « Non. » Dans un premier temps, se reprochant de ne pas avoir effectué de réservation, il avait transféré son amertume sur le personnel du restaurant ; désormais sa colère était tournée vers Sharron. Outré, il pensa : « Je n'arrive pas à croire qu'elle puisse dire quelque chose d'aussi stupide ! Si elle se croit si maligne, la prochaine fois, c'est elle qui m'invitera au restaurant et se chargera de la réservation ! C'est vraiment la dernière fois que je prends la peine de lui faire ce plaisir ! Il faut toujours qu'elle trouve quelque chose à redire ! Je déteste ça... Comme si ça avait pu m'échapper qu'avec une réservation on aurait déjà une table ! À l'écouter, je serais supposé ne jamais rien oublier. Je n'ai même plus envie de lui adresser la parole... »

Rick avait envie de se sentir épaulé par sa compagne, pas qu'elle lui fasse la leçon. Quant à Sharron, elle voulait que sa remarque permette à Rick d'éviter ce genre de désagréments à l'avenir en se montrant plus prévoyant. Contrairement à ses attentes, son conjoint en fut exaspéré, parce que ce qu'elle disait était d'une consternante évidence. Ce qu'il attendait d'elle à ce moment précis, c'était plutôt qu'elle abonde dans son sens en reconnaissant la lenteur du service. Dans chacun de ces exemples, un homme se trouve en quête de soutien affectif et finit par être écœuré parce qu'il n'obtient que conseils ou critiques qui se veulent constructives. Il est important de comprendre qu'à aucun moment ces hommes ne demandaient de l'aide ou un avis ; ils espéraient juste une écoute et du soutien. La personnalité des hommes comporte une facette féminine qui fait que de temps en temps, ils ont besoin de partager leurs émotions et leurs pensées pour se sentir mieux. Quand ça leur arrive, il n'est pas rare que, malencontreusement, leur femme brise leur élan. Au bout de quelques expériences fâcheuses de cet acabit, un homme cessera de communiquer ce qu'il aurait besoin de partager.

LORSQUE MARS EST EN QUÊTE DE CONSEILS

Il est néanmoins des situations dans lesquelles un homme réclame de l'aide mais où sa compagne peut tout de même lui couper toute envie de parler par son intervention déplacée, sans même qu'elle en ait conscience. Après avoir examiné un problème sous différents angles sans trouver d'issue satisfaisante, un homme peut avoir envie d'en parler. Après l'avoir exposé, il dira quelque chose comme : « Qu'est-ce que tu en penses ? » Ceci indique qu'il attend qu'on lui propose une solution. Un auditeur masculin aura tendance à lui suggérer une manière de résoudre la difficulté, ce dont cet homme a besoin et qui lui donnera le sentiment d'être soutenu. De son côté, une femme peut commettre plusieurs erreurs en tentant sincèrement d'apporter son secours. Elle peut par exemple le materner, ce qui lui ôtera l'envie de s'exprimer, ou encore lui présenter la situation dans une perspective plus large, ce qui aura le don de l'agacer. Une auditrice blessera facilement un homme par inadvertance car – en général – elle tentera de lui apporter son aide en abordant la question selon une dynamique féminine : elle va explorer la manière dont le problème est survenu, ou donner des pistes pour éviter qu'il ne se reproduise à l'avenir, ou encore compliquer la situation en insistant sur la façon dont ce problème l'affecte personnellement. En réagissant ainsi, les femmes dissuadent malgré elles leur conjoint de leur parler de ce qui les préoccupe. De plus, un homme peut être exaspéré si sa compagne tient absolument à savoir à quel point il est perturbé par son problème ou si elle se montre exagérément compatissante et soucieuse. Lorsqu'un homme demande : « Qu'en penses-tu ? », il ne le fait pas pour être cajolé par une compagne qui manifesterait sa sollicitude vis-à-vis de ce qu'il traverse ; il veut juste qu'on lui suggère une solution concrète. Retrouvons à présent nos quatre couples et voyons comment les choses auraient pu se passer si plutôt que de souhaiter une écoute empathique, les hommes avaient demandé un conseil pratique.

Bill arrive à la maison et dit à Mary : « Je ne sais pas comment on va faire pour payer nos impôts... Je n'ai pas touché ma prime et nos travaux nous ont considérablement endettés. Peut-être pourrions-nous dépenser moins durant les vacances ou alors faire un nouvel emprunt ? Qu'en penses-tu ? » Mary lui répond : « Ah, si seulement nous n'avions pas dépensé autant pour la rénovation de cette maison ! Henry nous avait bien dit que ça nous coûterait beaucoup plus que prévu ! On aurait dû le prévoir avant... » Bill est désormais fortement contrarié : sa femme lui communique son ressenti au sujet de l'origine du problème alors qu'il voulait se focaliser sur la recherche d'une solution. Il pense : « Évidemment que nous avons explosé notre budget initial. Je le sais depuis longtemps ! Pourquoi me fait-elle ça ? On ne peut décidément parler de rien… » Bill avait clairement énoncé son souhait : obtenir un conseil. Il aurait voulu que Mary lui dise, par exemple : « C'est une bonne idée de faire quelques économies sur nos prochaines vacances. On fera aussi attention à dépenser moins au quotidien pour limiter notre endettement » ou : « Je ne sais pas trop quoi te dire. N'y a-t-il pas d'autres options ? » et peut-être rajouter : « Pourquoi ne pas vendre notre bateau ? Nous en avions parlé il y a quelque temps. » Bref, quand Bill demande à sa femme de lui dire ce qu'elle pense de son problème, il souhaite qu'elle concentre son attention sur les moyens d'y remédier. Voyons un deuxième exemple.

Joe rentre chez lui très énervé, en se demandant pourquoi il n'était pas parvenu à réaliser son quota de ventes. Il dit à sa femme : « Je ne comprends pas… Je n'ai pas atteint mes objectifs et pourtant, j'étais presque persuadé de les dépasser ce mois-ci ! À ton avis, c'est dû à quoi ? » Martha lui répond : « Hum… Je pense que nous aurions dû l'anticiper… C'est comme ça dans le commerce, il y a des hauts et des bas ! On devrait prévoir un bas de laine pour faire face à ce genre de situation. » Hélas, ce bon conseil entraîne la déception de Joe ! Martha ne lui a pas suggéré une explication à ses mauvais résultats. À la place, elle a soulevé un nouveau problème qui la préoccupe, à savoir comment le couple pourrait se préparer à affronter d'autres périodes maigres. Au lieu de fournir une ébauche de solution à son mari, elle répond à une question qu'il n'a pas posée, à savoir : « Comment pourrait-on éviter à l'avenir les difficultés financières découlant de déboires professionnels inévitables. » Joe avait besoin d'une réponse précise, telle que : « Eh bien, peut-être que la mise en place de ta nouvelle gamme de produits a un peu surchargé les responsables des achats ? » ou : « Je l'ignore... (petite pause) Tu as travaillé si durement et tes produits sont de si bonne qualité ! Peut-être est-ce lié à la conjoncture économique ? » ou encore : « J'ai récemment lu dans le journal que nous entrions dans une période de récession, c'est probablement ça. » Ces avis sont tous directement liés à la question posée par Joe. Pour soutenir son conjoint, Martha doit absolument veiller à ne pas dévier du problème tel qu'il est énoncé. Voyons à présent comment une autre femme passe totalement à côté du but quand elle pense aider son mari en lui prodiguant ses conseils.

En revenant du travail, Steve dit à Janet : « Aujourd'hui, j'ai encore eu des soucis avec Phyllis, ma secrétaire. Elle s'obstine à ne pas faire ce que je lui demande et ça me rend dingue ! À ton avis, comment dois-je réagir ? » Janet lui dit : « Elle est dans l'opposition parce que tu es quelqu'un d'obtus ; tu devrais faire preuve de plus d'ouverture d'esprit ! Tu ne prends jamais le temps de discuter avec elle. Si tu cherchais à comprendre son point de vue, je suis sûre qu'elle ferait ce que tu lui demandes. » Steve est déçu et blessé par la réaction de sa femme ; il a le sentiment qu'elle l'accable de reproches et qu'elle le trouve incompétent. Il pense : « Eh bien c'est la dernière fois que je lui demande son avis ! Comment peut-elle prétendre que c'est de ma faute ? Je parle avec ma secrétaire... » Le conseil de Janet était judicieux, mais elle l'a formulé d'une manière qui a mis son mari sur la défensive. Elle lui a indiqué comment il aurait pu éviter ce genre de problème plutôt que de lui préciser comment il pouvait remédier à ses difficultés actuelles. Steve aurait pu accepter l'avis de sa femme si elle avait présenté les choses autrement, c'est-à-dire en se prononçant sur ce qu'il pouvait faire plutôt que de lui faire remarquer où il avait péché, si elle s'était attachée à lui fournir une réponse au problème plutôt que de vouloir en déterminer la cause. Elle aurait pu dire : « Je crois que tu devrais prendre le temps de discuter avec Phyllis. Assieds-toi près d'elle et écoute ce qu'elle a à te dire. Si tu fais ça, je pense qu'elle devrait se montrer plus coopérante. » En fin de compte, quand un homme vous demande votre avis, dites-vous bien qu'il n'attend pas d'être consolé. Un témoignage d'empathie peut même se révéler contre-productif. En voici un exemple.

Alors qu'ils patientent à l'entrée du restaurant, Rick dit à Sharron : « C'est incroyable ce qu'ils sont lents ici ! À ton avis, que devons-nous faire ? Aller ailleurs ? » Elle lui répond : « Je sais que ta journée a été rude et que ça fait déjà quarante-cinq minutes qu'on attend. Ça doit être très difficile pour toi, mon amour ; tu dois probablement mourir de faim. As-tu seulement mangé aujourd'hui ? » Sharron s'est intéressée aux sentiments de son mari plutôt qu'à sa question. Elle a voulu le consoler et a réagi en faisant ce qu'elle aurait souhaité qu'on fasse pour elle dans les mêmes circonstances. Malheureusement, Rick est maintenant encore plus furieux parce qu'il a l'impression que sa femme le traite comme s'il était un gamin ! En son for intérieur, il n'est que colère : « Ne me traite pas comme un gosse ! Tu ne vas pas me faire croire que ça ne te dérange pas de poireauter comme ça ! On se moque bien de savoir si j'ai déjeuné ou pas... » Il voulait une réponse directe à la question qu'il avait posée, pas des paroles compatissantes. Sharron aurait pu réagir autrement : « Hum... On attend depuis si longtemps qu'à mon avis, ce serait dommage de partir maintenant. On ne va certainement pas tarder à nous placer » ou : « Je crois qu'on devrait rester et demander le menu tout de suite. Comme ça, quand nous aurons une table, nous pourrons immédiatement passer notre commande » ou encore : « Je pense que tu as raison ! Si nous essayions ce nouveau restaurant qui vient d'ouvrir près de l'autoroute ? » Chacune de ces suggestions aurait été satisfaisante pour Rick, parce que toutes auraient répondu à son problème, non pas à ce qu'il ressent.

Ces exemples sont des outils précieux car ils présentent les façons dont les hommes et les femmes peuvent fréquemment créer des tensions et entrer en conflit alors qu'ils avaient l'intention sincère de s'épauler et d'aider l'autre à se sentir mieux.

LES HOMMES VEULENT DES SOLUTIONS, LES FEMMES VEULENT PARTAGER

Instinctivement, les hommes sont à la recherche de solutions. Quand un homme est confronté à un problème, il s'isole tout d'abord dans sa caverne et tente de trouver une solution par ses propres moyens. S'il y parvient, il se sent mieux. S'il échoue, il sort de sa caverne, va trouver un homme digne de respect et lui parle de ce qui le travaille. Quand il s'engage dans cette démarche, c'est en espérant qu'une autre opinion masculine lui permette d'y voir plus clair et de remédier à ses soucis. Si l'échange est fructueux, il se sent immédiatement soulagé. Alors, quand une femme est énervée et se met à lui parler, un homme pense spontanément qu'elle a besoin qu'on lui indique une solution à son problème ! Il ne dispose d'aucun élément de comparaison personnel lui permettant de comprendre qu'elle a simplement besoin d'être écoutée. Il décide donc très logiquement de l'aider à résoudre ses difficultés, ce qui généralement finit par contrarier sa femme et par lui donner l'impression qu'on n'accorde pas d'importance à ce qu'elle ressent. Dans ce type de situation, ce qu'attend une femme c'est qu'on reconnaisse qu'elle a le droit d'être énervée et qu'on entende ce qu'elle a besoin de dire sans exiger d'elle qu'elle se ressaisisse. Quand elle peut partager ses émotions en les exprimant telles qu'elles se présentent à son esprit, elle va naturellement se sentir mieux. Son impression d'être submergée par ce qu'elle endure disparaîtra même si ses problèmes ne sont pas résolus ! Un homme se trompe en pensant que sa femme a besoin de résoudre ses problèmes pour aller mieux, mais cette perception erronée explique qu'il puisse être agacé et fatigué de l'entendre passer en revue les multiples tensions qui l'agitent et les nombreux détails qu'elle fournit : il croit que sa compagne attend une réponse à tout ce dont elle se plaint et il se sent totalement impuissant ! Ce qui lui semble encore plus insupportable, c'est d'entendre sa femme se lamenter de choses contre lesquelles on ne peut rien ou encore évoquer des situations qui ne se sont pas encore produites ! Les attitudes masculines les plus courantes dans ce cas sont :

- « Pourquoi tu t'emportes comme ça s'il n'y a rien à faire ? Ça t'apporte quoi d'être énervée ? »
- « N'en fais pas toute une histoire avant d'être sûre que ça se soit réellement produit ! »
- « Puisque c'est du passé, ça ne sert à rien de remettre ça sur la table. On ne peut plus rien y faire maintenant ! »

Ces trois devises gardent les hommes dans une posture très cérébrale et coupée du registre émotionnel. Mais si faire preuve de rationalité est un atout quand il s'agit de résoudre une difficulté, se couper totalement de ses émotions est nuisible sur le plan de la santé physique et mentale. Les femmes savent instinctivement qu'il est nécessaire de pouvoir partager ce que l'on ressent pour permettre à la pression de s'évacuer efficacement quand nos désirs et nos attentes sont déçus. Même s'il s'agit d'une situation à laquelle on ne peut rien changer, il est important de parler des émotions qu'elle a générées en nous. Et le partage de ce ressenti émotionnel est absolument essentiel si on ambitionne de créer et d'entretenir une relation complice où l'on est proche l'un de l'autre. Une fois qu'il a bien compris cette différence, un homme peut commencer à se détendre quand sa femme se lance dans l'exposé de ce qui la tourmente. Il n'a pas à trouver des solutions à tout ce qu'elle va dire. Le seul point sur lequel il doit se concentrer, c'est celui-ci : répondre au besoin d'écoute attentive et empathique de sa compagne. C'est ainsi qu'il l'aidera à se libérer de ses tensions et à se sentir bien, même si ses problèmes n'ont pas trouvé de remèdes !

LES HOMMES ET L'OUBLI...

Il est indispensable de savoir fixer son attention pour effectuer un travail mais il arrive parfois qu'on développe une concentration excessive. Ainsi, un homme dont l'énergie masculine n'est pas contrebalancée par de l'énergie féminine a tendance à se focaliser sur une seule chose et à oublier tout le reste. Il n'a plus qu'un seul objectif, rien d'autre ne se fera. Ce genre de partenaire est pénible à supporter dans une relation de couple. Même s'il adore sa femme, il se peut tout à fait qu'il oublie complètement des dates importantes, comme un anniversaire par exemple. Il pourra aussi omettre de passer à l'épicerie comme il était supposé le faire, ou encore oublier de relever ses messages téléphoniques. N'allez pas croire qu'il s'agit d'un manque de considération envers vous ! Ses énergies féminine et masculine étant déséquilibrées, la balance penchant irrémédiablement du côté masculin, il a du mal à mobiliser sa conscience dans plusieurs directions à la fois.

On comprend aisément qu'une femme ait du mal à admettre cette propension à l'oubli. Pour elle, cela traduit un manque d'intérêt et d'attention. Elle ne peut pas concevoir que son conjoint l'aime vraiment s'il a oublié des événements importants pour elle, comme la date de leur mariage. C'est une attitude qui contraste beaucoup trop avec la façon dont elle vit sa relation amoureuse. Les hommes établissent des priorités en fonction des buts qu'ils veulent atteindre ; les femmes établissent les leurs en fonction de l'importance qu'elles accordent à leurs relations. Dans cette perspective, il n'est pas surprenant que des hommes puissent blesser leur femme sans y prendre garde.

ELLES SE DISPERSENT, ILS DÉCROCHENT...

Le domaine qui génère le plus de conflits entre hommes et femmes est celui de la communication, tout simplement parce que les hommes n'écoutent et ne parlent pas pour les mêmes raisons que les femmes. Ils écoutent pour recueillir l'information nécessaire à la résolution de leurs problèmes ; elles écoutent pour partager et créer du lien. Ils parlent quand ils ont une remarque pertinente à faire ou quand ils aident quelqu'un à remédier à une difficulté ; elles parlent pour explorer un sujet autant que pour se découvrir elles-mêmes. De ce seul point de vue, on saisit mieux qu'un homme puisse être exaspéré en discutant avec une femme : elle semble répandre sa pensée à l'infini pour essayer d'en extraire l'essence quand il attend d'elle qu'elle en vienne directement aux faits, ce qu'un homme ferait ! Il se dit que quelque chose ne tourne pas rond chez elle pour qu'elle tienne des propos aussi décousus ou alors, il a l'impression qu'elle lui fait perdre son temps. Aucune de ces suppositions n'est vraie. Les femmes analysent leurs pensées et leurs émotions pendant qu'elles les formulent verbalement. Progressivement, elles vont avoir une vision de plus en plus claire de ce qu'elles ont à dire. Ce comportement est difficilement tolérable pour un homme qui, au contraire, a tendance à ne parler que lorsqu'il a quelque chose de précis à dire. Quand il prend la parole, c'est pour en venir aux faits le plus efficacement possible.

Lorsqu'une discussion a débuté et qu'un homme se plonge dans le silence, sa compagne peut se méprendre en imaginant qu'il est lent à la réflexion, un peu stupide, qu'il refuse de parler ou qu'il ne se sent simplement pas concerné. Rien de cela n'est vrai ! Il adopte juste un comportement naturel pour un homme : il est en train de réfléchir pour être en mesure de formuler clairement sa pensée finale. C'est difficile à comprendre pour une femme qui a tendance à extérioriser ses pensées pour parvenir au même résultat, mais en fait c'est assez simple : les hommes ont parfois besoin de se creuser les méninges là où les femmes ont besoin de partager leurs émotions. Au final, l'homme revient dans la discussion avec l'esprit plus clair et la femme est apaisée. L'inconvénient, c'est qu'il est possible qu'un homme décroche totalement, oubliant qu'il était en train de méditer sur un problème, et qu'une femme peut se disperser et s'égarer en passant du coq à l'âne jusqu'à s'éloigner franchement du thème de la discussion. Quand un homme se met à rêvasser, il peut oublier tout ce qui lui semblait important : les anniversaires, les rendez-vous, les promesses, son emploi du temps, ses priorités, etc. Quand une femme se disperse, elle en vient à oublier ce qui est vraiment crucial à ses yeux ; tout finit par avoir pour elle la même importance. Elle aura tendance à réagir de façon excessive, se sentant écrasée par le poids de ses soucis. Elle considérera que les besoins des autres sont aussi importants que les siens, si ce n'est davantage. Il se peut qu'elle se mette à considérer que le moindre désir de ses enfants compte plus que ses propres besoins affectifs et que sa vie de femme. Elle finira par ne plus supporter les petits défauts de son conjoint et à reporter sur lui toute la frustration qu'elle aura accumulée durant la journée. Parvenue à ce stade, quand elle partage ses émotions, c'est généralement pour s'y perdre sans jamais parvenir à une conclusion précise.

Soyons réalistes : personne n'étant parfaitement équilibré en permanence, il est tout à fait normal qu'un homme décroche de temps à autre alors qu'il est en train de réfléchir, tout comme il est normal qu'une femme puisse se disperser en partageant son ressenti. C'est un point important à retenir, car il favorise la tolérance envers les dérapages de l'autre. Les femmes seront plus compréhensives quand leur mari semblera ailleurs et oubliera certaines choses, tout comme les hommes cesseront de penser que leur femme est folle quand elle se perd dans un tourbillon d'émotions et qu'un rien la bouleverse. Sans cette compréhension de base, un homme qui constate que sa compagne est en train de perdre pied pourrait craindre qu'elle agisse toujours ainsi. Alors que dans la plupart des cas, tout ce dont elle a besoin pour retrouver sa sérénité, c'est de s'exprimer librement et d'être écoutée. Cependant, il peut arriver qu'une femme s'emporte et s'égare soit parce qu'elle ne se sent pas suffisamment en confiance pour explorer et livrer ses véritables pensées, soit parce qu'elle a voulu partager mais n'a pas été écoutée. Ironiquement, le processus de partage qui mène à une meilleure connaissance de soi engendre parfois la confusion.

D'autre part, quand une femme constate que son compagnon rêvasse alors qu'elle lui parle, il se peut qu'elle panique en se disant qu'il ne lui accorde aucun intérêt. Généralement, ce qui s'est produit, c'est qu'il n'a pas obtenu assez de renseignements pour parvenir à élaborer une solution. Il a commencé à méditer sur le problème et s'est perdu en cours de route, oubliant tout, se mettant inconsciemment en position d'attente pour un surplus d'information. Pour qu'il renoue avec sa pensée initiale, il suffit de lui donner plus de renseignements. S'il se sent jugé ou s'il est blâmé pour avoir décroché un instant, il perdra l'envie de rendre service ou d'apporter son soutien et se mettra sur la défensive. Pour se recentrer, un homme a en effet besoin de savoir qu'on lui fait confiance, de se sentir utile et apprécié. Cette situation exige de la part d'une femme qu'elle prodigue de gros efforts pour continuer à croire en la sincérité des intentions de son mari, surtout si ce dernier a complètement oublié de quoi elle parlait ou ce qu'elle demandait... Si ça lui pèse, elle peut se répéter intérieurement : « *Je suis capable* de lui faire confiance : il a vraiment envie de m'aider ; qu'il ait oublié ne signifie pas qu'il s'en fiche. *J'ai le pouvoir* de lui faire confiance : il se souviendra d'autant mieux s'il se sent aimé, accepté, digne de confiance et apprécié. »

De même, un homme devra batailler ferme pour ne plus juger une femme qui s'éparpille verbalement. Il faudra qu'il apprenne à l'écouter avec patience et qu'il se répète qu'elle a définitivement besoin qu'on prenne soin d'elle, qu'on la comprenne et qu'on la respecte dans ces moments-là. S'il sent qu'en pareille situation il commence à perdre son calme, un homme peut dire : « Pourrais-tu faire une petite pause, s'il te plaît ? J'ai besoin de réfléchir à ce que tu viens de me confier » ou encore : « J'ai vraiment envie de t'écouter jusqu'au bout, mais il me faut un peu de temps pour penser à ce que tu viens déjà de me dire. » La plupart du temps cependant, il n'aura pas besoin de réclamer une pause : si sa femme est libre de s'exprimer, elle en fera régulièrement d'elle-même. Il suffira alors à cet homme de profiter de ces instants de calme pour s'entraîner à ne rien dire, tout en cherchant à comprendre le point de vue de sa compagne. Il peut se répéter intérieurement : « Elle a le droit d'exprimer ses émotions. Si je parviens à les comprendre, elle se sentira mieux et son ressenti sera plus positif. *Je suis capable* de cerner les raisons de son tourment. *J'ai le pouvoir* de l'écouter sans la blâmer. Elle a besoin de que je la soutienne en lui offrant mes oreilles, mon cœur et mon silence. » En devenant de plus en plus apte à comprendre les sentiments de sa femme, il pourra plus efficacement se concentrer sur elle et il l'aidera – par l'attention qu'il lui manifestera – à retrouver son équilibre émotionnel.

LE LANGAGE VÉNUSIEN OU LA FLORAISON DU VERBE

Quand il s'agit de communiquer, la devise masculine, c'est : « N'ouvre pas la bouche avant de savoir ce que tu veux dire. » Aux yeux d'une femme, cette approche est quelque peu déconcertante : pour elle, parler n'est pas seulement utile pour formuler une idée précise, c'est aussi un moyen de découvrir ce qu'elle a besoin d'exprimer. Quand une femme a envie de partager son ressenti, elle ne sait généralement pas où la conversation va la mener. Il n'est pas rare qu'elle passe en revue une suite de pensées et d'émotions pour en tirer la substance de ce qu'elle veut vraiment communiquer. Un homme s'engage dans un processus identique, mais il le fait mentalement et ne prend la parole que lorsqu'il est parvenu à une conclusion. De son côté, la femme souhaite dialoguer, entrer en relation, prendre plaisir au simple fait d'être ensemble. Elle ne fait pas que transmettre des informations, elle livre un peu d'elle-même... C'est ainsi que l'échange se fait intime et qu'il devient générateur de plénitude et d'équilibre. Il se peut par ailleurs qu'elle ait besoin d'être encouragée durant ce partage où sa pensée se développe par étapes, comme si ses mots n'étaient qu'éclosions successives et partielles d'une pensée originelle dont elle prend conscience au terme du processus de floraison. Même si cette femme ne sait pas exactement où elle veut en venir, il est certain 1) qu'elle a envie de créer du lien et 2) que la communication soit pour elle le meilleur moyen d'y parvenir. Quand une femme explique ce qui la contrarie, elle « vide son sac » devant vous. De temps à autre – au propre comme au figuré – il lui est nécessaire de faire du rangement dans son sac à main, sans se sentir jugée pour tout ce qu'elle y a accumulé ou pour ne pas savoir exactement ce qui s'y trouve. Dès lors, si les propos de sa femme lui semblent partir dans tous les sens, un homme n'aura qu'à imaginer qu'elle est en train de faire l'inventaire de son sac à main et qu'une fois l'opération terminée, elle se sentira plus légère. En partageant ce moment intime avec elle, il aura joué un rôle considérable. Quand une femme partage ce qu'elle porte en elle et qu'on l'écoute de manière attentive, attentionnée et respectueuse, elle peut se sentir suffisamment en confiance pour « déballer » ses émotions. Elle en ressortira apaisée et aimante et vous sera reconnaissante de l'avoir soutenue.

LIRE DANS LES PENSÉES D'AUTRUI

Tout au long de ce livre, nous avons l'opportunité de comprendre que les problèmes de communication du couple naissent souvent d'idées préconçues. L'une des principales est de croire que nous savons ce que notre conjoint pense. Quand on nie nos différences, on imagine être en mesure de le déterminer avant même que l'autre n'ait clairement exprimé ce qu'il en est. S'il est vrai que les femmes parviennent facilement à se comprendre entre elles, du fait de leurs nombreuses similitudes (et qu'il en va de même pour les hommes entre eux), les difficultés surgissent inévitablement dès lors qu'on se croit apte à déchiffrer les pensées du sexe opposé.

Prenons l'exemple d'un homme qui est persuadé de savoir ce que sa compagne pense, avant même d'avoir entendu tout ce qu'elle avait à dire. Son erreur réside en ce qu'il est convaincu que ce qu'elle exprime est énoncé exactement comme si c'était un homme qui parlait. Dans un premier temps, il l'écoute. Puis, avant même qu'elle ne soit parvenue au terme de son propos, il se dit : « Je sais, j'ai compris ! » Si avec un homme, sa déduction aurait pu être juste, face à une femme, elle devient absurde. Elle sait pertinemment que son partenaire ignore où elle veut en venir car bien souvent, elle ne le sait pas encore elle-même ! Tout bonnement parce qu'en partageant, elle s'engage dans un processus de compréhension progressive de ce qu'elle ressent, de ce qu'elle pense et de ce qu'elle désire. Il est indispensable que les hommes comprennent que si une femme a besoin de leur parler, leur but ne doit pas uniquement être de saisir le message mais de l'aider à le cerner et à le formuler. Si elle peut parler sans être interrompue, il est même possible qu'à un moment, sa réflexion s'oriente différemment, voire qu'elle passe à tout autre chose. Alors, elle se posera peut-être des questions auxquelles elle commencera à répondre. Pour que sa compagne en arrive là, un homme doit pouvoir lutter contre sa propre frustration. Une façon d'y parvenir est de se remémorer que tout comme il a besoin de ressasser mentalement ses problèmes, elle a besoin de les verbaliser pour y voir clair. Et que si elle se sent submergée par ses soucis, le seul fait d'avoir la possibilité de les exprimer suffira parfois à ce qu'elle aille mieux. Il se peut même qu'au final, elle réalise qu'il n'y a pas vraiment de problème... Mais la dernière chose qu'une femme bouleversée ait besoin d'entendre à ce moment-là de la part de son conjoint, c'est qu'elle s'emporte pour rien. Il existe deux autres erreurs majeures en la circonstance : vouloir fournir une kyrielle de solutions à tout ce qu'elle déclare ou l'interrompre en lui disant : « C'est bon, j'ai compris » alors qu'elle n'a pas fini de parler. Ces derniers mots résonneront à coup sûr en elle comme : « Tu peux te taire, j'en ai assez entendu. »

Une femme peut elle aussi tomber dans ce travers en interprétant abusivement le schéma comportemental de son partenaire, généralement de manière négative.

Par exemple, quand il est silencieux, elle suppose qu'il se désintéresse de ce qui se passe. Quand il est un peu ailleurs, elle imagine qu'il n'est pas amoureux. Quand il est en retard, elle se dit qu'elle ne compte plus pour lui. Quand il oublie de faire certaines choses, c'est qu'il se venge ; quand il s'isole, c'est qu'il l'abandonne... Tout ceci est dû au fait qu'elle n'est pas un homme et qu'elle ne dispose pas d'éléments de référence personnels lui permettant de comprendre comment il fonctionne. De ce fait, elle finit par douter de l'amour qu'il lui porte. Pour se sortir de ce piège, il faudra qu'elle s'attache à découvrir les véritables raisons du comportement de son conjoint. Pour ce faire, elle pourra tenter de lui exprimer ses craintes sans l'accabler mais au contraire en lui demandant de la rassurer. Dans les chapitres à venir, nous examinerons différentes manières de s'y prendre pour obtenir efficacement ce type de soutien.

Il est essentiel d'instaurer de nouvelles formes de communication qui prennent en compte nos différences. Tout comme les femmes n'aiment particulièrement pas qu'on les interrompe, les hommes détestent avoir l'impression qu'on doute d'eux. Quand une femme est face à un homme qui lui coupe sans arrêt la parole ou qui se montre impatient, elle finit par se murer dans le silence et hésitera ultérieurement à lui communiquer son ressenti. L'amour qui l'habitait précédemment se transformera en incertitude ou en méfiance. Et l'homme qui constate que sa partenaire ne lui fait plus confiance aura tendance à se comporter de façon encore plus déroutante ! Si on le condamne pour un crime qu'il n'a pas commis, il pourra par exemple faire ce dont on l'accuse simplement pour se venger. Si sa femme lui reproche de ne pas être attentionné alors qu'il estime le contraire – de son point de vue masculin – il se peut tout à fait qu'il devienne froid et distant. Comme vous le constatez, on entre ainsi dans une spirale négative qui s'alimente d'elle-même ! Car moins il fera preuve de considération, moins elle lui accordera sa confiance. La bonne nouvelle, c'est qu'il est toutefois possible de briser ce cercle vicieux en augmentant nos capacités de compréhension dans le respect, la confiance et la compassion.

Il arrive aussi fréquemment que les femmes attendent de leur compagnon qu'il sache intuitivement ce qu'elles veulent et qu'il anticipe leurs besoins, ce qui est hautement irréaliste et mène à coup sûr à la déception. De leur côté, les hommes voudraient que leur femme soit persuadée de l'amour qu'ils lui portent en s'attardant simplement sur ce qu'ils font pour elle. C'est cependant insuffisant : une femme a besoin de régulièrement s'entendre dire qu'elle est aimée, qu'on lui répète qu'elle est exceptionnelle. Et d'une manière similaire, les hommes ont besoin que leur compagne leur rappelle périodiquement quels sont leurs besoins, leurs souhaits et leurs désirs.

L'ÉTROITESSE D'ESPRIT AU MASCULIN

La conscience ciblée des hommes les rend incroyablement déterminés et efficaces mais elle les prédispose à oublier les autres et tout ce qui n'est pas directement relié à leur but principal. En conséquence, quand un homme se focalise sur un problème, il est possible qu'il ne remarque pas des signes inquiétants au sein de son environnement familial, amical ou même sur le plan de sa santé. Il finit par oublier qu'il a mal tout comme il ignore que les autres souffrent. Inconsciemment, il nie l'importance de tout ce qui est sans lien avec l'objectif qu'il s'est fixé. Si par exemple sa femme ou ses enfants sont énervés et ont de la peine, il se dira qu'ils ne devraient pas se mettre dans cet état. Ce genre de réaction – caractérisée par le déni ou la volonté de minimiser ce que vivent les autres – affecte douloureusement ceux qui en sont la cible et nuit considérablement à la relation de couple. Il en découle également qu'un homme tombe facilement malade quand il a finalisé un projet important, ou encore au début de ses vacances : auparavant absorbé par son unique préoccupation, il s'est montré si négligent envers sa santé que son corps a fini par tomber malade pour se rappeler à lui. Il est aussi possible qu'il sombre dans la déprime car il n'aura pas su créer autour de lui le soutien affectif dont il aurait eu besoin. Un homme peut encore se confronter rudement à sa misère émotionnelle s'il échoue dans la tâche qu'il s'était fixée, ou s'il abandonne en cours de route. D'ailleurs, d'un point de vue statistique, une majorité d'hommes meurt dans les trois ans qui suivent la retraite : ils se sont épuisés sans même s'en rendre compte. Alors, leur travail accompli, ils se retrouvent face à leurs dettes : celles qu'ils ont accumulées vis-à-vis de leur corps et de leurs proches.

La solution n'est pas de se trouver un autre travail dans lequel s'enterrer, ni de fuir la réalité en se perdant dans des paradis artificiels. L'homme en peine, sur le plan physique et émotionnel, doit créer des conditions optimales de soutien affectif et redéfinir ses valeurs et ses priorités. Pour vivre, il a besoin d'être utile à quelque chose, de se fixer un nouveau but et une raison d'être ; il lui faut atteindre l'équilibre entre sa vie professionnelle d'un côté et de l'autre, ses besoins affectifs et corporels. L'autre aspect négatif de cette vision étriquée dont souffrent les hommes, c'est qu'ils négligent les besoins de leurs proches, non pas parce qu'ils s'en moquent, mais parce qu'inconsciemment ils ont perdu le contact avec la part d'eux-mêmes qui s'en préoccupe sincèrement. De cette histoire, personne ne ressort gagnant : ni l'homme, ni sa femme, ni leurs enfants. Une fois que ces derniers sont grands, on entend fréquemment les hommes dire : « Je n'ai pas réalisé que le temps passait si vite. J'ai l'impression d'avoir raté quelque chose d'important. » Culpabilité, regrets, tristesse et honte accompagnent souvent ce constat amer.

SI VOTRE CONJOINT EST TOTALEMENT ACCAPARÉ PAR SON TRAVAIL...

Les femmes ont un don inné, une conscience large qui leur permet de ressentir les besoins des autres. Malheureusement, cette faculté peut s'avérer un bienfait mitigé quand leur partenaire se focalise exclusivement sur son activité professionnelle. Alors que ce dernier est persuadé que tout va pour le mieux dans son couple, elle se retrouve submergée par tous les problèmes qu'elle perçoit ! Et comme son mari n'en semble pas affecté, elle en déduit à tort qu'il est heureux comme ça. Puisqu'il agit comme si tout allait bien alors qu'elle considère que ce n'est pas le cas, elle imagine que son conjoint doit la trouver trop exigeante ou alors, qu'il se désintéresse de leurs problèmes et ne fera jamais rien pour y remédier. Cette perception fine et intuitive des difficultés du couple devient réellement pesante quand ses craintes ne sont ni entendues ni prises au sérieux par son partenaire. Quand il nie le bien-fondé de ses besoins et de ses intuitions, elle a tout à coup le sentiment que l'ensemble de l'édifice familial repose sur ses frêles épaules ; elle se sent seule et abandonnée. Il n'est donc pas surprenant que les femmes s'énervent de voir leur compagnon se comporter comme si de rien n'était !

En comprenant que son compagnon voit parfois aussi mal ce qui l'entoure qu'un cheval qui porte des œillères, une femme peut en conclure plus justement qu'il a l'air satisfait parce qu'il n'est pas conscient des problèmes. Elle peut dès lors se dire que s'il se rendait compte de ce qui se passe, lui aussi en serait remué et qu'il serait bien plus motivé pour améliorer les choses.

Pour qu'une relation de couple soit harmonieuse, les deux partenaires partagent une même responsabilité mais quoi qu'il en soit, leurs rôles diffèrent. Une femme sera spontanément plus consciente des perturbations qui se présentent. Dans ces cas-là, elle doit se rappeler la propension des hommes à se laisser dévorer par leur travail. Elle n'espérera pas que son compagnon sache qu'elle est insatisfaite sans qu'elle ne le lui ait dit, d'autant que lui-même n'a bien souvent même plus conscience de ses propres besoins. Pour renforcer leur union, une femme doit prendre en considération cette vulnérabilité masculine, mais aussi garder à l'esprit qu'une bonne communication est indispensable et qu'elle doit persister à formuler explicitement ce dont elle a besoin. Il faut qu'elle soit disposée à demander de l'aide, et qu'elle sollicite son conjoint en ce sens aussi longtemps que nécessaire. C'est probablement ce qui est le moins évident pour les femmes et qui détériore très facilement le lien qui les unit à leur partenaire : elles n'aiment pas avoir à réclamer assistance, elles aimeraient que leur compagnon devine leurs besoins et qu'il se fasse un devoir d'y répondre. Elles sont trompées par un mythe persistant, celui qui veut que si un homme aime profondément une femme, il n'a pas besoin qu'on lui dise quoi faire. Or, développer ce genre d'attentes est un élément destructeur pour le couple... C'est même parfois encore plus complexe, car malgré une communication soignée, il arrive qu'un homme cherche en premier lieu à minimiser l'importance de ce que sa compagne lui dit ! Cette résistance ne provient pas d'un manque d'intérêt : il a du mal à faire preuve d'empathie parce qu'en se concentrant sur la seule chose qui l'obsède, il s'est coupé de sa sphère émotionnelle. Or, quand une femme se persuade du désintérêt de son mari, elle cesse généralement de lui communiquer ses besoins comme ceux du reste de la famille. Elle ne lui demande plus aucune aide alors que c'est justement ce qui serait essentiel pour qu'il commence à ouvrir son champ de perception. Si elle parvient à comprendre ce schéma comportemental masculin, elle pourra alors accepter que son conjoint ait besoin qu'elle fasse preuve d'une délicate insistance.

Que je souligne cette part de responsabilité des femmes ne doit pas être mal interprété : elles se montrent généralement déjà bien trop responsables du ressenti d'autrui et là où les hommes font facilement preuve de négligence, elles s'imposent souvent de tout assumer, allant jusqu'à mettre de côté leurs propres besoins. Je ne soutiens pas davantage que les femmes devraient porter la responsabilité du bien-être du couple en veillant à ce que tout le monde soit satisfait. J'insiste par contre sur le fait qu'il leur appartient de persister à communiquer leurs besoins, en s'évertuant à le faire sans jeter la pierre à leur conjoint. Par exemple, elles ne doivent pas hésiter à lui répéter à quel point les moments qu'elles passent en sa compagnie leur sont chers. Bien entendu, ce n'est pas évident pour elles si une petite voix leur souffle que s'il s'intéressait un tantinet à elles, elles n'auraient pas besoin d'implorer qu'il soit davantage présent. La vérité, c'est que *s'il était une femme*, elles n'auraient pas besoin de le faire. En apprenant à solliciter la participation de leur compagnon sans nourrir de ressentiment à son égard, les femmes l'aideront à renouer le contact avec elles, à reprendre conscience des besoins émotionnels du couple et à se souvenir du bien-être qu'il éprouve quand il donne et reçoit de l'amour. La plus grosse erreur que commettent les femmes, c'est de taire leurs frustrations et de ne plus compter que sur elles-mêmes. Sur le court terme, c'est envisageable sans trop de heurts, mais à plus long terme, cette réaction compromet la communication et la compréhension mutuelle nécessaires à l'harmonie du couple. Elles finissent par se laisser dévorer par un besoin compulsif de tout prendre en charge parce qu'elles croient que leur mari ne se sent pas concerné. Or, c'est généralement faux...

Si en revanche une femme continue à solliciter verbalement son conjoint, elle peut lui permettre de réaliser à quel point sa perception étroite du monde peut le rendre aveugle aux problèmes du couple. C'est un peu comme si on lui avait jeté un sort et qu'il ait besoin, pour s'en libérer, de parvenir à *percevoir* les besoins des autres. S'il n'est pas rejeté pour ce point faible, s'il se sent au contraire toujours estimé, digne de confiance et qu'on s'adresse à lui de manière positive, alors il pourra reprendre contact avec son Moi-aimant et recouvrer ses facultés d'empathie. C'est la communication bienveillante qui vaincra le sortilège !

Une véritable métamorphose est possible pour votre couple. Elle nécessite de s'accepter et de se comprendre mutuellement en faisant preuve d'amour. C'est dans cette voie que nous pouvons révéler l'être tendre et attentionné qui est en chacun de nous.

ÊTRE RESPONSABLE AU MASCULIN

Pour qu'un homme puisse profiter de relations harmonieuses avec sa compagne, il doit revoir ses attentes. Plutôt que d'estimer que sa journée de travail est finie quand il rentre chez lui, il doit comprendre qu'entretenir sa relation de couple est aussi un travail et qu'il exige de s'y investir à long terme car il y aura toujours des obstacles à surmonter pour qu'une union reste empreinte d'amour. Bien souvent en effet, les hommes se disent qu'une fois installés en couple, ils ont achevé la tâche qui leur incombait sur le plan relationnel ; pour eux, c'est une affaire réglée. Alors qu'en réalité, c'est à ce moment-là que le travail commence...

La plus grande responsabilité d'un homme est d'apprendre à gérer sa tendance à se focaliser excessivement sur un centre d'intérêt. Il lui incombe également de s'attacher à être attentionné et respectueux envers sa partenaire, sans oublier de faire preuve de compréhension vis-à-vis de ses besoins et de ses ressentis. Il veillera aussi à ne pas négliger sa propre identité masculine, à conserver une bonne perception de lui-même.

ÊTRE RESPONSABLE AU FÉMININ

Même si une femme a davantage conscience des problèmes qui affectent le couple, cela ne fait pas d'elle l'unique responsable de leur résolution. Par contre, elle porte la responsabilité de la satisfaction de ses propres besoins, et ceci, de deux manières précises. D'abord, il lui appartient de communiquer clairement à son compagnon ce qu'elle désire, sans éprouver de rancœur à son égard. Ensuite, elle doit trouver de multiples façons de combler ses besoins : il ne faut pas qu'elle accuse son mari d'être responsable de son malaise, ni considérer qu'il doit être sa seule source de contentement.

Prenons le cas d'une femme qui tente d'améliorer sa vie de couple en se montrant généreuse, tout en espérant qu'on le lui rendra dans la même mesure. Elle prend la responsabilité du plaisir qu'elle offre à son compagnon, mais elle s'ignore aussi jusqu'à ce qu'il soit trop tard... Or, en faisant l'impasse sur ses propres besoins, elle empêche son partenaire d'être en mesure de la soutenir... Eh oui, les hommes ont envie d'intervenir quand ils se sentent utiles, appréciés et qu'ils ont le sentiment qu'on leur fait confiance. De ce fait, ils ont tendance à fuir une femme qui leur donne l'impression qu'ils sont incapables de la contenter ; et le signe qui leur indique qu'ils n'auraient pas été à la hauteur, c'est la rancœur affichée par leur compagne !

Pourtant, les femmes ont – de manière très caractéristique – la fâcheuse habitude de taire leurs besoins, au point que de leur sacrifice naisse immanquablement de l'amertume. Dès lors, peu importe la façon dont elles vont exprimer leur manque, leur conjoint trouvera qu'elles sont toujours en train de chipoter, de se plaindre, de râler, d'accuser et d'être centrées sur elles-mêmes en exigeant tout d'eux. À ce stade, la résistance d'un homme vis-à-vis de son implication dans l'équilibre du couple a tendance à se renforcer. Il lui est très difficile de réagir positivement face à la rancune ou à une tentative de culpabilisation. Pour enrichir leur relation, la plus grande responsabilité des femmes repose sur leur engagement à verbaliser leurs émotions, pensées et besoins sans secrètement nourrir du ressenti envers leur conjoint, mais en adoptant au contraire une attitude pleine d'amour, de tolérance, de confiance et de reconnaissance. Elles doivent absolument – j'insiste – trouver divers moyens d'être heureuses et ne pas exiger de leur partenaire qu'il soit l'unique responsable de leur épanouissement. En profitant pleinement de l'affection et du soutien de sa famille et de ses amis, une femme sera moins dépendante de son mari, aura moins besoin qu'il la réconforte et pourra plus facilement accepter qu'il puisse parfois se montrer défaillant.

La plupart du temps, une fois qu'ils sont en couple, les hommes s'attendent à ce qu'il n'y ait plus de problèmes et les femmes espèrent que leurs besoins soient comblés sans qu'elles n'aient à le demander encore et encore. Si on abandonne ces mauvaises suppositions, la communication devient meilleure. L'homme devient plus attentif aux problèmes du couple et la femme parvient à lui exprimer ses besoins de manière à être soutenue. Au final, les responsabilités conjugales sont plus équitablement partagées, tout comme les joies d'ailleurs !

PRENDRE DES DÉCISIONS

Si les hommes ont parfois tendance à faire preuve d'une détermination démesurée, il arrive que les femmes aient du mal à savoir ce qu'elles veulent. Ce manque d'équilibre aura un impact considérable sur la manière dont ils vont opérer des choix. Une femme ouverte à un trop grand nombre de possibilités sera incapable d'opter pour l'une d'elles. Imaginons qu'elle souhaite offrir le cadeau d'anniversaire idéal pour son conjoint. Elle pourra faire les boutiques pendant plusieurs jours et voir tant de choses intéressantes qu'elle aura du mal à arrêter son choix. Ce type de comportement est généralement incompréhensible pour un homme. Dans la même situation, il se donnera comme priorité d'acheter un cadeau et de le faire rapidement, quitte à passer à côté d'un présent plus adapté parce qu'il n'aura pas pris le temps d'envisager plusieurs options.

Comme les femmes manifestent un grand intérêt pour tout ce qui touche au relationnel, elles ont tendance à impliquer les autres dans leur prise de décision. Avant de trancher, elles en parlent largement – y compris avec toutes les personnes qui seront concernées – pour que finalement leur choix soit le fruit d'une concertation. À l'opposé, les hommes ont plutôt tendance à décider par eux-mêmes, en se disant qu'ils changeront éventuellement d'avis en tenant compte de ce que les autres en penseront. En premier lieu, ils se retirent dans leur caverne. Là, ils prennent leur décision. Ensuite, ils l'exposent. Si l'option est rejetée, ils reviennent à la case départ et répètent l'opération. Tant qu'on n'accepte pas ces différences dans l'art de la prise de décision, il est inévitable que de nombreux conflits jaillissent, accompagnés de désarroi et de rancœur.

Quand un homme prend une décision sans consulter sa femme, elle se sent exclue, non respectée et pense qu'on fait peu de cas de son avis. En réalité, son compagnon ne sait pas qu'elle souhaite être impliquée. Il se dit que si c'était le cas, elle le dirait... Il n'a pas conscience de son besoin d'être *invitée* à s'exprimer sur la question pour *être associée* à la prise de décision. Et pour corser encore les choses, elle ne donnera pas son avis sur ce qu'il a décidé, car elle suppose qu'il l'a volontairement mise à l'écart et que sa conclusion est sans appel. Elle ne comprend pas qu'il s'est évertué à chercher la meilleure solution par ses propres moyens et qu'il veut désormais savoir ce qu'elle en pense. Ce genre d'attitude est très perturbant pour une femme, parce qu'à l'inverse, elle s'emploiera à consulter différents avis avant de prendre une décision… qui sera bien plus ferme que celle qu'a arrêtée son mari !

Par exemple, un homme dit à sa femme : « Je crois qu'on va prendre une dizaine de jours de vacances en juin, histoire de s'amuser un peu. Le camping, c'est sûrement un bon choix. » En entendant cela, sa compagne est sidérée ! Et son avis à elle, qu'en fait-il ? Dire qu'il ne lui est même pas venu à l'esprit de lui demander si elle avait envie de vacances et, le cas échéant, quand et où elle aimerait les passer… Quant à lui, il se dit que si l'idée lui déplaît, elle va forcément le dire. Alors, puisqu'elle se tait, il en déduit que ça lui convient. Cependant, de son côté, sa femme ne s'est pas encore tout à fait remise du choc de l'annonce : comment son conjoint a-t-il pu se montrer aussi égoïste et prendre pareille décision sans même la consulter ? Pour elle, c'est comme s'il lui avait dit : « Nous prendrons dix jours de vacances au mois de juin et nous les passerons au camping. Il est inutile de discuter, je me moque bien de ce que tu en penses et ma décision est irrévocable. » Notez bien que ce n'est absolument pas ce que cet homme a laissé entendre, mais c'est ainsi que cela résonne en langage féminin… Sur le plan émotionnel, cette Vénusienne réagit comme si son Martien de mari l'avait intentionnellement mise à l'écart, alors qu'il était sincèrement ouvert à ses remarques et suggestions.

Certaines femmes parviennent à comprendre qu'un homme puisse s'exprimer ainsi ; elles savent pertinemment qu'il est prêt à revoir son point de vue en fonction du leur. Néanmoins, la plupart des femmes n'ont pas conscience de cette différence. Alors, soit elles nourrissent de l'amertume, soit elles sont effrayées. Si l'homme devient l'objet de ressentiment, s'il a l'impression qu'on ne lui fait pas confiance, il va devenir inflexible. Si au contraire il sent qu'on estime ses capacités de décision, il sera ouvert à toute alternative. Malheureusement, les femmes ont rarement l'opportunité d'apprécier cette facette de leur conjoint : habituellement, dans ce genre de situation, elles sont immédiatement persuadées qu'elles doivent batailler pour se faire entendre. Or, dès qu'elles se mettent à engager les hostilités, l'ouverture d'esprit de leur compagnon se mue en rigidité par souci d'autoprotection.

D'un autre côté, les hommes ont beaucoup de mal à adhérer au mode décisionnel plus démocratique des femmes ; il leur semble trop long et ennuyeux. Une femme a en effet tendance à vouloir faire le tour de la question en posant de multiples questions avant de tirer sa conclusion. Bien souvent, l'homme se dit qu'elle fait semblant de ne pas savoir où elle veut en venir alors qu'en réalité, elle a juste besoin de faire le tour des possibilités et des différents points de vue avant de trancher. Il peut même parfois devenir carrément furieux parce qu'il a le sentiment d'être obligé de subir le manque de discernement de sa compagne. Prenons l'exemple de Joe qui s'adresse à sa femme en lui disant : « Je crois que ce serait une bonne idée d'aller camper cet été. » Martha lui répond : « Hum, je ne sais pas. Je n'ai pas encore pris le temps de penser aux vacances... » Le fait qu'elle affirme *ne pas savoir* exprime un potentiel de créativité. Par cette constatation, Martha devient capable de se connecter à ses intuitions tout en restant ouverte aux éléments extérieurs. En s'affranchissant des limites de sa rationalité, elle peut laisser ses émotions parler. Quant à Joe, il interprète les propos de sa femme comme un rejet de sa proposition. Déçu, il pense : « Je déteste quand elle met un terme à la discussion de cette manière. Il va encore falloir que je patiente pour avoir son avis. Si elle ne veut pas y aller, pourquoi ne le dit-elle pas tout de suite ? C'est une véritable manipulatrice ! » Pour remédier au malaise de son mari, Martha pourrait lui dire : « Oui, je trouve que c'est une idée intéressante, mais j'ai besoin d'y réfléchir un peu. J'apprécierais vraiment que tu m'accordes un temps de réflexion » ou : « Ta suggestion me plaît bien... Si nous en parlions aux enfants pour savoir si ça leur ferait plaisir ? » ou encore : « On n'a pas campé depuis de si nombreuses années, quelle bonne idée ! Avant qu'on arrête notre choix, tu peux me laisser deux-trois jours pour y penser ? » Ce type de réponses peut aider un homme à faire preuve de patience. Il facilitera l'existence de sa compagne en respectant le fait qu'elle puisse avoir besoin de plus de temps que lui avant d'effectuer un choix.

SEXE *OR NOT* SEXE ?

La sexualité est un domaine où le processus de prise de décision a une considérable importance. En général, un homme sait parfaitement quand il est disposé à faire l'amour. De son côté, même si la femme est tout aussi ouverte à cette rencontre, elle aime généralement attendre d'être *certaine* de le vouloir. C'est une chose qui échappe à l'entendement des hommes : eux, quand ils sont d'humeur à avoir un rapport sexuel, ils en ont simultanément envie ! Quand un homme demande à sa femme si elle a envie de lui et qu'elle lui dit qu'elle ne sait pas, il prend cette réponse pour un *non*. Alors qu'il est persuadé d'être rejeté, elle est en train de se mettre en condition... Même si le moment s'y prête bien, elle a besoin d'une légère temporisation pour laisser son désir émerger et s'affirmer. Prenons l'exemple de Bill qui dit à Mary : « J'ai très envie de toi, là... Ça te dit que la soirée devienne très coquine ? » À ces mots, sa femme se trouble et l'émoi commence à faire son œuvre... Elle répond : « Peut-être... » En son for intérieur, ses émotions variées se manifestent sous plusieurs facettes : « Hum, ça me tente bien... Bon, il est vrai que je suis fatiguée et que j'ai encore des coups de fil à passer... Est-ce que j'ai suffisamment d'énergie pour des galipettes ? Pour des câlins, oui... En même temps, c'est un amant du tonnerre... Une part de moi aimerait bien faire l'amour. En fait, j'adorerais ça... » Pourtant, quand Bill l'entend lui répondre qu'elle ne sait pas si elle en a envie, il l'interprète comme un refus ! Blessé et sur la défensive, il déclare : « Bon, oublions ça ! Ce n'est apparemment pas le bon moment... » Intérieurement, il fulmine :

« Je ne supporte pas qu'elle me repousse comme ça ! Si elle n'a pas envie de moi, qu'elle le dise franchement ! C'est bien la dernière fois que je lui fais des avances ! Tant pis, je me ferai du bien tout seul... » S'il avait su que les hommes et les femmes ne fonctionnent pas de la même façon sur ce plan, il aurait pu remédier au problème en disant : « Est-ce que par hasard, la Mary polissonne que je connais en aurait un tout petit peu envie, hein ? », ce à quoi elle aurait pu répondre : « Mary la polissonne est partante mais un peu fatiguée. Il faut que j'attende un moment pour savoir si elle va te faire le grand jeu ce soir. C'est pas sûr... Mais peut-être que oui... » Si Mary avait su ce que « Peut-être » signifie pour un homme quand il fait ce genre de proposition, elle aurait pu lui répondre : « J'adore quand on fait l'amour... Laisse-moi juste deux minutes pour que je sois sûre que mon désir ait une chance de vaincre ma fatigue. » Après avoir prononcé ces paroles, toujours évasives mais cependant courtoises, elle aura besoin d'être rassurée par son compagnon, qu'elle le sente disposé à attendre et qu'il persiste délicatement à se montrer intéressé... Il pourrait lui dire : « Eh bien, prenons les choses comme elles viennent » ou : « Que Mary la polissonne prenne tout le temps qu'il lui faudra ; je l'attendrai » ou encore : « Aucun souci, viens donc dans mes bras ; on va déjà faire un câlin. Peut-être que lorsque tu seras tout contre moi, tu ne pourras plus lutter contre ton désir... » et peut-être même : « Est-ce que tu as envie qu'on parle de quelque chose en attendant ? » Quand il s'agit de sexe, comme de bien d'autres choses, il faut que les hommes comprennent que dans la bouche de leur femme, « Je ne sais pas » ne signifie pas « non ».

SE FORGER SES OPINIONS

Quand il s'agit d'élaborer des convictions personnelles, il en va de même que pour la prise de décision : les hommes et les femmes diffèrent. Le comprendre permet d'éviter bien des conflits !

En général, une femme aura besoin d'un peu plus de temps. Elle voudra au préalable considérer plusieurs points de vue et recueillir suffisamment d'informations. Même quand elle exprime ses opinions, une femme reste habituellement ouverte sur la question ; elle prête attention à ce que pensent les autres et n'affirme pas avoir forcément raison. Lorsqu'elle est équilibrée, une femme possède la grâce et la souplesse qui lui permettent de fréquenter sans problèmes des gens ayant des convictions différentes des siennes. Elle le traduit dans sa façon de parler : « Il me semble, j'ai l'impression, il se pourrait... » Le choix de ce mode d'expression met en exergue le fait qu'elle est susceptible d'accorder de la valeur à un raisonnement différent du sien et d'accepter les arguments des autres si elle les trouve justifiés.

Un homme procède à l'inverse. Il se forge une opinion très rapidement sur la base de son expérience. Ensuite, il la met à l'épreuve en la formulant *comme si* c'était une certitude. En fonction des réactions de son l'entourage, il va éventuellement réévaluer son exactitude. Si les autres sont d'accord avec lui, il assoira son jugement. Dans le cas contraire, il mesurera le poids de leurs arguments face aux siens et changera peut-être de point de vue. Or, quand une femme entend un homme donner son avis, elle réagit souvent négativement parce qu'elle est persuadée qu'il est définitif. Elle croit que cet homme est sûr d'avoir raison et qu'il considère que ceux qui ne pensent pas comme lui sont fous, irrationnels ou stupides. Comme ses propres opinions sont le fruit d'un examen prudent et attentif, elle pourra se sentir offensée lorsqu'un homme émet des conclusions hâtives, voire même avoir peur de son comportement. À ses yeux, il sera obtus, arrogant et incapable d'écouter les autres. Toutefois, celui qu'elle condamne est bien souvent disposé à revoir son jugement. Il n'apparaît inflexible que parce qu'il procède différemment pour former ses convictions ; et s'il est rapide pour se faire une idée, il peut en changer tout aussi vite si les informations qu'on lui livre le poussent en ce sens ! Bien qu'il n'ait encore aucune certitude définitive, c'est hélas ainsi qu'il sera perçu par une femme.

Voyons cela avec Bill, qui affirme avec détermination : « Nos enfants sont trop gâtés. » Atterrée, Mary lui rétorque : « Absolument pas ! Je n'arrive pas à croire que tu puisses dire une chose pareille ! » Ils se dirigent tous deux vers le conflit... Mary suppose que Bill n'est pas intéressé par un avis contradictoire lui permettant de changer d'opinion. Elle le juge donc rigide, borné et égocentrique et n'envisage pas du tout d'engager une conversation avec un homme qui exprime un point de vue aussi arrêté. Elle se dit que si elle veut une chance d'être entendue, *partager* ses émotions sera inutile ; elle s'imposera donc la redoutable mission de le *convaincre*.

Puisqu'elle ne possède pas la connaissance des mécanismes de pensée masculine, Mary interprète mal la remarque de Bill. Et comme elle redoute de devoir l'affronter pour faire valoir son avis, elle se met sur la défensive et c'est elle qui a désormais les idées bien arrêtées… De cette attitude agressive, il découle que Bill entre en opposition avec sa femme et qu'il devient totalement imperméable à ce qu'elle pense. Les craintes de Mary se sont transformées en prophétie auto-réalisatrice… Si, en revanche, Bill avait adressé les mêmes paroles à son ami Tom, ce dernier lui aurait probablement dit : « Je vois ce que tu veux dire, c'était très différent quand nous étions jeunes. Mais je ne crois pas qu'ils soient trop gâtés, je crois juste qu'ils s'affirment davantage. À mon avis, tout devrait aller bien pour eux sur le long terme. » Tom aurait intuitivement su que Bill était ouvert à son avis. Du coup, il aurait pu dire ce qu'il pensait sans se montrer agressif ; il n'aurait pas ressenti le besoin de défendre son opinion en dépréciant celle de son ami. Il se serait senti en confiance, aurait su qu'il pouvait exprimer un avis différent et que Bill évaluerait les mérites de chaque raisonnement pour éventuellement revoir le sien. Si Mary avait eu cette même compréhension, elle aurait pu se positionner différemment, sur un mode non-défensif. Elle aurait pu lui répondre : « Les petits nous demandent beaucoup de choses, c'est certain. Mais je ne pense pas qu'ils soient pourris-gâtés. Ils sont par exemple très sérieux pour faire leurs devoirs. Ils sont juste différents des enfants de notre génération. » Ici, elle énonce simplement son point de vue dans un contexte rassurant. Au lieu de se disputer, le couple discute…

En comprenant mieux nos modes de fonctionnement respectifs, il nous est possible de les respecter tout en les faisant cohabiter ensemble. Qu'il s'agisse de se faire une opinion ou de prendre une décision, les hommes et les femmes pleinement équilibrés savent à quel point le partage des pensées et des ressentis est précieux et productif. Ils accordent tout autant de valeur à l'introspection et à l'importance d'analyser soi-même un problème avant de le soumettre à autrui. Si on souhaite sincèrement éviter les conflits, il faut être déterminé à faire preuve d'ouverture et de respect vis-à-vis de la manière dont raisonne notre partenaire. Ces différents styles de perception ne modèlent pas uniquement nos façons de penser, ils affectent aussi notre façon de vivre notre sexualité. Prenons quelques exemples pour voir comment ces consciences ciblée et large s'expriment à travers les besoins sexuels et les expériences érotiques des hommes et des femmes.

EXPRESSION SEXUELLE

Lors d'un rapport sexuel, les hommes ont tendance à bouder les préliminaires pour se focaliser sur ce qui va les mener à l'orgasme alors que les femmes aiment prendre le temps de savourer les plaisirs qui précèdent la pénétration vaginale. Sur le plan statistique, s'il suffit généralement de 2 ou 3 minutes de stimulation génitale pour qu'un homme éjacule, une femme a, en moyenne, besoin de 18 minutes pour jouir. C'est stupéfiant : elle a, en moyenne, besoin de 6 fois plus de temps pour atteindre l'orgasme ! Un homme qui ignore ceci peut imaginer à tort que sa partenaire ne prend pas autant de plaisir que lui à faire l'amour. Plus important, s'il ne sait pas qu'elle a aussi potentiellement besoin de 6 fois plus de préliminaires, il ne sera pas empressé de les lui offrir. Sans ces jeux, il est probable qu'elle trouve les ébats amoureux moins agréables. Quand une femme n'est pas comblée sur ce plan, le sexe cesse d'être amusant et énergisant pour elle et il devient compliqué et lassant pour chacun. Du fait de sa conscience large, une femme a besoin de se détendre et de s'ouvrir suffisamment afin de prendre du plaisir, et cela nécessite du temps. Si une femme n'a pas connaissance de cette réalité, il se peut tout à fait qu'elle considère que quelque chose ne va pas chez elle. Elle peut même se croire frigide ou incapable d'être excitée alors qu'il lui manque simplement les préliminaires qui vont lui permettre d'être détendue. Comme il lui faut plus de temps pour être intensément excitée, il est fréquent qu'elle simule pour que son compagnon se sente valorisé ou pour éviter qu'il pense qu'elle n'est pas à la hauteur. Ceci induit un cercle vicieux. Quand une femme a l'air satisfaite sans que les préliminaires n'aient été soignés, son partenaire reçoit un message faussé : il croit que ce qu'il fait fonctionne bien et il ne changera donc pas sa façon d'agir. Pire, plutôt que de gratifier sa compagne de préliminaires supplémentaires, il pourra même avoir tendance à lui en donner moins ! C'est certainement un sujet délicat à aborder, mais si une femme simule ou exagère son plaisir, elle se met elle-même en situation de ne pas obtenir ce dont elle a besoin.

ATTEINDRE SA DESTINATION *VERSUS* APPRÉCIER LE VOYAGE

Quand une femme a vécu une journée éprouvante, il lui est plus difficile de se relaxer suffisamment pour parvenir à l'orgasme. Dans ces moments-là, ce dont elle a besoin, c'est d'être entourée de tendresse et d'affection, que son compagnon la prenne dans ses bras, d'une intime étreinte. Et, se sentant soutenue et aimée sans qu'il n'y ait de connotation sexuelle dans ces gestes, elle pourra juste se détendre et apprécier qu'on ne réclame rien d'elle. Cela lui procure des sensations euphorisantes, qu'on pourrait rapprocher de celles que ressentent les hommes après un orgasme. Il est essentiel de comprendre ce besoin féminin. Si tel n'est pas le cas, un homme ne prendra pas le temps d'apporter ce type de soutien affectueux à sa partenaire. Les hommes n'imaginent pas à quel point cette approche non-sexuelle et ce toucher affectif qui n'est pas motivé pour obtenir quelque chose en retour sont d'une grande valeur aux yeux des femmes. Le toucher est aussi important pour une femme que le sexe l'est pour un homme. Cela ne signifie en aucun cas que les femmes n'aiment pas le sexe ! Elles l'apprécient autant que les hommes. La différence, c'est que lorsqu'elles sont tendues, elles se défont de leurs tensions par des étreintes et des caresses qui sont désintéressées sur le plan sexuel alors qu'un homme, dans la même situation, ne pensera qu'à une chose : exacerber ses tensions par le biais d'une sexualité focalisée sur l'orgasme.

La conscience large incite à prolonger le plaisir partagé ; la conscience ciblée pousse à atteindre son but le plus efficacement possible. Comme les hommes sont concentrés sur la finalité de l'acte sexuel, les préliminaires peuvent parfois les contrarier. Il est possible qu'une femme ait parfois besoin de plus de 18 minutes de préliminaires pour pouvoir atteindre l'orgasme. Néanmoins, ce dernier n'est pas forcément indispensable pour qu'elle soit satisfaite. Cette expérience non-orgasmique est d'ailleurs très différente de l'idée que les hommes pourraient s'en faire. Il leur semble en effet difficilement concevable qu'une femme puisse être comblée sexuellement sans être passée par la case orgasme. Pour mieux comprendre ce que ressent leur compagne, ils pourraient comparer cette expérience non-orgasmique féminine à ce qu'on appelle familièrement le « p'tit coup vite fait bien fait » : tout comme un homme peut prendre plaisir à ce genre de rodéo qui durera entre 5 et 10 minutes, une femme peut trouver l'ensemble de la chevauchée fantastique. D'un côté, ce qui importe, c'est la destination (l'orgasme), de l'autre, c'est le voyage (le chemin qui mène à l'orgasme). Parvenir à destination (avoir un orgasme) n'est pas essentiel à la jouissance d'une femme tout comme certaines modalités pour y arriver (les préliminaires) ne sont pas fondamentales pour un homme. Évidemment, les femmes adorent avoir des orgasmes ! Mais cependant, en général, ils leur paraissent moins forts si elles n'ont pas pu se délecter de préliminaires. Quelquefois, il leur arrive même de ne pas avoir envie d'un orgasme, parce qu'elles préfèrent savourer la sensualité de l'échange érotique. Tantôt, elles auront elles aussi envie d'aller très vite au but, tantôt elles auront uniquement le désir de s'en rapprocher…

L'expérience sexuelle d'un homme est émaillée de désirs variés. Parfois, il a envie de prendre son temps et se délecte d'émoustiller sa partenaire. Progressivement son corps tout entier se gonfle de plaisir, et quand il atteint l'apogée de sa jouissance, il connaît la joie, la sensualité et l'extase d'un orgasme intégral. Cette expérience globale, signe de maturité sexuelle, n'a rien à voir avec un acte sexuel exécuté à la va-vite où ce qui compte, c'est d'arriver le plus vite possible à l'éjaculation. Bien que cela puisse lui paraître tout à fait satisfaisant, un homme est moins comblé par ce type de pratique que lorsqu'il s'est adonné aux plaisirs langoureux des préliminaires. C'est un peu comme si l'on comparait la restauration rapide à la grande gastronomie : parfois on a envie d'un sandwich, d'autres fois, on préfère flatter son palais avec des mets plus fins.

Il arrive qu'une femme ait uniquement envie d'être câlinée, d'être serrée dans vos bras et caressée, sans que l'orgasme ne représente pour elle d'intérêt particulier. Savoir cela permet aux hommes de ne pas avoir un sentiment d'échec quand leur partenaire ne jouit pas. Ils prennent aussi conscience de l'importance d'accorder à leur femme des moments où ils leur expriment leur tendresse par un contact totalement dépourvu d'intention sexuelle, ce qui est d'une grande importance pour leur compagne. D'une manière similaire, un homme peut ressentir le besoin d'un soulagement rapide et il faut qu'il ait l'opportunité de brûler l'étape des préliminaires de temps à autre. Connaître et comprendre cette particularité masculine permettra à une femme d'être moins exigeante envers elle-même : nul besoin d'offrir les performances d'une déesse du sexe chaque fois qu'elle fait l'amour. Si d'aventure le rapport sexuel est un peu expéditif, elle ne développera aucun ressentiment, parce que régulièrement elle sera entourée de tendresse et qu'à d'autres moments, quand ils se sentiront tous deux plus équilibrés, elle et son partenaire auront une sexualité de fins gourmets...

Notre sexualité est sujette à des fluctuations ; elle évolue par cycles un peu comme la météo ou les phases lunaires. Ces périodes cycliques peuvent être perturbées par le stress du quotidien. Pour qu'un couple ait une vie sexuelle harmonieuse, il est nécessaire de faire preuve d'une grande capacité d'adaptation et d'une totale acceptation de nos différences.

L'ORGANISATION DES PRÉLIMINAIRES

Comme elles sont animées d'une conscience large et en expansion, les femmes sont facilement distraites ou influencées par leur environnement, particulièrement quand il s'agit de satisfaire leurs propres besoins. Quand arrive l'heure de se détendre et de profiter de l'instant présent, il se peut soudainement qu'elles se mettent à penser aux factures impayées, voire même à se demander si la maison est bien protégée des cambrioleurs. Il est essentiel que les hommes comprennent l'importance que revêt l'environnement quand ils vont faire l'amour. La beauté du cadre, des bougies, des odeurs agréables, une lumière tamisée, une musique douce, etc. peuvent tout changer pour une femme ! Pour qu'une femme à la perception particulièrement expansive puisse se relaxer (n'oubliez pas que le stress amplifie cette tendance féminine à l'ouverture du champ de la perception), il est préférable de caresser l'intégralité de son corps avant de s'intéresser aux zones érogènes.

Lorsqu'un homme est fatigué, un rapport sexuel rapide est souvent satisfaisant pour lui. De même, une femme peut ressentir un contentement similaire si on lui prodigue un massage intégral. Par ce toucher qui s'exerce sur tout son corps, elle va pouvoir se recentrer sur elle-même.

Lorsqu'on a compris que les perceptions masculine et féminine sont différentes, on parvient mieux à identifier quelques-unes de nos différences les plus communes. Néanmoins, cela ne préjuge en rien du genre de rapports sexuels que l'on va entretenir. La sexualité est quelque chose d'intime et il n'est pas question ici de déterminer ce qui est convenable ou pas pour tout le monde. Ces explications vont tout au plus vous pousser à explorer les besoins et les préférences de votre partenaire ; vous serez aussi mieux disposé à déceler et à accepter ses différences.

VIVRE DANS L'ATTENTE...

La conscience large permet de repérer à l'avance le potentiel d'une personne ou d'une situation. Cette capacité d'apprécier ce qui pourra advenir est en général une bénédiction mais elle peut s'avérer désastreuse en cas de déséquilibre. Cette perception trop prononcée peut par exemple pousser une femme à tomber amoureuse *du potentiel* d'un homme... Si elle se laisse emporter, elle va réagir aujourd'hui à des choses dont elle pense qu'elles se réaliseront plus tard. Elle pourrait, par exemple, imaginer être heureuse simplement parce qu'elle espère que ses désirs seront comblés dans le futur. Il est absolument certain qu'on peut se réjouir de l'attente d'un événement heureux. Toutefois, ça devient problématique dès lors que cette attente d'un bonheur à venir cache une insatisfaction présente. Il est très compliqué pour ce genre de femme d'avoir l'objectivité nécessaire pour faire le point sur son ressenti au présent, car elle construit un bonheur virtuel en misant sur un avenir incertain. Il existe des femmes qui décident ainsi de vivre avec un homme dont elles n'apprécient pas les manières, tout en se persuadant qu'un jour leur amour le fera changer. Elles imaginent que c'est le partenaire idéal... En examinant son potentiel de tendresse, de soutien et de compréhension, etc., elles ont parfois même l'impression qu'il a déjà développé ces qualités. Elles vivent dans un monde imaginaire et voient ce qu'elles souhaitent plutôt que ce qui est.

Admettons qu'une personne vous offre un chèque d'un million d'euros. Vous en serez probablement très heureux. Le seul souci, c'est qu'il vous faudra attendre un mois avant de l'encaisser. Même s'il vous faut patienter, vous serez toujours excité à l'idée d'empocher autant d'argent. Dans le même ordre d'idées, vivre avec quelqu'un qui semble très prometteur peut parfois nous rendre particulièrement ravis et passionnés, peu importe ce qu'on a réellement au quotidien. Lorsque vous rentrez chez vous avec votre gros chèque en poche, vous avez l'impression d'être un millionnaire ! Si vous possédez une carte de crédit, vous pourriez même commencer à dépenser de l'argent dont vous ne disposez pas encore. Vivre dans le futur, c'est vendre la peau de l'ours avant de l'avoir tué et cela entraîne des déceptions, particulièrement quand on réalise que le chèque est sans provision…

Citons l'exemple d'un couple vivant dans l'attente. Daniel, 32 ans, est écrivain. Il est marié à Susan, 33 ans, secrétaire de direction. Daniel n'a jamais été persuadé de vouloir prendre Susan pour épouse. Il aimait également une autre femme. Cependant, Susan était sûre que c'était l'homme de sa vie. Elle quitta donc l'homme avec lequel elle vivait, et qui jouissait d'une certaine renommée, pour s'unir à Daniel. Elle lui dit : « Je n'ai jamais rencontré quelqu'un d'aussi fabuleux que toi. Je sais que nous sommes faits l'un pour l'autre et je ne peux pas imaginer vivre sans toi. Depuis toi, ma vie est un enchantement permanent. » Le message que Daniel a entendu, c'est qu'il n'aurait pas pu blesser Susan. Sa relation avec elle semblait parfaite. Elle l'acceptait de manière inconditionnelle, elle l'écouterait toujours, ferait toujours son éloge, serait toujours d'accord avec lui et serait toujours aux petits soins pour lui, dans une posture de soumission. Susan, quant à elle, voyait en Daniel le compagnon idéal ; elle était démesurément heureuse ! En lui, elle imaginait celui qui l'aimerait d'une manière dont elle avait toujours rêvé qu'on l'aime. Il était gentil, plein de considération, responsable, créatif, spirituel et aurait certainement du succès un jour… Il avait un potentiel extraordinaire ! Tout le monde l'adorait mais surtout, il avait besoin de son amour… Le problème, c'est que Susan n'aimait pas Daniel. Elle était amoureuse du partenaire idéal qu'il deviendrait si elle parvenait à l'aimer. Par ailleurs, Daniel ne l'aimait pas non plus. Il aimait ce qu'elle lui offrait. Il avait besoin d'amour et il *aimait être aimé*... L'idée que se faisait Susan n'était pas fausse : le potentiel de Daniel était élevé. Il était potentiellement gentil, attentionné, responsable, etc. Nul doute qu'avec un véritable soutien affectif, ces qualités se seraient développées. Ce que Susan n'a pas vu, c'est que ce n'était pas l'homme qu'il lui fallait. Elle a juste fantasmé qu'il pourrait devenir son prince charmant. Elle croyait qu'en étant sa princesse débordante d'amour, il la récompenserait en l'aimant en retour et qu'ils vivraient heureux à jamais. Durant leur relation, elle ne pensait qu'à être la partenaire idéale pendant que Daniel se contentait de profiter de l'affection qu'on lui portait. Elle avait une certaine idée de ce que devait faire une femme aimante et elle se conformait à cette image pour gagner l'amour de son conjoint. En fait, Susan était tellement dévorée par l'envie d'être aimante envers Daniel qu'elle n'a jamais vraiment su qui il était. De son côté, Daniel n'était animé d'aucun réel amour pour Susan. Il appréciait par contre d'être l'objet de toutes ses attentions. Tant qu'elle le couvrait d'amour et de dévotion, il se montrait affectueux mais dès qu'il se sentait maltraité, il s'énervait et devenait froid jusqu'à ce qu'elle vienne s'excuser en lui promettant de faire des efforts pour que cela ne se produise plus... La plupart du temps, Susan avait l'impression de recevoir l'amour dont elle avait besoin. Dans les faits, ce n'était absolument pas le cas. Par exemple, quand elle se mettait à lui parler, il l'ignorait. Elle en était intérieurement blessée mais n'en laissait rien paraître et se convainquait d'aller bien, tant elle était sûre que si elle l'aimait davantage, Daniel changerait d'attitude. Le seul fait d'espérer fébrilement obtenir un jour l'amour sincère de cet homme suffisait à étouffer sa souffrance. Elle ressemblait à cette personne attendant d'empocher son million d'euros et affichait le radieux sourire d'une femme dévouée. Malheureusement, ses sentiments refoulés d'insatisfaction et de tristesse finirent par se révéler au grand jour car ponctuellement, son regard se faisait désapprobateur et plein d'amertume. Au fil du temps, elle a inconsciemment tenté de modeler Daniel à l'image qu'elle avait de lui. Cette tension sous-jacente a permis à de nombreux conflits d'éclater. Même si elle était sûre d'aimer Daniel, au plus profond de lui il se sentait rejeté. Il était la cible de messages contradictoires : elle prétendait ouvertement être heureuse avec lui et clamait qu'ils étaient deux âmes sœurs mais à un stade moins conscient, elle était frustrée et tentait de le contrôler pour faire en sorte qu'il change, pour le rééduquer. De manière très subtile, elle lui laissait entendre ce qu'il devait faire, elle le reprenait, le critiquait constamment, se montrait exigeante et plaintive. Au bout de deux ans de mariage, Daniel s'en désintéressait totalement. Quant à elle, elle était tombée amoureuse de son médecin. C'était lui désormais, l'*homme parfait*, l'objet enthousiaste de toutes ses attentions. Daniel n'a pas accepté qu'elle jette son dévolu sur un autre que lui et ils divorcèrent. Durant sa psychothérapie, il a découvert la différence entre le véritable amour et l'amour conditionnel. Il a compris que ce n'était pas Susan qu'il aimait mais la façon qu'elle avait de le vénérer. Plus tard, il a épousé une femme à laquelle il tenait vraiment et, petit à petit, il a appris à lui porter un amour inconditionnel. Susan a également consulté un thérapeute.

Elle a reconnu sa prédisposition à tomber amoureuse du potentiel d'un homme pour ensuite tenter de remporter son amour. Elle a fini par comprendre qu'en procédant ainsi, elle n'était pas vraiment dans le don mais plutôt dans une posture de rejet. Ce qu'elle croyait propice à une relation harmonieuse était en fait contre-productif.

Lorsqu'une femme vit dans l'attente, il se peut qu'elle ait l'air joyeuse et qu'on pense qu'elle aime profondément son conjoint. Mais il ne faut pas se leurrer, ce sont les qualités potentielles de cet homme qui la fascinent, pas la personne qu'il est. De plus, ce qu'elle ne réalise généralement pas, c'est qu'il ne changera pas tant que le message qu'on lui adresse, c'est que le comportement qu'il adopte rend sa compagne heureuse. D'ailleurs, on pourrait voir un léger paradoxe ici : comme je l'ai précisé précédemment, les hommes ont besoin de se sentir aimés et acceptés tels qu'ils sont pour pouvoir évoluer. Néanmoins, cela ne suffit pas : leur compagne doit leur exprimer clairement ce qu'ils peuvent faire pour répondre à ses besoins. Ceci ne peut exister sans une communication bienveillante et sincère, doublée – du côté de la femme – d'une persistance dans la demande d'aide. C'est dans ce cadre qu'un homme se sentira réellement aimé, accepté et apprécié. Rappelons au passage qu'être aimé pour ce qu'on est n'a rien à voir avec être aimé pour ce que l'on pourrait être…

Aimer quelqu'un ne signifie pas qu'on soit toujours d'accord avec ce qu'il dit ou fait. Une femme peut tout à fait être profondément éprise de son conjoint, l'accepter tel qu'il est, et toutefois ressentir occasionnellement de l'exaspération, de la déception, du souci, de la colère, de la souffrance, de la tristesse et de la peur. Certains jours, elle sera très contente, d'autres moins. Elle pourra d'aventure se sentir très partagée : mi-ravie, mi-furieuse de vivre aux côtés de cet homme. Cependant, si elle est connectée à son ressenti profond, son conjoint sera positivement touché quand il la verra heureuse et reconnaissante, car ce qu'elle exprime sonnera juste. C'est en percevant cette sincérité chez sa compagne qu'il sera motivé à satisfaire ses besoins. Il est impossible à un homme de gagner en maturité et de réaliser son potentiel si la femme avec laquelle il vit n'est pas sincère. Or, quand une femme vit dans l'attente, elle lui ment en se comportant comme si ses désirs étaient comblés. Elle se conduit comme une millionnaire mais chaque jour qui passe voit son bas de laine rétrécir. À un niveau inconscient, elle devient de plus en plus frustrée, énervée et déçue. Elle ne fait que donner l'apparence d'aimer et de respirer le bonheur, mais l'amour qu'elle donne est pesant et sonne faux. Son compagnon reçoit des informations paradoxales : d'un côté, tout semble aller pour le mieux, de l'autre, rien de ce qu'il fait ne semble jamais la satisfaire. Elle passe ses journées à vouloir le rendre meilleur, à tenter de le modeler selon ses désirs. Plus le temps passe, plus il s'efface. Il est incapable de lui répondre avec sincérité parce qu'elle vit dans le mensonge. En réalité, elle dissimule aussi bien ses besoins que la frustration de ne pas les voir satisfaits. Un matin, elle se réveille et prend conscience du sentiment de vide qui caractérise son existence. La douleur devient si vive qu'elle ne peut plus la nier. Elle passe alors de l'euphorie à la dépression… Il n'est pas rare qu'une femme ait l'impression d'être heureuse en mariage pour réaliser dix ans plus tard à quel point c'était un leurre. Alors, elle accuse son mari d'en être responsable parce qu'il n'a pas comblé ses besoins. Si son ressenti lui appartient, son accusation est toutefois injuste. Son compagnon est choqué d'apprendre qu'elle est à ce point malheureuse ! Et quand il lui promet de faire tout ce qui est en son pouvoir pour changer, elle lui répond qu'elle est fatiguée d'essayer d'améliorer sa vie de couple. En réalité, son épuisement découle de dix années d'efforts pour faire croire à son mari que tout était parfait... Elle s'évertuait à se montrer aimante et douce quand intérieurement elle était en colère et accumulait les rancœurs.

Il y a des femmes qui passent de nombreuses années à vivre dans le futur plutôt que dans l'instant présent. Pour d'autres, les cycles sont plus courts et s'enchaînent souvent. Certaines passeront de l'exaltation à la déprime en une semaine, d'autres connaîtront des épisodes dépressifs deux fois par mois, ou une fois en dix ou vingt ans. Plus longtemps la souffrance aura été niée, plus profonde sera la dépression. Si pareille femme est en quête d'une meilleure stabilité émotionnelle, il faut qu'elle ait des opportunités de partage avec son conjoint ou avec des amis intimes. Elle pourra de cette manière exprimer ses sentiments ambivalents et être réconfortée. Il est intéressant de noter que lorsqu'une personne présentant une conscience exagérément large est heureuse, elle a l'impression qu'elle le sera toute sa vie. Les mêmes mécanismes d'amplification du ressenti sont à l'œuvre quand elle est triste : il lui semble que sa vie entière se réduira désormais à l'expression de sa tristesse. Quand on est dans ce cas, il est impératif de comprendre que la réalité n'est pas stagnante ; elle est au contraire en perpétuelle évolution. Pour parvenir à l'équilibre intérieur, il sera très utile de tenir un journal intime et d'y référencer toutes les émotions qu'on éprouve, tout comme peuvent se révéler efficaces des groupes de parole ou une thérapie.

Quand une femme s'aperçoit subitement qu'elle n'a pas obtenu ce qu'elle souhaitait, elle se sent victime. Elle va condamner son mari sans même interroger sa propre responsabilité vis-à-vis des messages contradictoires qu'elle n'a pas cessé de lui envoyer. Sachez qu'il est important pour elle de pouvoir se positionner en tant que victime quand elle est face à la réalité de son malheur. C'est un processus qui, dans un premier temps, s'avère indispensable à la reconquête de son équilibre. C'est par la suite qu'elle pourra effectuer un travail sur elle-même pour prendre conscience de sa part de responsabilité. Il ne s'agit cependant pas d'affirmer que si elle a vécu dans l'attente, toute la faute lui incombe ! Tout comme les femmes se laissent parfois aller à vivre dans le futur, les hommes vivent parfois dans le passé. Ils font quelque chose de gentil pour rendre leur compagne heureuse et quand ça fonctionne, ils espèrent qu'elle restera épanouie pour le restant de ses jours sans qu'ils n'aient plus besoin d'intervenir. Après avoir dit : « Je t'aime », ils estiment souvent qu'ils ont fait ce qu'il fallait pour que l'amour resplendisse au sein de leur couple. Et, bien entendu, ils attendent de leur femme qu'elle sache pertinemment qu'ils l'aiment encore sans qu'ils n'aient besoin de le lui démontrer. Oui, les hommes aussi peuvent vivre dans le déni. Et leur vision étriquée peut même les pousser à perdre de vue leurs propres besoins. Ils peuvent tout à fait être malheureux en ménage et totalement l'ignorer. Ils minimisent aussi les problèmes du couple. Telle l'autruche qui enfouit sa tête dans le sable, l'homme se cache sous des piles de dossiers professionnels à traiter et refuse d'admettre que sa vie affective est en péril. Certains sont tellement absorbés par leur travail qu'ils oublient qu'ils ont besoin d'amour et qu'ils n'en reçoivent pas ! Ils ne voient pas que si leur compte en banque est bien garni, leur vécu émotionnel est devenu inexistant. Et puis, tout comme les femmes, ils peuvent aussi vivre dans le futur. Ah... Quand ils seront riches, quand ils auront enfin réussi... Qu'est-ce qu'ils seront heureux, comme ils seront comblés ! La dure réalité, c'est que bien souvent cette course vers la réussite se solde par des tensions supplémentaires au sein du couple et qu'une fois que le but professionnel est atteint, on est confronté à tous les problèmes qui furent ignorés pendant cette ascension sociale !

Les hommes se réveillent aussi parfois avec la certitude qu'ils sont passés à côté du bonheur. Ils peuvent même complètement perdre pied si la souffrance se fait trop aiguë. À ce moment-là, ils comprennent qu'ils attendent bien plus d'une relation amoureuse. Le souci, c'est qu'ils sont convaincus qu'il leur faut chercher ailleurs... Ils ne réalisent pas qu'en apprenant à mieux communiquer, la joie peut naître au sein de leur couple et qu'ils pourront guérir leurs plaies, apaiser leur douleur et combler leurs besoins sans avoir besoin de changer de compagne. Trop souvent, la décision de divorcer ne revient qu'à jouer à l'autruche...

En se voilant la face, on nie que le problème réside aussi en soi et on met tout sur le compte d'une union défectueuse. J'ai vu des centaines de couples sur le point de divorcer qui sont parvenus à restaurer et à faire croître l'amour au sein de leur couple, simplement en communiquant mieux et davantage. En général, quand quelqu'un vient me voir en me disant qu'il souhaite quitter son conjoint, je lui recommande de plutôt chercher de l'aide. Si deux personnes sont épuisées par leurs multiples tentatives pour sauver leur couple, c'est peut-être simplement parce qu'elles ont employé une méthode inefficace.

VICTIME DES AUTRES – BOURREAU DE SOI-MÊME

Une autre différence très répandue tient au fait que généralement, les femmes ont tendance, dans un premier temps, à s'accabler de reproches alors que les hommes accusent d'abord les autres. Dès qu'elles sont face à un problème, un conflit ou un événement négatif, la tendance naturelle des femmes c'est de s'en sentir responsables à outrance. De plus, elles se montrent souvent très sévères envers elles-mêmes. Ce n'est que dans un second temps qu'elles vont reconnaître la part de responsabilité que tiennent les autres. Cette prédisposition à l'auto-flagellation découle de leur conscience large. De leur côté, les hommes sont enclins à blâmer autrui avant même de s'interroger sur leur propre part de responsabilité. Les fautes des autres leur sautent aux yeux bien avant qu'ils ne deviennent conscients des leurs. Ce comportement est un fruit de la conscience ciblée des hommes qui pousse à considérer chaque problème comme un obstacle empêchant d'atteindre le but qu'on s'est fixé. De ce point de vue, le premier coupable, c'est l'élément perturbateur. A contrario, la conscience large des femmes invite à considérer le problème dans une perspective plus large : il devient un élément qui doit être rectifié. Dans cette optique, une femme va d'abord envisager la façon dont elle aurait pu éviter que le problème ne survienne, ce qui explique qu'elle soit si prompte à s'en vouloir et qu'elle accepte aussi aisément qu'on l'accuse d'être responsable.

Ces différences fondamentales occasionnent bien des heurts dans les couples. Quand confronté à un problème, un homme se met à accuser sa compagne, celle-ci se dit que s'il agit ainsi, c'est qu'il a déjà examiné sa part de responsabilité (comme elle l'aurait fait) et qu'il en est arrivé à la conclusion que c'est elle, la coupable. Ceci donne à l'accusation de cet homme beaucoup plus de poids qu'elle n'en a en réalité ! Si cette femme parvient à ne pas réagir sur la défensive, elle donnera à son conjoint la possibilité de se calmer et d'entrevoir qu'il puisse éventuellement être en cause. Lorsqu'un homme souffre d'un manque d'estime de soi, son peu d'assurance l'empêche de prendre conscience de ses responsabilités. Il reste donc englué dans l'accusation et l'autosatisfaction. Il n'est pas toujours aisé aux femmes de s'en rendre compte, mais un homme très moralisateur est parfois quelqu'un qui doute énormément de lui-même. Bien souvent, moins il possède d'assurance, plus il va vouloir le cacher en se donnant de la contenance. Si ce fait échappe à de nombreuses femmes, c'est parce que lorsqu'elles manquent d'estime de soi, elles ont plutôt tendance à faire l'inverse : elles dirigent encore plus leur critique contre elles, pas contre les autres.

Inversement, lorsqu'une femme fait des reproches à un homme, il a tendance à ne pas en tenir compte car il pense qu'elle fera comme lui : elle réexaminera la situation plus tard et verra bien qu'elle y est elle aussi pour quelque chose. En outre, il est très souvent dans le refus d'entendre les réclamations pourtant valables de sa compagne parce qu'il suppose qu'elle est en train de vouloir lui faire porter le chapeau sans même se remettre en question elle-même. Pourtant, à ce stade, une femme aura généralement déjà pensé à son degré d'implication et elle aura déjà fait tout ce qu'elle pouvait pour résoudre le problème... Mais ça, il ne s'en rend pas compte.

Pour conclure ce chapitre consacré à la manière dont les hommes et les femmes voient le monde, il est important de se remémorer que personne n'est exclusivement masculin ou féminin. Pour chaque individu, différentes combinaisons de conscience ciblée et large sont possibles. Un homme ou une femme faisant preuve d'une perception particulièrement étroite dans certains domaines pourra très bien dans un autre contexte faire preuve de plus d'équilibre, ou même voir son champ de perception devenir extrêmement ouvert à d'autres occasions. Néanmoins, connaître ces différences courantes nous permet de comprendre pourquoi la vie de couple peut être aussi difficile ! Cette meilleure connaissance nous mène à l'empathie et nous permet d'être plus tolérant face aux vulnérabilités de notre conjoint. De plus, elle nous permet d'y voir plus clair pour résoudre ensemble nos problèmes.

Dans le chapitre suivant, nous continuerons à explorer nos différences et nos fragilités en nous attardant sur la manière dont les hommes et les femmes réagissent au stress.

CHAPITRE 5

COMMENT LES HOMMES ET LES FEMMES RÉAGISSENT-ILS AU STRESS ?

L'autre différence complémentaire majeure entre les hommes et les femmes réside dans leur manière de faire face au stress. En résumé, la conscience masculine y réagit d'une façon plutôt objective et analytique alors que celle des femmes se montre plus subjective ou sensible.

La perception masculine est d'abord concernée par ce qui se passe en dehors de l'individu. C'est donc en agissant sur l'environnement extérieur que la nature masculine tente de réduire les tensions. Dans cette situation, la première réaction d'un homme, c'est de prendre du recul pour réfléchir à ce qu'il doit faire pour lutter contre le stress.

La psyché féminine est plus préoccupée par son monde intérieur. C'est donc en agissant sur elle-même qu'elle tente de diminuer ses tensions. Face au stress, la première réaction qu'une femme affronte, c'est l'irruption de multiples ressentis émotionnels. Ils vont lui permettre de se recentrer, d'analyser son état d'esprit et de déterminer ce qu'elle peut changer en elle pour être plus en paix. Par exemple, si quelque chose l'exaspère, elle peut réduire son stress en décidant de devenir plus conciliante, plus tolérante, plus indulgente, patiente, compréhensive, etc. En agissant ainsi, elle finit par se sentir mieux.

LE STRESS AU MASCULIN ET AU FÉMININ

Sous l'effet du stress, un homme s'emploiera à agir sur son environnement pour atteindre l'objectif qu'il s'est fixé. Quand des événements indésirables viendront le contrarier, il aura besoin de sentir qu'il garde le contrôle. Il se mettra à analyser objectivement la manière dont il aura pu être impliqué dans ce qui s'est produit et comment il pourrait y remédier. Pour prendre conscience de son degré de responsabilité, il faut d'abord qu'il pratique un examen détaillé de la situation. Pour ce faire, il devient extrêmement vigilant et apte à déceler ce qui se passe autour de lui. Ce n'est qu'ensuite qu'il pourra déterminer en quoi il a pu favoriser l'émergence du problème. Avec objectivité, il commencera alors à faire ce qu'il faut pour s'en sortir. C'est de cette manière qu'un homme comprend et accepte la part de responsabilité qui est la sienne en cas de difficultés. Contrairement à lui, une femme sous influence du stress va se recentrer sur elle-même en explorant son ressenti. Grâce à ce procédé, elle parviendra à comprendre ce qui s'est passé, pour quelles raisons et comment arranger les choses. Si rien ne vient entraver ce processus d'introspection et de compréhension, sa pensée sera libre, souple et claire.

LES ÉMOTIONS NOCIVES

Pour réagir de manière objective, il est nécessaire de faire preuve de recul, d'observer et d'analyser ce qui s'est produit et pourquoi. La réaction subjective procède différemment : elle passe en revue la réponse émotionnelle au stress pour chercher à comprendre comment on en a été affecté et pourquoi.

Quand un homme laisse sa part de féminité s'exprimer en cas de tensions, il a tendance à quitter son attitude positive. Les émotions négatives qui le traversent alors peuvent le pousser à devenir destructeur, lunatique et égocentrique. Pourtant, les émotions négatives ne sont pas forcément mauvaises : elles font partie du processus de guérison et de relaxation. Mais lorsqu'un homme les éprouve et que *simultanément,* il perd son objectivité, elles deviennent malsaines, menaçantes et désagréables pour autrui. Quand un homme est en colère, il peut facilement lui arriver de ne plus se contrôler, d'être violent, de casser des objets ou de dire des mots blessants. C'est là le côté obscur des hommes…

Il ne s'agit absolument pas de préconiser qu'un homme s'abstienne d'être émotif, simplement d'expliquer que s'il laisse parler ses émotions avant d'avoir pu exercer son objectivité, elles seront fréquemment synonymes de méchanceté ou de destruction. D'autres symptômes peuvent s'associer à la mesquinerie, la froideur, la cruauté ou la violence : il se peut très bien que cet homme se montre d'humeur instable, exigeant, indécis ou versatile, apathique, et sujet à la procrastination. La manifestation la plus flagrante de son déséquilibre est sans aucun doute la perte de contrôle qui résulte de ce qu'en laissant ses émotions prendre toute la place, il s'est déconnecté de ce qui fait sa force : son aptitude à développer un point de vue objectif.

De son côté, une femme ne perd pas forcément son potentiel d'optimisme quand elle se met en colère. Elle peut en effet en vouloir à quelqu'un tout en étant bienveillante et respectueuse envers les autres personnes, et elle reste capable d'entendre des avis différents du sien. La colère pourra aider une femme à découvrir sa valeur et ce qu'elle mérite, alors qu'elle pousse un homme à se montrer suffisant et provocateur. Lorsqu'une femme affronte une situation stressante, la meilleure chose qu'elle puisse faire est de plonger en elle pour accueillir ce qu'elle ressent. Sa nature plus subjective rend cette étape indispensable avant qu'elle ne puisse entrevoir la situation sous un angle plus objectif. Idéalement, elle analysera sa réponse émotionnelle avant de tirer une conclusion sur ce qui s'est réellement passé. Elle interrogera ainsi la validité de ce qu'elle éprouve et corrigera les émotions qui ne sont pas en accord avec sa nature profonde. Si elle se montre trop critique et trop objective sans avoir au préalable examiné ce qu'elle ressent, elle aura tendance à faire preuve d'étroitesse d'esprit, à vouloir tout contrôler, elle sera inflexible, désorientée, exigeante, mesquine, négative et frustrée. C'est là le côté obscur des femmes…

Un homme qui ne respecte pas sa tendance à l'objectivité finit immanquablement par faire l'expérience de sentiments négatifs et destructeurs. Il en ira de même pour une femme qui ne respecterait pas sa tendance à la subjectivité ; elle sera incapable d'ouverture d'esprit et campera sur ses positions. Par contre, tant qu'elle restera liée à ses émotions et attitudes positives, elle réfléchira de manière claire et sera conciliante. Il en ira de même pour un homme : en restant positif sur le plan de la pensée et du comportement, il ne se coupera pas de ses capacités d'amour et de soutien.

LA DISPUTE, UN CATACLYSME !

Quand une femme est énervée mais qu'elle tente de nier ou d'étouffer ce qu'elle ressent pour se montrer plus logique et rationnelle, elle se prédispose fortement à entrer en conflit avec un homme ! Dans ces moments-là, ce qu'elle affirme sera froid et tranchant et un homme en sera non seulement vexé, mais il pourra en outre trouver cela angoissant. Il se dira que, chez sa compagne, il n'existe pas de place pour les opinions contrastées et que son avis lui importe peu. Alors qu'elle imaginera s'exprimer de manière sensée pour que son compagnon saisisse bien le propos, il s'en irritera et laissera ses émotions négatives monter violemment à la surface. D'autre part, un homme qui laisserait sa colère éclater sans même avoir considéré objectivement ce que pense sa partenaire risque fort de la mettre sur la défensive. Lui aussi développera des conclusions sans appel et n'accordera aucun crédit à sa femme. On comprend aisément qu'entrer en conflit soit une situation dont personne ne sort gagnant et qu'il vaut mieux l'éviter.

Durant une dispute, un homme balance généralement tout ce qu'il pense et se sent soulagé. En l'écoutant, sa femme a en revanche l'impression d'être ravagée... Et si son compagnon s'excuse d'avoir eu des mots trop forts en imaginant qu'elle oubliera ce qui s'est produit aussi facilement que lui, il se leurre. Il est à parier qu'elle se remémorera chaque mot pendant longtemps et surtout, qu'elle se rappellera la souffrance occasionnée...

D'une manière analogue, si une femme se montre particulièrement inflexible, critique et qu'elle essaie de manipuler son compagnon, il peut se réfugier dans un silence qui durera des jours... Même s'il ne comprend pas vraiment ce qui s'est passé, il sait qu'il n'a pas envie de s'ouvrir à nouveau à sa compagne. Il décide donc de garder pour lui ce qu'il pense.

Les hommes et les femmes sont invariablement prédisposés à se quereller, mais ce dont ils n'ont pas conscience, ce sont les ravages que chacun d'eux subira. L'impact des disputes n'est vraiment pas à prendre à la légère ! Même si aucune blessure physique n'en résulte, les bleus à l'âme sont des traumatismes psychologiques dont on guérit difficilement. Et plus on est proche d'une personne, plus il est simple de la meurtrir et d'être meurtri...

Du fait que les hommes tirent leur force de l'analyse objective d'une situation, ils ont particulièrement du mal à réaliser à quel point la sphère émotionnelle d'une femme est faite de délicatesse et de vulnérabilité. Un homme ne se perçoit pas comme étant le fruit de ses émotions. Du coup, il aura tendance à minimiser ce que ressent sa compagne et à ne mettre l'accent que sur ce qui a de l'importance à ses yeux, c'est-à-dire ses idées et ses certitudes. Quand un homme est énervé, il lui est impossible de discuter d'une façon qui ne soit pas blessante pour une femme, sans compter qu'il n'a, la plupart du temps, aucune idée de la profondeur de la blessure qu'il va lui infliger. Il se comporte littéralement comme un éléphant dans un magasin de porcelaine...

Il est également vrai, même si moins largement admis, qu'une femme peut blesser un homme avec ses mots. Un reproche comme : « Tu aurais dû » émanant de la bouche d'une femme en colère peut très bien le figer sur place. La transformation peut s'opérer quasi instantanément : il est ouvert et attentionné, et une minute après, il est devenu froid et se tient sur la défensive. La plus grosse différence entre les hommes et les femmes dans ce domaine, c'est que les premiers ont moins facilement *conscience* d'avoir été blessés. Il faudra probablement qu'une femme lise un livre tel que celui-ci pour comprendre comment elle aura pu faire du mal à son conjoint : ce n'est pas lui qui aura pu le lui dire, vu qu'il ne le sait bien souvent pas... Cette compréhension est essentielle pour les hommes. Au minimum, quand ils se referment sur eux, ils pourront tenter de faire preuve d'un début d'objectivité en s'interrogeant sur ce qui leur arrive. Le côté obscur des hommes se manifeste quand ils perdent contact avec leur objectivité naturelle ; le côté obscur des femmes se révèle quand elles se coupent de leur subjectivité innée. Soyez vigilants !

COMMENT GÉRER LES TENSIONS ?

La subjectivité et l'objectivité sont deux optiques complémentaires qui permettent de faire face au stress. La manière dont un homme va réduire son impact, c'est en modifiant ou en éliminant tout objet ou situation qui en est à l'origine. Une femme agira différemment : elle modifiera sa façon de voir les choses pour que le stress ait moins prise sur elle, ou elle corrigera l'état d'esprit qui est à l'origine des tensions.

Changer de comportement est la manière masculine d'affronter le stress : la situation s'améliore parce qu'on fait les choses différemment.

Changer sa perception intérieure est la manière féminine d'affronter le stress : la situation s'améliore par la pratique du pardon, de l'amour, de la gratitude ou de la tolérance.

QUAND LES FEMMES PERDENT PIED...

Dans son couple, une femme va généralement faire de nombreux compromis et revoir sa manière de penser pour préserver l'harmonie et éviter la confrontation. Sur un plan conscient, elle essaie de se changer elle-même. Après s'être sacrifiée ou avoir mis ses opinions de côté de manière répétée, elle finit par nourrir de la rancœur à l'égard de son partenaire, parce qu'il ne lui rend pas la pareille. Désormais, sur un plan moins conscient, elle va tenter de transformer son partenaire. À ce stade, elle se servira de la discussion pour essayer de le manipuler. Évidemment, il trouvera cela très déplaisant, se rebiffera et rejettera inévitablement sa compagne. Il est important de comprendre qu'une femme devient manipulatrice quand ses tentatives d'obtenir ce dont elle a réellement besoin ont toutes échoué. Le problème, c'est que personne ne lui a jamais expliqué ce qu'il fallait qu'elle modifie en elle pour être satisfaite ! Devoir changer ne signifie pas se renier ; cela ne veut pas dire qu'il faille agir différemment non plus. L'accent n'est pas porté sur le changement de comportement ou de langage, il s'agit d'une transformation de l'état d'esprit dans lequel on est. C'est un processus de purification des émotions négatives (comme la méfiance et le ressentiment) ; un processus de libération émotionnelle qui permet de se sentir davantage en accord avec soi-même. Cette découverte de soi est compliquée quand on n'a pas été éduquée en ce sens ! Habituellement, on apprend aux petites filles à taire, à nier ou à éradiquer leurs émotions négatives : il faut qu'elles soient douces, gentilles et souriantes en tous temps et il n'est pas rare que ce qu'elles ressentent soit à l'opposé de ce qu'elles affichent. Éliminer les émotions négatives donne peut-être à une femme l'impression d'être plus aimante et positive mais en réalité, cela ne fait que la couper de sa nature profonde, de son « centre ». Or, pour bien gérer le stress, une femme doit apprendre à se recentrer. Si elle laisse l'amertume prendre possession d'elle, si elle sombre dans le déséquilibre, elle finira par vouloir contrôler son conjoint en permanence.

Pour surmonter son stress, une femme peut agir sur elle-même d'une manière très naturelle. En réalité, elle ne va pas fondamentalement *changer*, elle va davantage *se révéler* telle qu'elle est. De par sa tendance innée à la subjectivité, le processus va s'opérer à travers la verbalisation et le partage de ses émotions, de ses pensées et de ses désirs dans un contexte où on ne remet pas en cause la validité de ce qu'elle ressent. Pour y parvenir, il est indispensable que celui qui l'écoute ait envie de la comprendre et qu'il fasse preuve de bienveillance et de respect. Ce sont là autant de manifestations d'amour qui l'aideront à s'épanouir et à retrouver son équilibre.

En revanche, si une femme garde ses sentiments pour elle, elle va progressivement se couper de sa vraie nature ; sa manière de penser deviendra superficielle et rigide. Elle ne pourra pas mettre en œuvre les ressources naturelles qui lui permettraient de s'adapter – dans la tendresse et l'harmonie – au stress du quotidien, de son travail ou de son couple. Elle n'aura plus qu'une idée : changer son comportement et sa manière de parler pour gagner l'affection d'autrui ; et de cette quête éperdue d'amour, elle finira par sombrer dans la manipulation, mue par le désir que l'autre change pour satisfaire ses besoins. Parvenue à ce point, elle est généralement incapable de réagir positivement au stress et perd la faculté d'entretenir une attitude véritablement aimante et positive.

Quand le stress fait rage, une femme manquant d'amour-propre peut très facilement tomber dans le travers de vouloir se comporter et parler comme on attend d'elle qu'elle le fasse. Il lui est beaucoup plus difficile de transformer ou d'ajuster son ressenti émotionnel. Elle pourra peut-être avoir l'apparence d'une personne sensible et généreuse, mais intérieurement, elle sera dévorée par des monceaux de rancune, de méfiance et de frustration, autant de sentiments négatifs qui nuiront à ses relations et affaibliront sa personnalité.

QUAND LES HOMMES PERDENT PIED...

Sur un mode complémentaire de celui des femmes, les hommes font d'abord preuve d'objectivité, puis de subjectivité. Cela signifie qu'au début d'une relation, un homme cherche à améliorer les choses en rendant sa partenaire heureuse quand elle semble malheureuse. Instinctivement, il opte pour une stratégie qui vise à exercer son influence sur le sujet concerné : « Elle est peinée, il faut que je comble ses besoins pour qu'elle retrouve le sourire. » Par contre, s'il a l'impression que ses efforts sont sans effet, il aura tendance à en être perturbé et à devenir plus subjectif. Son attitude en sera considérablement modifiée ; il se montrera volontiers suffisant, provocateur, rancunier, méchant, autoritaire, intransigeant et prompt à critiquer les autres. En conséquence, il deviendra faible, lunatique, en manque d'assurance et passif ; et comme il n'aura plus confiance en lui, il hésitera à prendre des risques. Il se peut même que pour obtenir ce qu'il désire, il développe des traits comportementaux négatifs tels l'emportement et les bouffées de colère. Se débarrasser de sa mauvaise humeur sera d'autant plus compliqué qu'il aura totalement perdu son objectivité.

L'AUTO-TRANSFORMATION AU MASCULIN

Le moyen le plus simple pour un homme d'opérer une transformation intérieure, c'est de prendre conscience des problèmes qui résident hors de lui et de chercher à les résoudre. Par exemple, un homme deviendra naturellement plus aimant et sensible en réalisant à quel point les autres sont affectés de ce qu'il fait ou ne fait pas. En développant le désir de changer de comportement, il deviendra une meilleure personne. Il évoluera automatiquement par le simple fait de trouver une solution au problème.

Quand il prend conscience que le problème, c'est *lui* (qui il *est* et non pas ce qu'il fait), tout se complique pour lui... Une femme a beaucoup de mal à comprendre que ce puisse être difficile : si elle constate que quelque chose en elle doit changer, elle entamera ce processus d'évolution intime juste en décidant d'*être* différente. Par opposition, un homme change en décidant de modifier son *comportement*. Tout comme une bonne connaissance de soi est l'ingrédient indispensable à la transformation intérieure des femmes, une vision neutre est nécessaire aux hommes : ils doivent absolument transposer, comprendre et traiter le problème en dehors d'eux-mêmes pour faire preuve d'objectivité.

Pour avoir envie de s'améliorer, un homme aura besoin de se sentir aimé et accepté. Néanmoins, ce n'est pas suffisant : il faudra aussi qu'il accepte que son comportement pose problème et qu'il en assume la responsabilité.

Pour parvenir à changer, une femme aura besoin de se sentir aimée, comprise et en sécurité. Il lui sera également nécessaire de reconnaître que ses réactions émotionnelles négatives ne reflètent pas sa véritable personnalité, en ce sens qu'elles contrarient ses capacités d'amour et l'empêchent de se montrer responsable.

Quand un homme a envie de satisfaire sa partenaire, qu'il fait tout ce qu'il juge être efficace et qu'il essuie plusieurs échecs, il va finir par laisser tomber et se résigner. Plutôt que d'arranger les choses en changeant de comportement, il défend son point de vue et accuse sa femme d'être seule responsable. Il en ressort considérablement diminué... Il faut qu'il saisisse pleinement en quoi son attitude peut faire la différence et seulement alors, il sera inspiré et retrouvera la motivation nécessaire.

ON PEUT SANS LE VOULOIR EMMURER UN HOMME DANS LE SILENCE

Échouant à de multiples reprises à satisfaire les besoins de sa femme, un homme va progressivement changer d'approche. Niant ses pulsions masculines, il cessera de se montrer responsable et résolu, convaincu que quoi qu'il fasse, ce n'est jamais assez bien. S'il étouffe sa masculinité, c'est pour se protéger de la déception, car il lui est bien trop douloureux de commettre des erreurs pour lesquelles on pourrait le blâmer... Il cesse de prendre des risques parce qu'il lui est très désagréable de penser qu'on ne l'apprécie pas, qu'on ne l'accepte pas et qu'on ne lui fait plus confiance, surtout quand ces jugements proviennent de personnes qu'il aime et qui le connaissent bien.

Quand un homme essaie d'améliorer la situation en vain et que sa femme critique ses actes sans qu'il ne lui ait demandé son avis, elle le blesse malencontreusement, le prédispose à être moins motivé et moins attentionné. Il ne voudra plus donner de lui-même pour éviter la douleur qu'elle lui inflige en le sermonnant. Il en va de même quand elle se montre déçue par son conjoint : il se sent profondément inutile et impuissant. Pourtant, les femmes imaginent qu'en reprenant leur compagnon, il aura envie de faire des efforts pour s'améliorer. En réalité, elles ne font que le pousser à être dans l'opposition et à se montrer inflexible. Elles n'ont aucune idée du mal qu'elles lui causent en essayant de le rendre meilleur.

Quand un homme est face à l'échec, il lui faut du temps pour le digérer. Il doit pouvoir réfléchir intensément pour déterminer quelle est sa part de responsabilité. Malheureusement, dans ces circonstances, les femmes ont la fâcheuse habitude de faire des commentaires blessants tels : « Je te l'avais bien dit », ou des critiques comme : « Tu aurais dû... », ou elles finissent leur phrase par ces mots : « Tu devais t'en douter... », comme elles peuvent aussi insister lourdement sur le : « Pourquoi n'as-tu pas... », quand elles ne généralisent pas par des : « Tu ne veux *jamais*... », voire qu'elles ponctuent des paroles sincèrement compatissantes d'un geste grave : « Mon pauvre chéri, comme tu dois te sentir mal. Je suis navrée pour toi... » Souvent bien intentionnées, ces femmes se trompent en croyant qu'elles vont ainsi amener leur conjoint à prendre conscience de ses fautes. C'est hélas l'effet inverse qui se produit. Il estimera être dans son bon droit et aura la mémoire défaillante concernant ses erreurs. Et même s'il les reconnaît, il n'en tirera pas les leçons qui s'imposent... Un homme ne devient conscient de ses faiblesses et n'apprend de ses faux pas que s'il n'en subit pas la réprimande et qu'on ne le rejette pas pour cela. Il a besoin qu'on le soutienne pour qu'il soit capable d'autocritique. Ce qui rend l'intervention féminine inopérante, c'est qu'elle se manifeste sans avoir été sollicitée. Quand un homme est stressé, la meilleure chose à faire est simplement de lui demander : « Que s'est-il passé ? ». Cela lui permettra de se recentrer et de devenir plus objectif. Ensuite, quand il se sentira d'humeur plus loquace, demandez-lui *pourquoi* à son avis les choses se sont passées ainsi.

CE DONT UN HOMME A BESOIN

Durant une période stressante, un homme a besoin de temps pour passer en revue ses pensées et ses émotions jusqu'à ce qu'il soit capable de cerner les raisons du malaise, de voir ce qu'il a fait et comment il aurait pu agir autrement. Ce n'est qu'après cette phase qu'il ressentira l'envie de communiquer à ce sujet et qu'il pourra commencer à assumer sa part de responsabilité. Dès lors, il sera en mesure de changer sans réprimer sa nature masculine.

C'est un peu comme si pour admettre qu'il s'est égaré, il avait fondamentalement besoin de comprendre qu'il aurait pu agir autrement. Il reconnaîtra qu'il a commis une erreur s'il peut se dire en toute honnêteté : « Si j'avais su ce que je sais, j'aurais *pu* et j'aurais *fait* les choses différemment. »

CE DONT UNE FEMME A BESOIN

Lorsqu'une femme est stressée, elle a besoin de temps pour faire le tour de ses émotions en les verbalisant. C'est après les avoir partagées qu'elle pourra redevenir aimante, apprécier et accepter les autres et leur faire à nouveau confiance. Quand cette possibilité lui est refusée, ses émotions la submergent et elle se met à réagir de manière excessive. Tout cela est exténuant pour elle ! À ce stade, il lui faudra encore plus de temps pour parvenir à se recentrer. Ce qui l'aidera, c'est la présence d'un compagnon disposé à l'écouter de manière attentionnée, avec compassion et en respectant les besoins qu'elle exprime. Malheureusement, l'attitude des hommes est généralement tout autre quand leur femme est énervée... Ils l'accusent et la condamnent, lui signalent que son comportement est exagéré et lui font la leçon sur la manière dont il conviendrait qu'elle réagisse. Bref, exactement le contraire de ce dont une femme a besoin pour retrouver la paix intérieure : de l'écoute empathique et du soutien. Un homme doit absolument lutter contre sa tendance à vouloir donner des conseils ou à nier la légitimité de ce qu'elle ressent. Dès lors qu'il comprendra à quel point il peut blesser sa compagne sans le vouloir, il deviendra spontanément plus prévenant et respectueux.

COMMENT LES HOMMES BLESSENT-ILS LEUR COMPAGNE ?

Tout comme une femme aura du mal à ne pas reprendre son compagnon quand il se montre irresponsable et défaillant, il est difficile à un homme de ne pas émettre de jugement négatif sur sa femme quand elle s'emporte. Il la trouve (et le lui fait remarquer) : faible, déraisonnable, folle, méchante, stupide, susceptible et égoïste. Il ne réalise que très rarement qu'en exprimant ce genre de critiques avec désinvolture, il porte un coup de poignard au cœur de sa compagne et la déstabilise profondément. C'est là, à cause de cette réaction masculine malencontreuse, qu'elle manifestera toutes les tares dont il fut prompt à la taxer. Si son conjoint affirme qu'elle manque d'amour et qu'elle ne pense qu'à elle, c'est exactement ce qu'elle va exprimer. Et s'il était vrai que son comportement souffrait de ces défauts, elle ne les exprimerait que davantage ! S'il lui dit qu'elle est folle, la souffrance sera telle qu'elle aura (et lui donnera) l'impression de perdre la raison ! Le processus à l'œuvre est le même que lorsqu'une femme critique son conjoint en lui disant ce qu'il aurait dû faire et qu'en conséquence, il se montre encore plus inflexible. Les jugements qui émanent de la rancœur ne permettent jamais à celui qui les reçoit de s'améliorer.

Quand une femme est fâchée ou stressée, il est indispensable qu'elle ait le temps et le soutien nécessaires à la découverte – *par elle-même* – de la manière dont elle peut changer les choses pour devenir plus aimante, pour accueillir son conjoint, faire preuve de gratitude et de confiance à son égard. Et cela survient tout naturellement si elle peut explorer ses émotions les plus intimes dans le partage.

Les hommes et les femmes perdent contact avec leur véritable personnalité et avec leur maturité affective, parce qu'ils ne comprennent pas quels sont leurs besoins respectifs et quelles sont leurs différences dans la réaction au stress. C'est alors qu'ils se laissent dominer par leur côté obscur... Les belles qualités qu'ils recèlent en eux sont totalement occultées par leur pessimisme, leurs fausses certitudes, leurs idées préconçues et leur état d'esprit négatif.

NOTRE CÔTÉ SOMBRE...

Lorsqu'un homme confronté au stress est incapable de trouver en lui les ressources nécessaires pour le gérer au mieux et qu'il n'est soutenu par personne, il va inévitablement laisser sa part de noirceur s'exprimer quand il se sentira offensé ou meurtri. Il en ira de même pour une femme qui ne sera pas épaulée dans les mêmes circonstances. En général, cela se traduit chez un homme par une perte d'objectivité et chez une femme par un profond déséquilibre. En réaction, l'homme aura tendance à s'isoler et à taire son ressenti pour tenter de retrouver son objectivité.

Quand il y sera parvenu – et seulement à cette condition – il pourra explorer sa responsabilité dans les faits d'une manière plus subjective (c'est-à-dire, plus personnelle, plus affective) ; explorer cette dimension subjective *ne représentera plus un danger à ses yeux* parce qu'il aura recouvré son objectivité (lui permettant d'analyser une situation d'une manière neutre et impersonnelle). C'est donc avec assurance qu'il pourra envisager les dommages qu'il aura subis sur le plan émotionnel et comment il peut remédier aux problèmes rencontrés. Comme nous l'avons vu précédemment, un homme va exprimer son côté obscur s'il a perdu son objectivité naturelle. Il se laisse alors submerger par ses émotions et devient de mauvaise humeur, susceptible, cruel, injuste et violent. Le fait de museler son ressenti émotionnel et de se mettre en retrait lui permet de ne pas verser dans ces travers. C'est un peu comme un disjoncteur qui empêche un circuit électrique de surchauffer.

Trop fréquemment, les femmes sollicitent leur partenaire pour qu'il leur parle quand il est énervé, alors qu'il a fondamentalement besoin de pouvoir ruminer en paix. Elles ne se rendent pas compte qu'elles attisent le feu de la colère et qu'elles favorisent l'émergence des émotions négatives que cet homme essaie de maîtriser par son silence contenu. C'est pour elles une réaction instinctive car leur nature féminine est subjective et qu'elles savent qu'à la place de leur compagnon, elles auraient besoin d'être encouragées à extérioriser ce qu'elles ressentent pour faire le point sur leur ressenti et ensuite s'en porter mieux.

LA VIOLENCE MASCULINE

Si un homme laisse son ressenti douloureux prendre le dessus sans avoir pu au préalable analyser la situation de manière objective, il aura tendance à réagir de manière excessive et odieuse. Cette exagération n'est pas dramatique, sauf quand certains associent le geste à l'émotion et que c'est le comportement qui devient misérable... L'envie de revanche est probablement la plus négative des manifestations externes d'une blessure émotionnelle. Elle dérive de ce qu'un homme blessé ait généralement envie d'infliger la peine qu'il éprouve à quelqu'un d'autre. C'est un élément essentiel de la psyché masculine : la violence est l'expression d'un besoin d'exorciser la douleur pour se sentir mieux. Briser quelque chose ou quelqu'un est une manière infantile ou inconsciente de dire : « Vois ce que tu m'as fait ! » Ceci signifie qu'on peut alors visualiser sa souffrance, l'entendre et la ressentir à travers ce qu'expriment les personnes sur lesquelles on s'est défoulé, leur douleur devenant le reflet de la sienne. D'une manière assez primaire, cela permet à un homme de prendre objectivement conscience de sa peine et de s'en libérer. Cette tendance masculine diminue quand un homme apprend à communiquer plus efficacement son ressenti.

Dick et Lynn étaient mariés depuis deux ans quand il apprit qu'elle avait une liaison. Il ressentit l'envie dévorante de blesser sa femme pour qu'elle ait une idée de ce qu'il avait enduré. Pour la punir, il devint violent. Il la frappa et l'affubla de noms d'oiseaux. Finalement, il se mit à aller mieux et put pardonner. Dans cet exemple, il apparaît que Dick a commencé à se sentir mieux quand il a eu le sentiment que sa femme souffrait autant qu'il avait pu souffrir. D'une façon simpliste, il s'est dit : « Maintenant qu'elle sait à quel point j'ai eu mal, c'est bon ; elle ne recommencera pas. » Dans des cas plus extrêmes, un homme peut même se réjouir du mal qu'il cause. C'est assez bien illustré au cinéma d'ailleurs : quand le gentil dont on a tué les enfants finit par trouver le meurtrier pour lui faire la peau, les spectateurs se réjouissent. Ils se sentent mieux ! La douleur née de l'injustice est soulagée comme par magie dès que le méchant est maltraité et souffre. Ce phénomène est aussi à l'œuvre chez les femmes mais il se manifeste plus fréquemment chez les hommes.

En fin de compte, une personne se réjouit de la souffrance d'autrui quand elle est profondément meurtrie et qu'elle est incapable de soigner ses blessures d'une manière plus civilisée. Cette observation permet de comprendre la mystérieuse satisfaction que la psyché masculine retire du fait de blesser autrui ou d'exercer sa vengeance.

PAIX DANS LE MONDE !

S'il y a autant de violence sur terre, si la guerre sévit encore en de nombreux endroits, c'est parce que les humains sont enclins à vouloir évacuer leur souffrance en blessant en retour ceux qui la leur ont infligée. Ainsi que je l'ai déjà précisé, cette tendance diminue quand un homme apprend à communiquer ses émotions. Cependant, avant de mettre sa douleur en mots, il faut que, dans un premier temps, il ait eu la possibilité de la *ressentir*, ce qui exige de lui qu'il ait développé sa part de féminité. En écoutant la douleur des autres, en cultivant l'empathie, un homme éveille sa féminité (sa conscience subjective). Il devient alors capable de ressentir et de communiquer ses propres émotions douloureuses. Grâce à ce partage émotionnel, il peut soigner ses plaies et se sentir soulagé sans avoir recours à la vengeance.

J'organise des séminaires durant lesquels j'enseigne l'art d'améliorer les relations de couple. J'y observe des hommes qui n'avaient jamais osé pleurer auparavant, s'ouvrir, se connecter à leurs émotions et trouver le soulagement. Écouter d'autres personnes énoncer leur douleur et la partager, dans un cadre sécurisant où règnent le respect et le soutien, est une expérience bouleversante de sincérité qui rend les hommes capables d'accéder à leurs propres tourments pour en guérir. Sans avoir expérimenté cette forme de bienveillance auditive, il est presque impossible d'y parvenir. C'est incroyable de voir tous ces pères coupés de leurs émotions et dont les fils ont grandi en suivant le même schéma émotionnel ! On comprend mieux que les hommes puissent être si souvent prisonniers du cycle de la revanche dès lors qu'on les blesse. Le moyen le plus rapide et efficace d'apprendre à solliciter son registre émotionnel, c'est de participer à des séminaires ou à des groupes de parole où l'ambiance conviviale et rassurante sera particulièrement favorable. La psychothérapie individuelle est une autre option, mais elle ne peut être efficiente que pour celui qui est déjà apte à entrer en contact avec ses émotions. Apprendre à ressentir ses émotions est une démarche qui nécessite du temps, surtout quand on se limite à des rencontres individuelles avec un thérapeute. En revanche, une fois qu'un homme a développé cette aptitude, les bénéfices de la thérapie individuelle augmentent de façon spectaculaire. Les groupes de soutien sont de plus en plus populaires et les hommes sont de moins en moins dépendants d'un désir de vengeance pour être sereins. Cette transformation graduelle n'opère pas seulement au sein des couples, elle agit dans le monde entier et pose les fondements d'un mieux-vivre à l'échelle planétaire. Quand on s'est affranchi de la violence, notre succès personnel se reflète autour de nous. En maintenant l'amour et la non-violence au sein de son couple, on agit positivement sur son environnement et on donne le signe que la paix dans le monde n'est pas une utopie !

INFLIGER DE LA PEINE

Quand un homme est blessé et qu'il est incapable d'accueillir ses émotions et de les communiquer (pour en guérir), il sombrera inévitablement dans une spirale de violence visant à se venger de ce qu'il aura subi. Il lui sera impossible de réagir à la méchanceté en faisant preuve d'autre chose que de méchanceté. Il ne pourra pas exprimer la justice et la fermeté d'une manière convenable car son cœur sera incapable de compassion. Son désir de vengeance a en effet des racines profondes…

Quand Dick se sent trahi par l'infidélité de Lynn, il ressent l'envie irrésistible de la faire souffrir en retour, dans la même mesure que ce qu'il a enduré. Cette pulsion donnera naissance à la violence, au désir de vengeance et à la cruauté. Une fois vengé, devenu spectateur de la douleur de sa compagne et capable de la ressentir, il a pu retrouver la paix intérieure. Le cycle était complet. Pour rompre avec ces manières peu civilisées, un homme doit impérativement apprendre à se connecter à sa sphère émotionnelle et à verbaliser ce qu'il ressent.

Si Dick avait eu les moyens de dire à sa femme toute sa souffrance, son désir de revanche aurait été satisfait sans qu'il n'ait eu besoin de la blesser en retour. Au lieu de laisser sa douleur prendre le dessus et se manifester de façon violente, il l'aurait simplement communiquée à sa femme. Elle aurait également entendu sa tristesse, son désarroi, et aurait pu en être émue. La compassion qu'elle aurait manifestée à cet instant aurait signifié à Dick qu'elle comprenait sa douleur. Si Lynn avait pu ressentir la souffrance de son mari (ce qui aurait été possible s'il ne l'avait pas agressée) il aurait pu commencer à guérir et à pardonner.

Malheureusement, nombreux sont les hommes qui ne parviennent pas à communiquer leur énervement autrement qu'avec agressivité, particulièrement quand ils se sentent profondément blessés. Pour apprendre à communiquer leur douleur d'une manière plus prudente, il convient qu'ils écoutent d'autres personnes ayant souffert du même genre d'injustice qu'eux. En les entendant exprimer leur douleur, ils pourront eux aussi accueillir leur propre souffrance, la partager et en guérir, sans avoir besoin de se venger. En conséquence, ils deviendront plus aptes à faire preuve d'une écoute empathique et de compréhension vis-à-vis de leur femme.

Il est important de comprendre que le fait qu'un homme ne soit pas compatissant ne signifie nullement qu'il soit indifférent à ce que ressent sa compagne. Or, c'est souvent ce que les femmes imaginent en pareilles circonstances. Elles pensent que leur conjoint se moque éperdument de leur douleur. En réalité, il s'en préoccupe, mais son détachement est un mécanisme de résistance qui l'empêche de se frotter à ses propres souffrances. Ce manque apparent de prévenance traduit en réalité qu'il a du mal à se connecter à ses émotions.

Par la pratique de l'écoute, de l'ouverture au ressenti et de la verbalisation de leurs peines, les hommes peuvent se libérer de leur penchant pour la vengeance. Il est impossible à un homme de communiquer son tourment et de s'en libérer s'il continue à infliger de la peine à sa compagne pour avoir l'impression d'aller mieux.

L'AGRESSIVITÉ PASSIVE

En lisant cette description de la violence au masculin, certains hommes doivent se dire qu'ils ne sont pas concernés. Cependant, à y regarder de plus près, ils s'apercevront qu'il leur arrive souvent de réprimer leur volonté de secrètement punir leur compagne ou de se venger d'elle. En outre, le désir de vengeance s'exprime parfois sous des dehors plus nobles, comme par exemple le fait de prétendre aider quelqu'un en lui faisant la leçon... Il n'est pas rare que les gens soient totalement inconscients de leur violence et qu'elle se manifeste sous la forme d'une agressivité passive. Ce ne sont pas leurs actes qui vont causer du mal à autrui, mais leur *inaction*.

Au quotidien, l'agressivité passive peut se révéler de diverses manières, comme le fait d'être en retard, d'oublier certaines choses, par la perte d'appétit sexuel, la lassitude, le refus de partager ses pensées et émotions, un manque d'égards, l'obstination, la rébellion, les jugements cachés, le fait de se prétendre meilleur que l'autre, de faire preuve d'arrogance sur le plan spirituel, d'être moralisateur ou encore de se réjouir du malheur de certaines personnes.

LA BIEN-PENSANCE EST UNE FORME D'AGRESSION

Une autre façon prisée des hommes pour exprimer leur agressivité est de faire la morale à autrui. Ainsi, le comportement sévère de tel homme se verra-t-il justifié par la faute des autres. Au sein du couple, il pourra refuser sa tendresse, ses faveurs sexuelles, sa gentillesse et sa prévenance. Il est aussi possible que par moments, il punisse sa compagne en étant violent, méchant et insultant. La plus grosse maltraitance reste toutefois de culpabiliser sa partenaire en la rendant responsable de son comportement négatif et peu attentionné. Bien entendu, on peut *comprendre* qu'il agisse ainsi en prenant connaissance des raisons qui l'y ont poussé. Néanmoins, cela ne permet en aucun cas d'en reconnaître la *légitimité*. Il trouve peut-être qu'il a le droit de blesser sa femme parce qu'elle l'a blessé au préalable, il pense probablement qu'elle est coupable du comportement destructeur qu'elle a provoqué et qu'elle mérite d'être punie. Ce n'est jamais le cas. On ne répare pas une injustice par une autre.

À une échelle plus large, les hommes tentent de justifier leur attrait pour la violence en s'inventant un ennemi qui mérite d'en être la cible. En vérité, aucun être humain ne mérite de souffrir… Ceux qui justifient la violence l'envisagent comme une solution plutôt que comme un problème. Aussi longtemps qu'ils entretiendront cette image, la violence perdurera.

Tant que les hommes ne parviendront pas à guérir leurs souffrances, ils garderont l'ardent désir de faire souffrir les autres et l'envisageront comme un moyen pour faire changer les choses. Ils justifieront leur violence de manière rationnelle en prétendant que c'est un mal nécessaire. En réalité, la violence sera « une solution » tant que les hommes resteront incapables de ressentir leurs émotions et de communiquer leur douleur sans infliger de souffrances à autrui. Notre comportement archaïque (exercer la violence) restera en vigueur jusqu'à ce que nous adoptions une nouvelle façon d'être au monde (guérir grâce à une communication et une négociation efficaces).

La paix dans le monde et avec nos proches repose sur notre aptitude à développer notre potentiel de féminité. Dans le futur, les puissants fonderont peut-être leurs décisions en vertu de leur compassion à l'égard de ceux qui souffrent, plutôt que de céder à un besoin primitif de punir.

LA VIOLENCE AU FÉMININ

Bien sûr, les femmes peuvent elles aussi se montrer violentes. Cependant, cela se produit en général quand leur féminité a été tant meurtrie qu'elles se mettent à réagir de façon masculine pour se protéger. Les femmes n'utilisent pas la violence en premier recours. Quel que soit le degré d'agressivité qu'elles manifestent, il indique qu'elles sont sous l'influence de leur part masculine. Plutôt d'un naturel non-violent, une femme se soumet plus facilement à la violence qu'elle ne l'exerce. Quand elle a été maltraitée, elle aura plutôt tendance à vouloir culpabiliser les autres pour ce qu'elle ressent. C'est à travers ce processus que sa part de féminité trouve le soulagement. Tout comme un homme est soulagé quand il se venge, une femme se sent mieux quand elle est parvenue à faire en sorte que son agresseur soit mal à l'aise ou qu'il ait l'air minable. Pour dissiper sa peine, une femme a un besoin essentiel de la faire entendre et de la partager pour que d'autres personnes ressentent ce qu'elle a vécu. Elle a le besoin crucial de recevoir de la compassion, d'être comprise, sans quoi, sa guérison est compromise. Quand elle échoue à obtenir de l'empathie, elle va inconsciemment compenser ce manque en cherchant à se faire plaindre. La stratégie employée par la psyché féminine, c'est – à ce stade – de faire en sorte que les autres se sentent coupables, dans l'espoir qu'ils changent d'attitude. En outre, en rendant autrui responsable, une femme se démontre qu'elle ne méritait pas d'être ainsi maltraitée. Hélas, plutôt que d'améliorer les choses, cette méthode a le don de contrarier les hommes et leur donne envie de se venger…

Dès lors qu'une femme est plus éclairée, elle prend conscience de la manière dont elle peut indirectement blesser un homme, la plus dévastatrice étant probablement de lui retirer sa confiance, sa reconnaissance et de le rejeter avec des paroles exprimant le doute, la critique négative, l'accusation et le jugement catégorique ainsi que le ressentiment. Quand les femmes contre-attaquent en usant d'émotions et d'attitudes négatives, elles ne mesurent pas l'ampleur des dégâts qu'elles occasionnent. Parfois, elles ne réalisent même pas qu'elles blessent leur partenaire ! Dans un couple où la maltraitance s'exerce de façon conjointe et égalitaire, une femme aura toujours l'impression que son compagnon est plus blessant qu'elle, simplement parce que l'agressivité masculine est généralement plus manifeste. Une femme peut culpabiliser son mari par le seul ton de sa voix alors qu'un homme aura tendance à être plus explicite.

Comme nous l'avons abordé précédemment, quand la psyché féminine est profondément meurtrie et qu'une femme ne peut pas verbaliser sa douleur face à des personnes compréhensives et aimantes, elle va, dans un premier temps, se sentir coupable et aura l'impression de ne pas mériter le respect. Inconsciemment, elle sera poussée à lutter contre cette dévalorisation d'elle-même en expliquant à qui veut l'entendre dans quelle mesure et comment d'autres personnes sont responsables de son malheur. Malheureusement, le soulagement qu'elle en retire n'est que passager. La véritable guérison ne s'est pas produite.

Les femmes se sentent contraintes d'endosser le costume de victime pour qu'on les plaigne. Elles ont le sentiment qu'elles ne méritent pas la compassion si elles n'ont pas subi des actes particulièrement déloyaux et outrageux. *D'une manière assez primaire, passer pour une victime permet à une femme d'avoir l'impression de mériter l'amour, l'empathie et le soutien*. En apprenant à communiquer sa souffrance sans donner à son conjoint l'impression qu'il est coupable, elle peut s'affranchir de cette attitude et obtenir une compréhension sincère sans avoir besoin de jouer les martyres.

Il arrive parfois qu'une femme retourne sa souffrance contre elle. C'est généralement le cas si elle n'a pas pu être entendue et guérir. Cela peut prendre des formes diverses. Par exemple, elle peut se priver d'expériences gratifiantes ou adopter une conduite autodestructrice. Elle peut se rendre malade ou s'accabler de remontrances à travers ses critiques, doutes et jugements. Elle donnera éventuellement davantage d'elle-même au sein du couple, même si elle reçoit moins en retour.

Une des manières d'envisager la maladie, c'est de considérer qu'elle traduit une blessure émotionnelle qui n'a pas pu guérir. C'est l'œuvre du Moi se punissant lui-même et se révélant à travers la chair. De ce point de vue, quand on est malade (que ce soit d'ordre infectieux ou pas) c'est le côté obscur de notre féminité qui s'exprime. En gros, la masculinité punit les autres quand la féminité se punit elle-même. En revanche, ces caractéristiques ont aussi leurs facettes positives : la masculinité nous pousse à être au service des autres et la féminité nous dispose à chercher à guérir de nos souffrances et à grandir sur le plan spirituel. En étant attentif aux douleurs qui affectent notre part de féminité, nous diminuons notre prédisposition à la maladie et à la souffrance.

Selon cette perspective, le fait que la violence soit encore répandue sur terre indique que les hommes ne parviennent pas à soigner et à guérir de leurs blessures émotionnelles. La maladie et la fragilité sont quant à elles le résultat de l'incapacité des femmes à traiter leurs souffrances. Je reconnais que ce sont là des généralisations et qu'il existe des femmes extrêmement violentes et des hommes fragiles sur le plan de la santé. Retenez simplement, à l'échelle individuelle, que notre facette masculine nous pousse à maltraiter les autres quand notre facette féminine se retourne contre nous-mêmes.

L'AUTODÉPRÉCIATION VERBALE

C'est de façon très subjective qu'une femme se fait généralement du mal. En parlant négativement d'elle, elle se maltraite... En conséquence, il n'est pas rare qu'elle finisse par extérioriser sa mauvaise opinion d'elle-même en s'infligeant toutes sortes de privations et de punitions. Parmi les symptômes de l'autodépréciation verbale, on retrouve le sentiment d'être nulle, incapable, et l'apitoiement sur soi. En se lamentant sur son sort, une femme cesse d'être maître de sa vie ; elle rejette indirectement la responsabilité de son malheur sur les autres et affirme son impuissance. Par exemple, elle pourrait dire : « Personne ne m'aime ! Personne ne réalise à quel point je travaille et l'ampleur de mes sacrifices ! » En pensant : « Pauvre de moi ! », elle nie son potentiel de joie et sa capacité à diriger sa vie pour la rendre meilleure. Sous cet angle, on peut sans aucun doute affirmer que se prendre en pitié revient à s'infliger une forme de violence intérieure. Tout comme la violence extériorisée restreint l'aptitude au bonheur d'autrui, la violence intériorisée réduit notre capacité d'être heureux. Voyons quelques-unes des phrases qui trahissent cette tendance :

« Pauvre de moi ! Dire que je pourrais être tellement heureuse si je n'avais pas un mari aussi méchant et peu attentionné ! »

« Pauvre de moi ! Ma journée est complètement fichue parce qu'il ne m'a pas téléphoné ! »

« Pauvre de moi ! Il n'y a vraiment rien que je puisse faire. Je suis totalement impuissante ! »

« Pauvre de moi ! Je n'ai pas pu faire cet investissement ! »

« Pauvre de moi ! J'ai encore tant de choses à faire et si peu de temps ! »

« Pauvre de moi ! Personne ne m'aime ! Je suis seule et tout le monde s'en fiche ! »

« Pauvre de moi ! J'ai tant donné à mes enfants et ils me rendent si peu ! »

« Pauvre de moi ! Je donne, je donne sans arrêt et qu'est-ce que j'ai en retour ? Rien ! »

« Pauvre de moi ! Je suis si charmante et pourtant, je suis la seule à ne pas avoir de petit ami ».

« Pauvre de moi ! J'ai tellement de talent mais on ne me donne pas ma chance ! »

« Pauvre de moi, je n'ai pas misé sur l'immobilier dans les années 1970 ! »

« Pauvre de moi ! Je suis sans-le-sou alors que les autres ont les poches pleines ! »

« Pauvre de moi ! Je lui ai donné les plus belles années de ma vie et maintenant, je suis toute seule alors qu'il se remarie dans six mois ! »

« Pauvre de moi ! Je suis gentille et noble de cœur et pourtant, on m'a trahie ! »

« Pauvre de moi ! Je travaille deux fois plus et je gagne deux fois moins ! »

Dans chacun de ces cas, la perception de soi se limite à une expérience malheureuse. C'est ainsi que l'on nie sa capacité à se sentir heureux et en paix, satisfait de soi et de sa vie. Notre potentiel d'amour et de gratitude est sérieusement entamé. De plus, en se plaignant ainsi, c'est comme si on accusait indirectement les autres d'être responsables de notre malheur ; on les pousse à se sentir coupables. Celle qui joue les martyres va peut-être récolter davantage d'attention... mais elle ne fera que s'enliser davantage dans son statut de victime.

Quand une femme apprend à partager ses peines sans s'apitoyer sur elle-même, sans nourrir de ressentiment, elle reçoit la compassion dont elle a besoin. Progressivement, elle perdra l'habitude de faire preuve d'auto-misérabilisme. Dans le même ordre d'idées, les hommes quittent leur tendance à se montrer agressifs et méchants en apprenant à écouter et à comprendre les douleurs des autres, puis à partager les leurs. C'est vraiment étonnant de constater la vitesse avec laquelle une personne peut se libérer de schémas comportementaux pourtant solidement ancrés sur le plan inconscient dès lors qu'elle bénéficie d'amour, de compréhension et de soutien ! Durant mes séminaires hebdomadaires, il m'est souvent arrivé d'être le témoin de pareilles transformations !

Plus on apprend à comprendre quels sont nos besoins respectifs et nos réactions face au stress, plus nous sommes en droit de nourrir de l'espoir pour l'harmonie de notre couple comme pour celui de l'humanité toute entière ! En étant attentifs aux émotions verbalisées par les femmes, les hommes deviennent davantage conscients des leurs. Ils deviennent plus compatissants, plus attentionnés, plus compréhensifs et respectueux des femmes. Lorsqu'elles perçoivent cette compassion, les femmes sont plus à même de partager ce qu'elles ressentent et de guérir leurs blessures ; leur existence devient un jardin où s'épanouissent l'amour, la confiance, l'approbation, le pardon, la gratitude, la reconnaissance et un sens des responsabilités nouveau qui leur permet de vraiment diriger leur vie !

En apprenant à prendre soin de nous-mêmes quand nous sommes confrontés au stress, plutôt que d'attendre que ce soit notre partenaire qui s'en charge, nous cessons de vouloir lui faire porter la responsabilité de nos soucis. Nous devenons capables d'apprécier dans toute sa mesure le fait d'être pleinement responsables de ce que nous sommes et de ce que nous serons. Nous mettrons toutes nos compétences au service des autres pour les soutenir, tout particulièrement en période de stress.

Pour résumer, sous l'effet du stress, un homme a besoin de temps et de solitude pour trouver des solutions objectives au problème (comportement positif) ; une femme aura quant à elle besoin de temps et d'attention pour découvrir des solutions subjectives au problème (état d'esprit positif). Quand ils sont incapables de trouver le soutien dont ils ont besoin, chacun d'eux laisse son côté sombre prendre le dessus. Pour lutter contre les penchants négatifs de nos côtés obscurs respectifs, il est indispensable de savoir identifier une situation de stress qui s'amplifie. Dans le chapitre suivant nous nous attacherons à en étudier les signes. En les reconnaissant, vous serez plus facilement capable de soutenir votre partenaire en cas de situation difficile. Vous pourrez aussi mieux appréhender vos propres réactions au stress et serez mieux armé pour retrouver votre équilibre.

CHAPITRE 6

LES SYMPTÔMES DU STRESS

Chez les hommes, il y a trois symptômes majeurs du stress. Il est important que les femmes les connaissent car bien trop souvent, elles les interprètent mal, pensent que leur conjoint leur en veut et sont convaincues que la situation est catastrophique quand ce n'est que très rarement le cas. Ces manifestations sont : le retrait, le fait d'être grincheux et le repli total sur soi. Quand elles en sont témoins, les femmes en sont généralement très affectées ; elles croient qu'on ne les aime plus et que leur couple est en péril. Une bonne compréhension de ces réactions masculines au stress leur permettra d'être plus détendues et d'accompagner plus adroitement leur compagnon dans son retour à l'équilibre.

Les symptômes principaux du stress chez les femmes sont : le fait de se sentir dépassées par ce qu'elles vivent, les réactions excessives et l'épuisement nerveux. Les hommes eux aussi interprètent mal ce qu'elles expriment. D'ordinaire, quand une femme est sous le coup d'un stress intense et qu'elle s'emballe, son compagnon s'énerve de la voir s'énerver, ce qui ne fait qu'empirer les choses. En devenant apte à déceler chez sa compagne les signes de surcharge émotionnelle et en les interprétant correctement, il pourra avoir une attitude plus sereine et lui apporter le soutien dont elle a besoin.

PREMIÈRE RÉACTION MASCULINE AU STRESS : LE RETRAIT

Dans un premier temps, la façon dont un homme va réagir au stress consistera à se mettre en retrait de manière à se détacher de la situation. En subissant des tensions émotionnelles, il va vouloir se couper de son ressenti douloureux et pour ce faire, prendre du recul. Globalement, cela se manifeste par le fait qu'il cesse de communiquer. Il ne veut plus parler. Inévitablement, sa compagne se sent personnellement attaquée car elle ignore que c'est comme ça qu'il lutte contre son stress. Pire, elle va dramatiser les choses en imaginant qu'il ne l'aime plus ! De son point de vue, cela semble évident car elle se comporterait de cette manière uniquement si elle avait accumulé une bonne dose de ressentiment et si son conjoint se montrait très négligent ou indifférent. Elle ne peut pas comprendre que sous le simple effet du stress, il puisse se couper ainsi de tous ceux qu'il aime. Pour elle, c'est tout le contraire qui se produit : plus elle est sous le coup du stress, plus elle va s'inquiéter des autres et de leur bien-être ! Le détachement dont fait preuve son conjoint la dépasse et la perturbe assurément.

Devenant sourd à sa douleur, l'homme n'est plus conscient de celle de ses proches et perd ses facultés de compassion. Il se met à minimiser l'importance des problèmes qui surgissent autour de lui. Quand son empathie est sollicitée, il se met encore plus en retrait pour éviter de se frotter à ses propres émotions douloureuses. Il se conduit alors comme si tout allait parfaitement bien ! Comme il s'est coupé de sa sphère émotionnelle, il devient distant et rejettera toute invitation à communiquer intimement avec sa partenaire. Il ne souhaitera pas davantage qu'on lui apporte de l'aide. Une femme doit comprendre que lorsqu'il agit ainsi, cela signifie qu'il est en train de se battre intérieurement pour ne pas être submergé par sa souffrance. Dès lors, toute tentative féminine visant à le faire sortir de sa carapace aura de fortes chances d'être repoussée, même si elle est animée des meilleurs sentiments. Pour illustrer le propos, revenons à Bill. Quand il est accablé de soucis professionnels, il se met en retrait et semble préoccupé. Généralement, Mary suppose que c'est parce qu'il a quelque chose à lui reprocher et qu'il ne se soucie plus d'elle. En réalité, elle compte toujours à ses yeux mais son amour est éclipsé par son besoin de détachement.

DEUXIÈME RÉACTION MASCULINE AU STRESS : GROMMELER

À chaque fois que Mary va tenter d'influer positivement sur la mauvaise humeur de Bill, elle le rendra de plus en plus irritable. S'il ne parvient pas à se débarrasser de ses tensions internes et à retrouver l'équilibre, les choses empireront. C'est là qu'il devient véritablement grognon, surtout quand sa femme essaie de lui remonter le moral ou qu'elle organise des moments d'intimité. Si elle lui demande de faire quelque chose ou qu'elle s'acharne à vouloir le faire changer d'attitude, elle ne rencontrera qu'opposition et grognements. Bill aura le sentiment de n'être satisfait de rien. Rien ne lui fera envie, rien ne l'excitera. La plupart du temps, quand il s'isole ainsi dans son mutisme, il n'a pas conscience de paraître intimidant, menaçant, froid et défiant. Si on lui demande d'intervenir pour quoi que ce soit, il exprimera son opposition de multiples bougonnements, gémissements et plaintes, le plus souvent agrémentés d'un air renfrogné. Autant de manifestations qu'une femme aura tendance à interpréter comme un refus clair et net d'apporter son assistance. Et pourtant, elle se trompe. Son compagnon a simplement rétréci son champ de perception sous l'effet du stress, en vue de se concentrer sur ce qui le préoccupe. Si on vient le déranger pour quelque chose qui n'est pas lié de près ou de loin à ce qui l'obsède, il hésitera à y accorder de l'attention car ça le détournerait de son objectif principal. Le symptôme de cette résistance, c'est qu'il devient ronchon. Prenons l'exemple de Bill, toujours stressé et qui s'est plongé dans la lecture d'un magazine auquel il a décidé d'accorder toute son attention. Le voyant allongé sur le sofa, Mary se dit qu'il n'a rien à faire et considère qu'il pourrait sortir les poubelles. Seulement voilà, il va mal réagir à sa demande et rouspéter comme si elle avait interrompu un travail de la plus haute importance. Elle ne comprend pas, parce qu'elle est capable de facilement passer d'une activité à une autre. Les hommes quant à eux se cantonnent généralement à ne s'occuper que d'une tâche ou d'un souci à la fois. Ils attendent d'avoir terminé pour passer à autre chose. Quand on leur suggère de laisser en plan ce qu'ils sont en train de faire pour s'occuper d'autre chose, ils stressent et protestent. Ce qu'il faut bien comprendre, c'est qu'un homme stressé qui râle un peu quand on lui demande quelque chose, c'est un homme qui a le désir de vous aider ! S'il restait tout simplement silencieux, cela indiquerait qu'il se demande si oui ou non il a envie de vous rendre service. Par contre, quand il grogne, c'est qu'il le souhaite mais se confronte à ses résistances intérieures, qui ne sont que le fruit de son stress.

Ce phénomène d'opposition masculine est lié à une différence physiologique fondamentale entre hommes et femmes. Le cerveau féminin présente en effet un corps calleux plus développé (il s'agit du tissu qui connecte les deux hémisphères cérébraux). Des recherches scientifiques ont avancé que cette caractéristique expliquerait que les femmes soient capables de très rapidement mobiliser différentes régions de leur cerveau. Elle leur permet de passer plus aisément d'une activité à une autre. Une femme ne rouspétera, quand on lui demande quelque chose, que si elle estime que la requête est abusive. Ses grognements n'auront pas grand-chose à voir avec le fait de devoir délaisser son activité pour une autre. Alors que pour un homme stressé, il ne s'agit que de cela. Il grognera même s'il a envie de vous aider et même s'il trouve que votre demande est justifiée. Ses grognements expriment qu'il se prépare à quitter de vue ce qui mobilise toute son attention pour passer à autre chose.

La plupart du temps, les femmes se sentent mal à l'aise quand leur compagnon est dans cet état. Elles n'osent pas le solliciter car il leur donne l'impression de trouver toute demande abusive. Elles pensent que forcément, il jugera la requête injustifiée et qu'il nourrira de la rancune, puisque c'est là ce qu'elles signifieraient si elles étaient aussi grincheuses que lui. Elles savent qu'en pareilles circonstances, si elles cédaient et faisaient ce qu'on exige d'elles, leur ressentiment ne ferait que grandir. Les femmes interprètent les grognements masculins comme s'ils avaient le même sens que les leurs.

Alors que j'entamais l'écriture de ce chapitre, ma femme est entrée dans mon bureau et m'a interpellé sur un air taquin : « Interruption, interruption ! Je demande votre attention un instant, s'il vous plaît ! Nous pouvons planifier votre visite médicale lundi à 18 heures ou vendredi à 11 heures. Quelle est votre préférence ? » J'ai alors concentré mon attention sur les mécanismes de résistance qui se mettaient en branle en moi. J'ai saisi mon visage entre mes mains en signe d'agacement et puis, j'ai prêté à ma compagne l'attention qu'elle réclamait. J'ai constaté qu'elle avait accepté que je me montre exaspéré. Elle fut capable d'interpréter correctement ce que j'exprimais et de ne pas le prendre pour un reproche. Parce qu'elle savait comment je réagissais en cas de stress, elle avait pu aborder les choses en se montrant gaie et légère ; elle a même pu anticiper que je serais grincheux. Et j'ai cessé de rouspéter aussi vite que j'avais commencé !

Il existe une autre raison qui fait que les femmes interprètent mal l'attitude de leur compagnon. Quand il se montre irritable, elles se disent qu'il doit considérer qu'il en fait déjà bien assez, voire plus qu'elles. Si elles réagissent ainsi, c'est parce qu'elles ont l'habitude de tenir les comptes des bonnes actions de chacun au sein du couple… Autant elles sont fortes pour donner d'elles-mêmes – encore et encore – autant elles gardent en mémoire ce qu'elles ont obtenu en retour… Une femme peut se montrer généreuse et garder le sourire même si le score est de 20 contre 1 en sa défaveur. Quand il passe à 30 contre 1 (selon elle), elle commence en général à rouspéter comme le fait un homme. Ce que les femmes ne savent pas, c'est que lorsqu'un homme est râleur, ça n'a bien souvent rien à voir avec ce qu'il pense de son degré d'implication dans le couple et d'un quelconque déséquilibre des comptes en la matière. Par contre, il est certain que lorsqu'une femme évite de perturber son compagnon grognon quand elle a besoin de lui, elle ne fait que favoriser le déséquilibre…

L'ART DE SOLLICITER SON COMPAGNON

Pour obtenir de l'aide, une femme doit apprendre à la solliciter. Il faut absolument qu'elle se dise que si elle ne demande pas, elle n'aura rien. Or, les femmes ont tendance à imaginer que puisqu'elles sont constamment dans le don, leur compagnon va forcément faire preuve de gratitude et se montrera extrêmement généreux sans qu'elles n'aient besoin d'intervenir pour ça. Bien entendu, être généreuse augmente vos chances de voir votre conjoint faire de même. Néanmoins, il est très important d'apprendre à demander sans paraître exigeante, et de le faire de manière directe plutôt que d'user de vagues sous-entendus.

Les femmes craignent parfois de déranger leur mari grognon. Il les impressionne. Ce dont elles ont le plus peur, ce n'est pas d'un refus ; c'est qu'il accepte en râlant pour leur en vouloir ensuite. Cependant, elles constateront que s'il apporte son soutien bien qu'en signifiant ouvertement que ça l'ennuie, ses grognements cesseront très vite. Bill, par exemple... Après avoir sorti les poubelles, il va beaucoup mieux ! Si en rentrant chez lui, sa femme affiche un sourire reconnaissant, sa mauvaise humeur ne sera plus qu'un lointain souvenir et il se sentira certainement bien mieux qu'avant qu'elle ne lui ait demandé de l'aide. C'est un comportement totalement étrange pour une femme. Si elle acceptait bon gré mal gré de rendre service alors qu'elle est d'humeur grincheuse, elle en ressortirait encore plus exténuée qu'elle ne l'était auparavant et pleine de ressentiment. Elle commet donc l'erreur de projeter sa réalité féminine sur son compagnon. C'est parce qu'elle craint qu'il n'aille encore plus mal et que son humeur ne se dégrade encore qu'elle n'ose pas le déranger quand il est stressé. Pour surmonter cette réticence, une femme doit apprendre à demander de l'aide tout en laissant à son partenaire le droit de refuser. Ce dernier point est absolument essentiel quand on sollicite quelqu'un. Si on ne lui reconnaît pas la liberté de refuser, ce n'est plus d'une demande qu'il s'agit, mais d'une exigence, une obligation. Procéder à une requête sans être disposé à entendre un *non* est générateur de problèmes. A contrario, accepter avec bienveillance cette réponse négative ne passera pas inaperçu. La prochaine fois qu'il sera sollicité, l'homme à qui on a reconnu ce droit au refus aura davantage envie de se montrer utile. De surcroît, quand une femme aborde ainsi les choses, elle permet à son conjoint de réaliser que la participation aux tâches domestiques est sur le point de devenir inéquitable. Il sentira qu'on a besoin de lui tout en appréciant de ne pas être méjugé ou critiqué. Il comprendra également que sa compagne est capable de mettre ses désirs de côté pour respecter les siens mais qu'elle a cependant toujours besoin de lui. Et pour finir, il aura l'opportunité de l'aider et de lui rendre la vie plus agréable ! Il est toutefois à déplorer que les femmes agissent généralement à l'opposé de ce modèle : elles ne demandent rien et reprochent secrètement à leur mari de ne pas être serviable. Et puis, quand le score passe à 20 contre 0, elles finissent enfin par le solliciter. Quand à cette occasion elles se heurtent à des grommellements, elles s'indignent : « Comment ose-t-il se plaindre alors que je fais tout ici pendant qu'il reste assis dans son fauteuil ?! » Il arrive même qu'elles anticipent la réaction de leur conjoint, qu'elles s'endurcissent en conséquence et se mettent à exiger plutôt que demander. Dans ces circonstances, il est très difficile à un homme de répondre favorablement à des paroles culpabilisantes. Il n'a pas non plus envie d'accepter sous la contrainte ; c'est librement qu'il veut pouvoir donner.

Cette analyse permettra sans nul doute aux femmes de mieux comprendre pourquoi leur compagnon peut avoir l'air paresseux. Le plus souvent, il est fermement convaincu que la situation est équitable, simplement parce que sa compagne donne toujours d'elle en étant souriante (ce qu'à son avis, elle ne ferait pas si elle était frustrée). Il est tout bonnement incapable d'imaginer que le score soit de 20 à 0 si elle lui donne l'impression d'être parfaitement satisfaite de la façon dont s'organise la vie de couple. Lui, s'il avait le sentiment de donner largement plus que ce qu'il reçoit, il cesserait immédiatement jusqu'à ce qu'il ait obtenu quelque chose en retour... L'autre élément fondamental à retenir, c'est que lorsqu'une femme réclame de l'aide à son mari bougon, elle ne doit pas chercher à argumenter. Son plus grand tort serait d'accompagner sa requête de justifications expliquant pourquoi il *devrait* s'y coller, ou de lui dire que c'est *son tour* et qu'elle s'en est déjà occupée mille fois plus souvent que lui. Non. Elle demande, puis se tait. Elle marque ainsi une pause éloquente, un moment où le silence est lourd de sens et où tout devient possible... Laissez-le donc râler pendant qu'il s'habille et qu'il sort en vitesse, à dix heures du soir, pour aligner les poubelles sur le trottoir... Pendant qu'il est dehors, prenez toute la mesure de l'amour et du soutien qu'il vous porte et quand il rentre, accueillez-le comme le sauveur en armure qui vous a épargné de devoir sortir en pleine nuit ! La prochaine fois, il grognera un peu moins, jusqu'à ce qu'il finisse par vous soutenir de sa propre initiative tant vous lui en êtes reconnaissante ! Le fait d'accepter avec tendresse son côté grincheux est ce qui l'aidera à en guérir !

TROISIÈME RÉACTION MASCULINE AU STRESS : LE TOTAL REPLI SUR SOI

Si les tensions continuent à s'accumuler, Bill finira par totalement se replier sur lui-même. Ce sera comme si en l'espace d'un instant, il avait perdu toute capacité à s'émouvoir. Il sera insensible et froid. Cette réaction au stress est une sorte de réflexe que les femmes comprennent mal car quand elles se ferment aux autres, c'est par choix. En conséquence, elles sont persuadées que leur conjoint est en train de les punir alors qu'elles ne lui ont rien fait de mal. Elles croient qu'il contrôle son attitude, qu'elle est volontaire, alors qu'en réalité, il s'agit d'un automatisme qui permet à un homme de se protéger quand il est assailli d'émotions trop douloureuses. Et bien que les femmes pensent que cette réaction exprime le rejet, elle ne signifie rien d'autre qu'un besoin d'espace.

Dans la tradition amérindienne, lorsqu'un guerrier était énervé, il se retirait dans sa caverne et personne n'avait le droit de l'y suivre. Tout le monde comprenait qu'il avait besoin de solitude pour réfléchir intensément à ce qui le perturbait. Sa squaw savait que si elle le suivait, elle risquait d'être brûlée par le dragon qui vivait dans la grotte. Et le guerrier ne ressortait que lorsqu'il s'en sentait prêt.

Quand un homme ressent le besoin de s'isoler des autres, c'est un signe qui doit vous faire comprendre qu'il ne faut absolument pas tenter de lui venir en aide, de quelque façon que ce soit. Respectez juste son besoin d'isolement et comprenez qu'il lui est nécessaire de pouvoir affronter seul sa colère et sa souffrance. Soyez-lui reconnaissante d'avoir envie de résoudre son problème. Faites-lui confiance sur le fait qu'il possède les ressources pour en venir à bout. Ne le touchez pas ! Si les Indiens mettaient en garde contre le dragon, c'est parce qu'ils savaient que lorsqu'un homme était renfermé sur lui-même et qu'on le poussait à s'ouvrir, il montrait son côté sombre...

POURQUOI CE REPLI SUR SOI ?

La plupart des hommes réagissent à un stress intense en se coupant de leur sphère émotionnelle et en observant la situation de la manière la plus objective possible. Même si son côté féminin est particulièrement développé et se manifeste dans plusieurs facettes de son existence, quand il est fortement énervé, il aura tendance à se mettre en retrait pour réfléchir à ce qui s'est passé. On appelle cela *ruminer*. Sa conscience se contracte jusqu'à se focaliser sur un seul point. Il tente de se sortir de sa mauvaise passe en empêchant ses émotions de se manifester car ce n'est qu'en accédant à un état d'esprit objectif qu'il pourra aller mieux. La nature principale d'un homme est masculine ; c'est ce qui explique qu'il ait besoin de temps et d'espace pour combattre le stress. Cette mise à l'écart volontaire a pour effet de renforcer sa force masculine. Il n'est pas encore l'heure pour lui d'explorer ses émotions. Il le fera plus tard, quand il aura retrouvé son équilibre. De toute façon, sous l'effet du stress, il serait incapable d'y voir clair. C'est pourquoi la grande majorité des hommes traversant une période difficile ont besoin de perdre en sensibilité pour gagner en rationalité et avoir une vision précise de ce qui leur est arrivé. Les femmes se sentent habituellement menacées par l'attitude de leur partenaire en pareille occasion. Pour qu'elles agissent d'une manière similaire, il faudrait vraiment qu'elles soient énervées au point d'avoir envie de rejeter la personne qu'elles jugent responsable. Il est important de noter que tel n'est pas le cas pour un homme ! Sa réaction est un réflexe, celle d'une femme procède d'un choix conscient ! Pour elle, une telle attitude de repli sur soi signifie généralement qu'elle renonce à toute idée de réconciliation. Il faut pour cela qu'on l'ait blessée à plusieurs reprises. En conséquence, elle refusera d'accorder sa confiance à cette personne, n'en voudra plus à ses côtés et se montrera volontairement froide. Le sens que revêt ce repli sur elle-même diffère totalement de celui qu'il a pour un homme. Pour lui, il ne s'agit simplement que d'un moyen de reconquérir son équilibre et d'éviter de sombrer sous les assauts de ses émotions négatives.

Un homme a la faculté de se fermer complètement en l'espace de quelques secondes. Pour une femme il en va là encore autrement. Chez elle, le processus est graduel. Très progressivement, elle va accumuler les briques de ressentiment jusqu'à construire un mur de rancœur. Au terme de cette phase, elle choisira de se protéger en s'isolant de ses émotions pour être imperméable aux souffrances. Il existe une autre différence notoire entre les comportements masculin et féminin : le temps nécessaire pour redevenir présent à l'autre. Chez les hommes, le processus est souvent très rapide alors que chez les femmes, il exige plus de temps. De ce fait, elles ont du mal à croire que leur compagnon se sente réellement mieux ; elles supposent qu'il joue la comédie car elles-mêmes ne pourraient pas sortir de leur position de repli avec autant de rapidité qu'eux. Quand une femme se ferme, elle a besoin de verbaliser abondamment sa souffrance et de guérir avant de s'ouvrir à nouveau. Un homme n'a généralement besoin que de suffisamment d'espace... D'où une réaction très désagréable quand on essaie de l'inciter à sortir de sa retraite avant qu'il n'y soit prêt et qu'il ne le décide lui-même ! Accordez-lui donc tout le temps qu'il lui faudra pour être plus calme et comprendre ce qui s'est passé. Lui demander de vous dire comment il se sent dans un moment où il s'est coupé de ses émotions, c'est s'exposer au conflit ! D'ailleurs, celle qui s'y est frottée est ensuite encore plus anxieuse quand elle voit son conjoint se replier sur lui-même... Pour sortir de ce cycle infernal, comprenez simplement que le dragon ne se manifeste que si on vient le déranger dans sa caverne !

Quant aux hommes, ils doivent faire preuve de compréhension envers leur femme. Si elle réagit mal quand ils se coupent d'elle, c'est avant tout parce qu'elle interprète ce repli en fonction de ce qu'il signifierait pour elle. Elle imagine que la situation est extrêmement grave pour que la fermeture soit aussi brutale ! Rassurez votre compagne quand vous avez besoin de vous isoler en lui disant que ce n'est que passager et que lorsque vous vous sentirez mieux, vous pourrez en parler ensemble. Je vous suggère d'employer ce genre de formule : « J'ai besoin d'être seul pour réfléchir mais ne t'inquiète pas, je reviendrai vers toi et nous en discuterons. » Peut-être qu'au début, cela vous paraîtra un peu difficile et que vous ne pourrez que préciser votre besoin d'isolement et l'assurance d'un retour. Ce n'est probablement qu'avec la pratique que vous pourrez aborder l'éventualité d'une discussion a posteriori. En effet, dire : « Nous en parlerons ensuite » sonne comme un engagement fort aux oreilles d'un homme et cette réaction n'est pas typiquement masculine. Cependant, lorsqu'un homme est plus équilibré sur le plan de ses énergies masculine et féminine, il lui devient plus aisé d'envisager la possibilité de parler avec sa compagne de ce qui l'a à ce point tourmenté. En revanche, il se peut qu'il réalise durant sa phase d'introspection qu'il n'y avait pas de quoi fouetter un chat et que donc, il n'ait aucun besoin d'en discuter ! Dans ce cas de figure, il se rend compte qu'il a réagi de manière excessive ou qu'il avait mal considéré la situation et que finalement, il n'y a plus de problème. Mesdames, quand votre compagnon affirme qu'il va bien après une période de repli, croyez-le et détendez-vous !

LES FEMMES ET LE STRESS

Un homme sous l'emprise du stress va se retrancher dans son mental pour se reconnecter à sa nature profonde et retrouver l'équilibre. En revanche, une femme aura besoin d'accueillir ses émotions pour parvenir aux mêmes fins. S'il ne lui est pas possible d'analyser son ressenti, elle sera davantage déséquilibrée, ce qui se traduira par trois réactions majeures : se sentir dépassée, se montrer excessive et souffrir d'épuisement nerveux. Ce sont là en quelque sorte les équivalents féminins aux symptômes masculins. Il est essentiel que les hommes apprennent à les identifier pour correctement interpréter le comportement de leur compagne. Dans le cas contraire, ils tenteront de l'en blâmer ou de se défendre, ce qui ne sera ni approprié, ni productif. De plus, en dénaturant ce qu'elle ressent et exprime, ils ne feront qu'aggraver le déséquilibre de leur femme et la pousser à sortir de ses gonds !

PREMIÈRE RÉACTION FÉMININE AU STRESS : SE SENTIR DÉPASSÉE

Quand elle lutte contre le stress, la psyché féminine fonctionne encore plus en mode émotionnel. Lorsqu'une femme est submergée d'émotions qu'elle n'a pas l'habitude de ressentir en si grand nombre, elle perd l'équilibre et n'est bien souvent plus capable de séparer clairement son ressenti de celui des autres. En clair, elle va penser qu'il est de son devoir de s'occuper aussi bien de ses besoins que de ceux des autres personnes qui lui sont chères. Elle commence dès lors à avoir la sensation de crouler sous les obligations, à se dire qu'elle a bien trop de choses à faire et qu'elle ne peut absolument pas se reposer avant que tout ne soit accompli. Elle se sent tiraillée de toutes parts. Et puis, comme elle a tendance à faire passer les souhaits de son conjoint et des autres membres de son entourage avant les siens, elle se sent de plus en plus mal. Pourtant, elle va continuer à donner sans se nourrir elle-même, ni sans forcément chercher le soutien qui lui serait nécessaire. Il se peut même qu'elle devienne particulièrement soumise aux désirs d'autrui, devenant incapable de dire non jusqu'à ce qu'elle soit totalement épuisée sur le plan nerveux.

Au stade où elle se sent débordée, une femme perd la faculté de poser des priorités. Considérant les pressions qui s'exercent sur elle et ses multiples responsabilités, il lui semble que tout a la même importance et présente le même degré d'urgence : payer les factures en retard, nettoyer sous les lits, arroser les plantes, repasser les chemises de son conjoint, répondre à plusieurs coups de téléphone, se préparer pour sortir le soir même, choisir un lieu pour le pique-nique de la semaine suivante, sortir le chien d'une amie… Prenons l'exemple de Mary, passablement énervée. Bill lui demande innocemment si elle veut bien donner un coup de téléphone pour lui, un appel sans réelle importance (il est devenu coutumier de ce genre de demandes anodines parce qu'elle lui répond toujours positivement et avec le sourire). Si elle lui disait simplement : « Navrée, j'ai vraiment trop de choses à faire en ce moment », il n'en prendrait pas ombrage et pourrait même se demander comment il pourrait la soulager de certaines tâches. Malheureusement, ce ne sont pas vraiment les mots qui lui viennent à la bouche quand elle est stressée… Aussitôt qu'il a fini sa phrase, elle lui répond avec une voix trahissant son agacement et sa fatigue : « Non, je ne peux pas. Je dois préparer le déjeuner. Et puis, j'ai déjà l'institutrice de Julie à appeler, il faut que je change la couche du petit, je dois nettoyer tout le bazar qui règne dans la maison, faire les comptes, finir la lessive, et ce soir, on doit sortir au cinéma ! Alors, vraiment, je n'ai pas le temps de passer ton coup de téléphone ! » Instantanément, Bill répond au stress de Mary par sa propre réaction au stress : il se met en retrait et se détache de la situation, de son ressenti et de sa femme. Sinon, il serait incapable de retourner s'asseoir sur le canapé pour regarder la télévision… Plutôt que d'avoir envie d'aider Mary, il lui en veut d'avoir besoin d'aide. Pourtant, son ressentiment n'est pas motivé par les raisons qu'imagine sa compagne. Il lui reproche en fait de ne pas lui avoir demandé secours auparavant ; il lui en veut de lui avoir donné l'impression de ne pas être à la hauteur… En langage martien, on appelle ça avoir le sentiment d'être un raté, ou avoir été rabaissé plus bas que terre. En réalité, ce n'est pas Mary qui l'a rabaissé, mais lui-même, en interprétant mal les propos et l'énervement de sa femme. Néanmoins, il se sent diminué. Et ce ressenti est pour lui une réalité. Il est à présent exaspéré parce qu'il se dit qu'il a failli à ses devoirs envers Mary : quand elle est heureuse, il pense que c'est grâce à lui ; alors quand elle va mal, il se sent responsable… Quand elle exprime son abattement, il se sent visé, imaginant qu'il en est la cause ou qu'il aurait dû être capable de lui épargner d'en arriver là. Il ne réalise pas que l'état dans lequel se trouve sa compagne n'a rien à voir avec lui. Pour lui, c'est comme si elle le blâmait pour ne pas la soutenir suffisamment. Comme elle se plaint de tout ce qui repose sur ses épaules, il croit qu'en plus de l'accuser de ne pas l'aider assez, elle estime qu'il lui en demande trop ! Or, ce n'était absolument pas l'intention de Mary…

Quand un homme se met en retrait, ce qu'une femme entend, c'est qu'il ne se préoccupe plus d'elle. En vérité, il ne lui dit rien de tel : il ne fait que prendre soin de lui. D'une manière similaire, quand une femme manifeste son énervement et le fait qu'elle se sente débordée, elle ne reproche rien à son compagnon : elle ne fait que prendre soin d'elle. Elle souhaite juste partager ses émotions pour avoir l'opportunité de se sentir comprise, car l'empathie de celui qui l'écoute l'amènera à se sentir apaisée et à être en mesure de mieux définir ses priorités.

QUE SE PASSE-T-IL CHEZ UN HOMME QUAND SA FEMME EST SURMENÉE ?

Dans un premier temps, il va faire preuve de détachement pour ne pas se confronter au sentiment d'être coupable et défaillant. Le désarroi de sa compagne, le fait qu'elle soit bouleversée et malheureuse sont autant de choses dont il se sent responsable. Il se dit que d'une certaine manière, il n'a pas été à la hauteur, mais il ne voit pas comment le reconnaître sans perdre la face. Il évitera aussi de dire à sa femme qu'il est contrarié, parce qu'il n'a pas envie qu'elle soit encore plus malheureuse à cause de lui. Il ne dira pas non plus qu'il est désolé de ne pas avoir fait ce qu'il faut pour lui faciliter l'existence ; pas davantage qu'il se soucie d'elle et que ça l'inquiète de savoir qu'elle se sent seule et sans soutien. Il ne prononcera pas ces mots : « Je comprends à quel point ça peut être difficile pour toi. » Il ne la prendra pas dans ses bras en lui disant : « Je t'aime. Viens, on va parler un peu... » Il le pense sincèrement. Mais il ne le dira pas. Non seulement il ignore comment l'exprimer, mais en plus, il ne sait pas à quel point elle en aurait besoin. Quel dommage ! Son ignorance des besoins de sa femme en période de stress et son incapacité à communiquer ses émotions font qu'automatiquement, il se met en retrait. L'ironie de l'histoire, c'est que sa compagne interprète cette réaction comme un manque cruel d'intérêt pour elle. Au plus profond de lui, il est malheureux de la voir si mal en point mais extérieurement il n'en laisse rien apparaître et se comporte comme si de rien n'était. Et progressivement, sa résistance intérieure va grandir, ce qui aura pour effet de voir sa femme se sentir de plus en plus abandonnée, énervée et impuissante.

Que les hommes interprètent mal les réactions de leur femme et qu'ils se sentent mis en défaut est intimement lié au fait qu'elles déballent tout ce qui les préoccupe pêle-mêle, comme si tout était crucial. Un homme aura quant à lui tendance à contenir ses émotions et à se focaliser sur un seul « gros » souci. Il n'énumérera toute une liste de problèmes que s'il a envie de culpabiliser quelqu'un. C'est pour cette raison qu'il pense qu'une femme agissant ainsi lui adresse des remontrances. Le plus cocasse, c'est qu'elle va réellement commencer à lui en vouloir quand il prendra de la distance. Ceci démontre une fois de plus que lorsque nous interprétons mal l'attitude d'autrui, nos préjugés se transforment en prophéties auto-réalisatrices ! Deux personnes qui s'aiment profondément mais qui n'ont pas conscience de leurs différences peuvent en très peu de temps se mettre à nourrir de la rancœur, à retirer leur confiance et à se faire la guerre !

Quand une femme croule sous le stress et qu'elle se sent dépassée, un homme doit devenir pour elle une table d'harmonie : elle émettra des vibrations sonores qui vont résonner en lui. Il peut véritablement l'aider à retrouver la paix juste en l'écoutant et en lui montrant qu'il comprend sa frustration. Il est à déplorer que les hommes n'agissent hélas pas spontanément en ce sens... Ils se disent qu'on attend d'eux qu'ils interviennent pour changer les choses. Concrètement, après avoir entendu leur femme évoquer quelques-unes de ses préoccupations, ils s'empressent de vouloir proposer une solution à chacune d'entre elles en se disant que s'ils ont vu juste, le problème sera résolu et qu'elle ira mieux. En fait, c'est ce qui fonctionne pour eux : quand ils sont énervés et qu'ils trouvent une solution à leur problème, ils vont immédiatement mieux. Imaginez leur déconvenue quand, au lieu de faire plaisir à leur compagne, ils l'entendent énumérer toujours plus de problèmes et paraître de plus en plus irritée ! Ils se sentent rejetés et sont désemparés. Ils ont l'impression que quoi qu'ils fassent, quoi qu'ils disent, il est impossible de la satisfaire. Elle est rarement heureuse et leur paraît exiger bien plus qu'ils ne peuvent donner. Et dans ces circonstances, même si un homme a vraiment envie d'aider sa partenaire, il se montrera insensible parce qu'il a l'impression qu'elle lui attribue la responsabilité de tous ses maux.

En général, quand Mary se sent submergée par le stress, Bill fait preuve d'impatience. Pour lui, elle ne fait que se plaindre et s'apitoyer sur son sort. Il a envie de lui dire : « Cesse donc de t'emballer comme ça pour tout et pour rien ! Tu t'énerves toute seule ! Tu n'es pas obligée de tout faire aujourd'hui ! Et puis, ça n'a pas tellement d'importance ! Tu ne pourrais pas juste être un peu heureuse ? Tout n'est pas si noir, tout de même ! Tu as constamment trop de choses à faire ! » Prononcer ces paroles ne ferait assurément qu'empirer les choses. Mary a besoin de soutien, pas qu'on lui fasse la leçon… Ce qui lui serait réellement utile pour aller mieux, c'est une oreille compréhensive et compatissante. Pour obtenir cela de la part de son conjoint, Mary doit comprendre qu'il interprète mal ses réactions, qu'il est convaincu qu'elle lui fait des reproches. Elle peut bien entendu lui demander de l'aide mais doit auparavant lui dire qu'elle est stressée et qu'il n'en est pas responsable. Elle pourrait lui dire : « Si je te donne l'impression de te faire des reproches, j'en suis désolée. Ce n'est vraiment pas de ta faute. » Ces quelques mots peuvent faire toute la différence pour un homme : CE N'EST PAS DE TA FAUTE !

Quand un homme est en train d'écouter sa femme lui exposer ses émotions, il faut qu'il se défasse de son envie de rectifier son attitude ; il doit absolument comprendre qu'elle n'en a aucunement besoin. Elle est déjà engagée dans son processus de guérison, même s'il ne s'en rend pas compte et qu'il n'y voit que des lamentations. Grâce à l'écoute bienveillante qu'on lui offre, sa façon de penser va automatiquement évoluer dans le bon sens. Il y a une phrase qui peut lui être particulièrement bénéfique et que son compagnon peut prononcer après qu'elle aura bien développé ce qu'elle ressent : « C'est fou que tu sois capable de parler aussi bien de ce que tu éprouves. Je n'y parviendrais pas aussi bien que toi. » Évidemment, il faut que ces paroles soient sincères ! Sinon, elles se retourneront contre lui.

COMBLER LES BESOINS ÉMOTIONNELS FÉMININS

Ainsi que nous l'avons vu, ce dont a réellement besoin une femme submergée par le stress, c'est que quelqu'un comprenne sa souffrance et son malaise pour attester que ses émotions sont légitimes. Elle doit aussi pouvoir explorer et partager ses craintes sans qu'on l'en blâme. Or, obtenir ceci d'un homme est quasiment impossible si elle ne lui précise pas auparavant qu'elle apprécie son aide et qu'il n'est pas responsable de son état. Il est souvent difficile à une femme de recevoir le soutien qui lui fait défaut parce que, lorsqu'elle verbalise ce qu'elle ressent, ses mots sonnent comme des reproches. Par contre, en règle générale, une autre femme la comprendra immédiatement. C'est la raison pour laquelle il sera judicieux qu'elle puisse s'ouvrir de ses soucis à une autre femme et qu'elle ne compte pas uniquement sur son partenaire. C'est un objectif noble pour un homme de vouloir comprendre ce que traverse sa compagne quand elle est surmenée ; mais jusqu'à ce qu'il ait développé cette compétence, il faudra qu'une femme recherche principalement le soutien de ses amies dans ces moments difficiles.

DEUXIÈME RÉACTION FÉMININE AU STRESS : RÉAGIR DE MANIÈRE EXCESSIVE

Du fait de son surmenage, une deuxième manifestation du stress va opérer sur une femme. Son énervement s'amplifiant, elle va avoir tendance à dramatiser la situation. Se méprenant fréquemment sur ce qui est véritablement à l'origine de son stress, elle pourra confondre la cause et l'effet. Par exemple, si sa journée a été désastreuse et éprouvante et que son mari s'approche d'elle, il n'est pas rare que la raison initiale de son stress lui sorte de l'esprit et qu'elle réagisse comme si c'était lui qui en était la cause. En quelque sorte, l'intégralité de ses tensions se reporte sur son conjoint. Finalement, en parlant de tout ce qu'elle aura enduré, elle pourra commencer à se décrisper. Mais jusqu'à ce qu'elle soit totalement soulagée, on aura l'impression en l'écoutant que ce qu'elle est en train de dire est l'unique cause de ce qu'elle ressent. Son compagnon pourra à cette occasion avoir le sentiment d'être accusé et puni injustement.

Pendant qu'elle traverse cette épreuve, une femme aura l'air de prononcer des paroles irrationnelles, injustes, contradictoires et illogiques. Plus tard, elle avouera ne plus s'en souvenir ou affirmera qu'elle ne le pensait pas vraiment. Il n'est même pas exclu que quelques minutes après, elle puisse en rire ! C'est un peu comme pour les hommes en cas de stress : d'abord, ils sont irritables et rouspètent et puis, si on ne s'oppose pas à eux et qu'on ne leur jette pas la pierre, ça passe assez rapidement. Tout comme une femme doit en pareil cas apprendre à demander de l'aide et ne pas s'offusquer des grognements de son compagnon, un homme doit apprendre à inviter sa femme à lui confier ce qu'elle ressent, à l'écouter sans imaginer qu'elle l'accuse, sans être sur la défensive, sans insister pour qu'elle se calme, sans l'interrompre en corrigeant ce qu'elle dit, sans vouloir lui livrer son avis et sans lui faire la morale. Même si elle a l'air de lui faire porter la responsabilité de son état, ce n'est pas cela que ses mots expriment. Elle est tout simplement en train de faire le tri dans tout ce qui lui pèse. En toute sincérité, elle ignore ce qui l'ennuie principalement, dans quelle mesure son conjoint y serait pour quelque chose ou quelles pourraient être les autres sources de son surmenage.

Denise a 38 ans. Elle est comptable et mère de trois enfants. Son mari, Randy, est architecte. Un jour, il rentre du travail avec quinze minutes de retard. Sa femme l'attend, froide et silencieuse. Il lui demande en s'asseyant : « Le dîner est prêt ? Je meurs de faim ! » À cet instant, elle lui dépose sèchement son assiette sur la table et lui assène : « Tiens, c'est brûlé. » Intérieurement, Randy est furieux et se sent offensé. Il se demande comment sa femme peut lui en vouloir d'avoir quinze minutes de retard et en être à ce point énervée. Il quitte sa chaise bruyamment, balance quelques obscénités et sort en claquant la porte pour aller manger ailleurs. Sa réaction déroute Denise. Quand les femmes réagissent de manière excessive, les hommes ont l'impression qu'elles les blâment. En conséquence, ils se disent : « Eh bien, puisque je suis puni, autant que ce soit pour quelque chose ! » Finalement, ils se comportent d'une façon qui justifierait qu'elle ait une réaction aussi vive que celle qu'ils ont affrontée. Cette envie irrépressible de sanctionner leur femme est une des sources principales des problèmes relationnels du couple. Dès lors qu'un homme accepte et comprend que sa compagne ne transfère pas délibérément toutes ses émotions négatives sur lui et qu'*il y a toujours une longue liste d'éléments qui la perturbent quand elle réagit excessivement,* il ne le prend plus comme un reproche personnel. Il peut faire preuve d'indulgence et comprend que si elle s'est autant énervée, ça n'a pas grand-chose à voir avec son retard. En réalité, elle a vécu une très longue et exténuante journée *au terme de laquelle* il est arrivé en retard. Elle rencontre enfin quelqu'un à qui s'ouvrir de ce qui la perturbe et c'est face à lui qu'elle s'épanche.

Passons en revue la journée stressante de Denise. Alors qu'elle faisait le point sur sa comptabilité, elle constata que deux chèques n'avaient pas été enregistrés. Elle supposa que le responsable était certainement son étourdi de mari à qui il arrive occasionnellement d'avoir ce genre d'oubli. À ce stade de la journée, elle était encore plus énervée de ne pas pouvoir équilibrer les comptes parce que Randy n'était pas là pour lui fournir les informations dont elle avait besoin. C'était sa première source d'énervement. Disons qu'elle était stressée à 20 pour cent. Une heure et demie plus tard, alors qu'elle se préparait une tasse de thé, elle vit que sa fille Katherine avait oublié son déjeuner sur la table de la cuisine. Deuxième source d'énervement. Devait-elle lui apporter son repas à l'école ou laisser une enfant de 12 ans mourir de faim ? Le stress découlant de cette situation est de 10 pour cent, ce qui fait que Denise se sent désormais stressée à 30 pour cent. C'est ce qu'on appelle le cumul des charges émotionnelles ; et ça ne survient pas que chez les comptables, mais chez toutes les femmes qui sont en situation de surmenage. Ici réside le fondement *rationnel* d'une réaction qu'un homme jugera irrationnelle et injuste.

Après y avoir bien réfléchi, Denise décida de se rendre à l'école pour que Katherine puisse avoir de quoi manger à midi. Malheureusement, la voiture refusa de démarrer. La batterie était à plat parce que quelqu'un avait laissé une des portières ouverte toute la nuit. Nouveau stress, d'une valeur estimée à 30 %. Nous en sommes donc à 60 % de stress cumulé. Imaginez un instant qu'à ce moment très précis, Katherine téléphone à sa mère pour lui annoncer qu'elle a oublié son déjeuner à la maison... Elle affronterait une réaction de stress qui ne serait pas équivalente à celui généré par son seul oubli, mais bien plus importante ! Heureusement pour elle, elle n'a pas appelé...

Denise, exaspérée, retourne chez elle et contacte l'automobile-club pour qu'on vienne la dépanner. Au passage, elle récupère son courrier. Pendant qu'elle est au téléphone, elle ouvre une lettre de la banque et lit que le solde de son compte est débiteur. Normalement, cet élément isolé lui procurerait environ 30 % de honte et de déception. Mais là, son niveau global de stress atteint les 90 % ! Plutôt que d'être légèrement déçue par son étourdi de mari, elle le trouve carrément irresponsable, négligent, immature et stupide. Heureusement pour lui, Randy n'a pas téléphoné à ce moment-là.

Après que Denise eut passé son coup de fil embarrassant, elle se rendit au garde-manger pour y trouver un peu de réconfort. Quelle ne fut pas sa surprise quand en cherchant ses cookies préférés – ceux qu'elle cache pour ne jamais en manquer en cas de détresse émotionnelle – elle vit des crottes de souris sur l'étagère ! Folle de colère et au summum de l'énervement, elle se mit à hurler : « Encore de la merde de souris ! » (il faut que vous gardiez à l'esprit que Denise essayait de piéger la bête depuis trois semaines, en vain). Si elle n'avait pas été surmenée, ce stress l'aurait affectée à 15 %.

Mais ce jour-là, elle en est à 105 %... Bien entendu, si quelqu'un avait observé la réaction de Denise face à quelques crottes de souris, il aurait pensé qu'elle était plutôt irrationnelle. Mais sachant tout ce qu'elle avait déjà enduré précédemment, vous en déduirez aisément que c'est tout à fait compréhensible. Eh bien, c'est de ce genre de compréhension dont elle a besoin quand elle réagit de manière excessive ! Elle n'est absolument plus en mesure de distinguer qu'elle est seulement énervée à 15 % par la souris, juste à 10 % pour l'oubli de sa fille, uniquement à 20 % à cause des chèques non enregistrés, rien qu'à 30 % pour la batterie à plat et simplement à 30 % pour le découvert bancaire... Non, tous ces stress s'accumulent et elle se sent logiquement énervée à 105 % ! Être capable de comprendre cela, c'est indéniablement se donner la chance de mieux réagir à l'énervement d'une compagne surmenée ! Mais replongeons dans la journée catastrophique de notre chère Denise...

Après que l'intervenant de l'automobile-club eut démarré sa voiture à l'aide de câbles, elle s'y installa, démarra... et réalisa après quelques secondes qu'elle avait laissé le repas de sa fille dans l'entrée. Elle se gara devant la maison, récupéra le déjeuner de Katherine, s'assit à nouveau dans son véhicule... qui refusa de démarrer ! La batterie à plat, plus tôt et de manière isolée, c'était 30 % de stress alors que là, la perception émotionnelle de Denise lui fait supporter un stress de 135 % ! Honteuse, elle rappela l'automobile-club et ravala sa fierté quand son interlocuteur lui demanda si elle n'avait pas déjà appelé quarante-cinq minutes plus tôt. Un autre jour, elle aurait été un peu gênée et se serait même amusée de la situation... Mais pas aujourd'hui. Pas avec déjà 105 % de stress sur les épaules avant cette nouvelle déconvenue... C'était décidément trop pour elle...

Éreintée par sa tourmente, elle décida d'aller s'allonger sur son lit en attendant le camion de dépannage. En fermant les yeux, elle goûta à quelques instants de paix bienvenus. Néanmoins, en se levant pour se chercher un verre d'eau, elle remarqua avec stupeur des crottes de souris sur le sol de sa chambre. Elle n'en avait jamais vu ailleurs que dans la cuisine auparavant ! Ce qui en tant qu'événement isolé valait 15 % d'irritabilité se transforma en calamité à 150 % de stress ! Denise paniqua soudainement. Combien de souris y avait-il donc dans cette maison ? D'où venaient-elles ? Quelles maladies pouvaient-elles transmettre à sa famille ? Est-ce qu'elles grimpaient sur les enfants durant la nuit ? y avait-il encore d'autres bestioles inopportunes dans le grenier ? Au lieu d'être légèrement effrayée par l'idée que sa maison soit infestée de rongeurs, elle ployait sous un stress intense et fut incapable de se reposer davantage. Après qu'on eut redémarré sa voiture, elle fila en trombe à l'école ; il ne lui restait plus que dix minutes avant l'heure du repas ! Hélas, des travaux sur la route lui firent prendre cinq bonnes minutes de retard... Un délai supplémentaire de cet ordre ne lui aurait généralement valu qu'un stress de 10 %, tout au plus 30 si elle avait été particulièrement pressée ; mais là, elle écopa d'une charge de 30 % qui se rajouta aux 150 précédents pour un total de 180 % ! Quand elle arriva à destination, on lui dit que Katherine avait quitté l'établissement pour aller manger avec une amie.

Perdre le temps du trajet aller-retour n'aurait pas été dramatique si elle avait été détendue, mais là, ça le devenait... 20 % de stress en plus, ce qui nous donne une femme énervée à 200 %.

Il fut l'heure pour Denise d'aller récupérer sa petite de trois ans à la maternelle. Susie pleura sans arrêt dans la voiture car elle voulait aller se baigner à la piscine en plein air. Denise n'était pas d'accord ; il faisait bien trop froid pour ça. Et voilà que Susie choisit ce jour entre tous les autres pour piquer une grosse colère ! Les enfants sont ainsi : quand vous êtes à bout, ils captent vos émotions négatives et vous les renvoient. Durant tout le reste de la journée, Susie fut pleurnicharde et n'arrêta pas de solliciter sa mère. Ce genre de comportement vaut généralement pour une mère 20 % d'agacement. Denise était hors d'elle, souffrant de 220 % de stress. Elle regretta d'avoir souhaité avoir des enfants.

Denise eut alors envie de faire quelque chose de positif. Elle décida de préparer un bon petit repas pour son mari. Faire la cuisine fut particulièrement épuisant parce que Susie revenait régulièrement à la charge et réclamait énormément d'attention. Comme Randy avait du retard, Denise mit le saumon au four pour qu'il ne refroidisse pas. Ensuite, elle fut distraite par sa fillette et oublia son poisson, jusqu'à ce qu'il se mette à sentir le roussi. Et c'est à ce moment précis que Randy franchit le seuil de la porte et annonça qu'il avait très faim... Un jour comme les autres, son retard de 15 minutes n'aurait que légèrement contrarié sa femme, admettons à 10 %. Mais en l'occurrence, étant donné le contexte, c'était un stress à 15 % s'additionnant aux 220 précédents pour parvenir à un cumul de 235 % de stress ! Denise se mit dans une colère folle ! Si c'était Katherine qui était entrée à ce moment-là, c'est elle qui aurait affronté une manifestation de stress à 235 % ! Si Denise avait vu une souris traverser la pièce, elle aurait exprimé ses 235 % d'énervement en pestant contre l'invasion de ces abominables rongeurs !

Quand Randy lui demanda si le dîner était prêt, Denise pensa : « C'est tout ce que tu as à me dire ? Après tout ce que j'ai fait pour toi ? Tu rentres tard sans même prendre la peine de me prévenir, tu ne dis pas bonjour, tu ne me demandes pas comment s'est passée ma journée… Tout ce qui compte à tes yeux, c'est toi, et ton estomac ! Je te déteste ! Après tout, pourquoi ça devrait me préoccuper que tu sois affamé ? En fait, tu peux mourir de faim, ça m'est bien égal ! » Ses émotions négatives se percutaient tant en elle qu'elle ne sut pas quoi dire… Elle fut donc effectivement silencieuse, froide et déposa l'assiette sur la table en disant sèchement : « Tiens, c'est brûlé ! » Il faut préciser que son regard était plutôt expressif et qu'il reflétait bien ses 235 degrés de stress… Si on y rajoute le ton de sa voix, tout était dit… La réponse de Randy ne se fit pas attendre : il devint désagréable et fou de rage à hauteur des 235 degrés de stress qu'il avait réceptionnés en plein cœur. Indigné, il pensa : « Comment donc peut-elle se mettre dans un état pareil parce que j'ai quinze minutes de retard ! ? Si encore elle avait été un peu contrariée, j'aurais pu comprendre, mais me faire cette scène pour quinze ridicules minutes ! » Il se leva donc brusquement en faisant traîner sa chaise sur le sol et sortit en émettant quelques jurons, bien décidé à aller dîner au restaurant. Il se dit qu'elle allait payer pour sa réaction exagérée… Ce qu'un homme ne sait pas dans ce genre de situation, c'est qu'elle a *déjà* payé ! Tout au long de la journée ! Ce qu'il lui faut désormais, c'est de la compassion pour ce qu'elle a dû supporter ! Plutôt que de supposer que sa femme le punit et au lieu de se mettre sur la défensive, il faut qu'il prenne un peu de recul, qu'il respire profondément à plusieurs reprises et qu'il tente de se détendre. Ensuite, avec beaucoup de précautions, il doit essayer de se mettre à sa place pour se montrer compréhensif, mais sans manifester le souhait qu'elle change d'attitude, sans la reprendre et sans se défendre.

LA MÉTHODE « QUOI D'AUTRE ? »

Ce qu'un homme peut faire pour aider sa compagne quand elle est surmenée, c'est par exemple la prendre dans ses bras et lui dire : « Comment te sens-tu ? » ou : « Je sens que tu es tendue. Qu'est-ce qui s'est passé ? » Ensuite, il la laisse parler et quand elle a terminé, plutôt que de lui répondre avec quantité d'arguments visant à lui démontrer pourquoi elle ne devrait pas s'énerver comme ça, il peut essayer la phrase magique : « Et à part ça, qu'y a-t-il d'autre qui te chagrine ? » ou simplement : « Et quoi d'autre ? » ou : « Continue… » ou « Dis-m'en plus… » Et il continue à l'écouter attentivement, sans l'interrompre.

Ces questions prouveront qu'il s'intéresse à ce qu'elle ressent et qu'il a le désir de la comprendre.

La question « Quoi d'autre ? » permettra également à sa femme de plus facilement prendre conscience des différentes sources de stress qui l'affectent. En outre, en agissant ainsi, un homme valide le ressenti douloureux de sa compagne, ce dont elle a finalement le plus besoin. C'est un excellent moyen pour qu'il puisse véritablement saisir ce qu'elle traverse et ainsi développer de l'empathie et de la compassion à son égard. Plus elle se sentira écoutée et comprise, plus l'intensité de son stress va baisser. Il se peut même qu'elle se mette à rire de l'affreuse journée qu'elle aura vécue !

Quand un homme utilise cette technique, il faut qu'il soit réellement prêt à entendre ce que sa femme ressent. Il doit pour ce faire interroger son degré de tolérance à la plainte... S'il constate que ses capacités d'écoute empathique ne dépassent pas deux minutes, il faut qu'il évite de demander à sa compagne ce qu'il y a d'autre, sinon il finira par adopter une position défensive, sera déçu et en colère. Il faut alors qu'il prenne un peu de recul et qu'il reste courtois. Il peut avec délicatesse lui dire quelque chose comme : « Je sais que tu es énervée, mais j'ai vraiment besoin de prendre du temps pour penser à ce que tu viens de me confier. Nous poursuivrons cette discussion plus tard si tu veux bien. » Dans le moment de réflexion qui s'en suivra, il se rappellera qu'il est inutile qu'il prenne trop personnellement ce que sa compagne lui dit et qu'elle n'a pas l'intention de le blesser. S'il n'a pas atteint un niveau d'agacement trop important, il peut tenter une autre approche : « Est-ce que le fait que je t'écoute t'aide un peu ? » Si elle lui répond :

« Oui, ça me fait beaucoup de bien », il aura peut-être envie de l'écouter davantage. Quelques mots exprimant qu'on apprécie ses efforts peuvent considérablement encourager un homme à poursuivre dans cette voie ! Si ça devient difficile, un homme peut aussi dire avec calme et franchise : « Je sais que tu es à bout et j'ai vraiment envie de t'aider. Ça fait un moment que je t'écoute et j'ai l'impression que tu es en train de dire que tout est de ma faute. Est-ce que c'est ce que tu penses ? » Généralement, sa femme en sera surprise et la réponse qu'elle lui offrira sera : « Non, pas du tout ; ce n'est pas ce que je veux dire ! », ce qui lui permettra d'enchaîner avec : « Merci, je suis rassuré. Parle-moi de ce qui t'ennuie encore… »

Quand un homme sait tout cela, il peut écouter avec bienveillance, parvenir à vraiment comprendre ce que ressent sa compagne et voir ses facultés de compassion grandir en lui. Il ne doit jamais tenter d'expliquer pourquoi il est étranger à la souffrance de sa femme. S'il le fait, elle va immédiatement passer mentalement en revue toutes les raisons pour lesquelles il pourrait être en cause et ils finiront par se disputer. Il faut plutôt qu'il se positionne dans une optique de découverte et d'exploration, pas dans une posture visant à passer pour le grand sage qui va expliquer à sa femme pourquoi elle a tort. Son travail n'est pas de se défendre mais d'aider sa compagne à se détendre. Si elle se sent sincèrement écoutée, sans jamais avoir le sentiment qu'on la juge ou qu'on la blâme, elle va automatiquement changer d'attitude et devenir plus aimante, plus positive, plus centrée sur elle-même et accueillante envers son compagnon.

Dans le même ordre d'idées, quand une femme est capable de ne pas juger ou faire des reproches à son compagnon quand il est grincheux (la réaction masculine équivalente en cas de surmenage), ses grognements cessent quasi instantanément et il parvient à faire des choses en vue de faire plaisir à sa compagne. En revanche, si elle se met à le réprimander pour son comportement grognon, il aura envie de justifier son état et en ressortira encore plus bougon ! Quand une femme réagit de manière excessive et que son conjoint se défend d'en être la cause, le message qu'il adresse, c'est que ce qu'elle ressent n'est pas justifié. En conséquence de ce manque de soutien immédiat, elle réagira de façon encore plus disproportionnée ! Nier la validité du ressenti d'une femme génère habituellement chez elle un stress de 30 %. En pareilles circonstances, ce qu'un homme comme Randy aurait devant lui, ce serait une Denise énervée à 265 %...

ÉVITER LES « MAIS... »

Quand une femme stressée se sent dépassée ou que ses réactions sont excessives, elle est fréquemment désorientée. Elle aura donc tendance à poser des questions qui, si elles ne sont pas reçues comme des reproches, donneront l'impression à un homme qu'elle attend des solutions. Il va penser qu'elle se sentira mieux quand il les lui aura suggérées. Ce qui se passe habituellement, c'est qu'une femme va parler de ce qui la perturbe et au bout de deux minutes, son partenaire va se dire qu'il a bien compris de quoi il s'agit et qu'il va lui livrer ses conclusions. Mauvaise pioche... En réalité, elle est engagée dans un processus de résolution de ses problèmes, par elle-même, à travers la verbalisation. Quoi qu'on lui propose et quelle qu'en soit la valeur, elle poursuivra en disant : « Mais… » et continuera à évoquer ses multiples soucis. Cette situation est particulièrement agaçante pour un homme parce qu'il supposait qu'en fournissant une bonne solution, sa compagne irait mieux. Mais si cela fonctionne avec les hommes, ce n'est pas le cas avec les femmes. Dites-le-vous bien… Rappelez-vous messieurs, que lorsque votre femme est énervée, il est indispensable qu'elle parle suffisamment longtemps pour commencer à s'apaiser. Dans ces moments-là, elle ne veut pas de solutions ; d'ailleurs, elle est incapable de les apprécier. Or, ce n'est pas facile pour un homme de s'en souvenir… Lui, quand il évoque ses problèmes, c'est généralement parce qu'il attend une solution ! Et si quelqu'un lui en suggère une bonne, il en est très satisfait ! Alors, quand sa partenaire n'est pas satisfaite par sa suggestion, il se vexe. Il s'énerve parce qu'elle n'a pas reconnu son intelligence pratique.

Il y a une autre différence hommes-femmes qui explique pourquoi de nombreux hommes croient les femmes inaptes à se débrouiller seules. La plupart du temps, quand un homme parle d'un problème, il y a déjà réfléchi suffisamment longtemps avant de le formuler ouvertement. Quand il verbalise ce qui le tracasse, il avoue en fait qu'il est totalement déconcerté et qu'il n'a pas su trouver une réponse satisfaisante aux questions qu'il se pose. Les hommes détestent ça, parce que si quelqu'un vient avec une solution simple, ils pourraient être mal à l'aise, avoir peur de paraître stupides ou incompétents.

Quand une femme se met à évoquer ce qui l'embarrasse, il n'est pas rare qu'elle parle de dix ou quinze choses avant de tomber sur celle qui lui pose *réellement* problème. Et c'est alors qu'elle se sent mieux... Elle s'est recentrée, voit donc les choses dans une perspective différente et peut désormais commencer à chercher une solution. C'est ce qui explique qu'une femme puisse confier sans réserve ni honte tous ses problèmes, sans se sentir mal de ne pas encore posséder de solution. Malheureusement, après avoir écouté sa compagne se défouler ainsi pendant un bon moment, un homme se laisse souvent aller à des jugements ou conclusions erronés.

UNE MAUVAISE INTERPRÉTATION DU DÉFOULEMENT VERBAL FÉMININ

Quand une femme énumère la longue liste de ce qui la préoccupe, la première erreur d'un homme est de considérer qu'elle doit être complètement aveugle pour ne pas voir quelle est la solution à des problèmes qu'*il juge insignifiants*. Il va supposer que son état d'énervement intense découle de son incapacité à trouver une solution à un problème bien défini. Cependant, l'ampleur de l'énervement qu'elle ressent face à une difficulté n'a pas grand-chose à voir avec une éventuelle incapacité à y remédier. Elle renvoie plutôt à son accumulation de stress et indique qu'elle a besoin de faire le tri dans ce qu'elle éprouve.

La seconde conclusion erronée d'un homme, c'est d'être persuadé que sa femme ne peut pas aller mieux tant que son problème n'est pas réglé. Et comme il a sincèrement envie de la voir heureuse, il se sent dans l'obligation de lui fournir une solution. Il se trompe en imaginant que lorsqu'elle lui parle de ses soucis, elle attend qu'il leur trouve une issue. Pour lui, la longue liste des malheurs de sa compagne ne traduit qu'une suite d'exigences, de plaintes et de critiques. Il se sent attaqué, comme si elle pensait qu'il était responsable de ses difficultés. Face à l'étendue de ce qu'elle énonce, il se sent impuissant : elle fait état de bien trop de problèmes pour qu'il puisse tous les résoudre. Il en déduit qu'elle s'inquiète pour trop de choses et le lui reproche, alors que tout ce dont elle a besoin, c'est d'être écoutée et comprise. Il prend en outre la situation bien trop à cœur, s'imaginant être montré du doigt par sa compagne.

Quand l'état de stress d'une femme augmente, sa conscience s'élargit davantage. Le résultat, c'est qu'elle perçoit encore davantage de problèmes et c'est ce qui explique qu'elle se préoccupe de tant de choses. Les hommes aussi s'inquiètent de nombreux sujets, mais comme nous l'avons vu, ils se focalisent sur l'un d'eux. Face au stress, une femme reliera un niveau d'énervement élevé à de multiples tracas, quand un homme, dans la même situation, associera l'ampleur de son stress à une seule difficulté. Il minimisera le reste – jugé ponctuellement sans importance – pour ne s'attacher qu'à résoudre un problème à la fois. Néanmoins, si on l'empêche de se mettre dans cette posture de concentration sur un point bien précis, il s'en indignera, se mettra à grogner, à se plaindre, à entrer en résistance, voire à piquer une colère.

Quant aux femmes, elles ont tendance à avoir deux préjugés totalement faux quand leur conjoint se renfrogne. D'une part, elles pensent qu'il ne se préoccupe pas d'elles ou qu'il ne les aime plus. D'autre part, elles se méprennent aussi en croyant qu'il s'oppose à elles à cause de leurs besoins qu'il jugerait déplacés. Pourtant, après avoir rouspété un instant, un homme se souviendra que sa femme mérite son soutien et il aura le souci de le lui manifester. Exactement de la même façon, après avoir réagi avec excès sous le coup d'un stress émotionnel intense, une femme réalisera que son partenaire n'en était pas responsable.

IL NOUS ARRIVE À TOUS DE RÉAGIR DE MANIÈRE EXCESSIVE

Lorsqu'une femme a une réaction totalement disproportionnée au problème qu'elle affronte, elle retrouvera l'équilibre si on lui offre un signe d'empathie et qu'on lui démontre qu'on comprend qu'elle soit énervée et que ce soit dur pour elle. L'en blâmer serait contre-productif. Le plus efficace, c'est de la serrer contre soi pour un câlin réparateur ! Les femmes ont abondamment besoin de tendresse. Leur en donner permet à un homme de démontrer son soutien et est le remède le plus puissant qui soit ! Il est fréquent qu'un homme ne sache pas quoi dire ou quoi faire. C'est l'occasion pour lui de prendre une profonde respiration, de se relaxer et de se connecter à l'amour qu'il porte à sa compagne.

Ce peut également être le moment de la prendre dans ses bras tendrement.

Cette attitude positive correspond à celle d'une femme qui accepte de laisser à son partenaire suffisamment d'espace et le droit de rouspéter pour qu'il recouvre l'équilibre plus rapidement. Toutefois, quand elle lui accorde cette opportunité, il faut aussi qu'elle lui offre la possibilité d'être son héros ! Trop souvent, elle hésitera à le solliciter de crainte qu'il n'entre en opposition. Mais en ne lui demandant pas d'aide quand elle en a besoin, elle enfermera son compagnon dans la petite case « négligeant, égoïste et méchant ». Sur le même plan, quand un homme fait preuve de compréhension envers sa femme, il ne doit pas oublier de lui faire sentir qu'à ses yeux, elle est spéciale, de grande valeur et qu'il l'aime profondément. Il existe de petites choses qu'il peut faire de temps en temps pour y parvenir. Par exemple, quand elle partage ce qui l'exaspère, il peut prononcer des phrases rassurantes telles : « Tu ne mérites pas de souffrir ainsi... », « Tu mérites tellement mieux », « Tu as le droit d'être énervée » ou « Tu es tout à fait en droit de dire ça. » En plus de la compréhension de son partenaire, une femme a essentiellement besoin qu'on valide son ressenti, qu'on fasse preuve d'empathie, d'attention et de compassion. Valider ses émotions signifie *les comprendre en faisant preuve de respect*.

Une femme a besoin de partager ses émotions en les verbalisant exactement de la même manière qu'un homme a besoin de se rendre dans sa caverne pour y réfléchir tout seul. Pendant qu'il rumine ses pensées, il arrive rapidement à déterminer quel est le problème majeur et quelle solution lui apporter. Cette réussite personnelle lui redonne le moral. Une femme a besoin de pouvoir découvrir l'étendue de son ressenti et d'en extraire ce qui l'énerve. Plutôt que d'être en quête d'une solution, elle explore les liens qui unissent ce qu'elle ressent et ce qui lui arrive. Et tout comme un homme envisage plusieurs options avant d'opter pour l'une d'elles, une femme examinera de multiples corrélations entre ses émotions et ce qui se passe dans sa vie jusqu'à ce qu'elle identifie un élément (ou plusieurs) responsable de son mal-être. Sa perception devient extrêmement large et passe en revue un grand nombre d'événements en lien avec son ressenti. Quand elle peut clairement distinguer en quoi elle est impliquée, elle acquiert la capacité d'être responsable de ce qu'elle ressent. À ce stade, elle devient progressivement consciente que c'est elle qui peut décider des émotions qu'elle veut abriter en elle ; ce n'est pas du ressort des autres. Elle est donc prête à travailler sur ses émotions négatives pour se construire un ressenti positif.

Quand une femme est engagée dans une dynamique de partage de ses émotions et qu'un homme l'interrompt avec ses solutions, non seulement il aura le sentiment que rien ne peut la satisfaire mais en plus, il va perturber le processus qui permettra à sa compagne de retrouver son équilibre par ses propres moyens !

LES HOMMES S'ÉGARENT SOUVENT... POUR QUELLES RAISONS ?

Si les hommes sont induits en erreur quand ils tentent d'épauler leur compagne en pleine phase d'hypersensibilité, c'est parce qu'elle a tendance à poser des questions pendant qu'elle s'adresse à eux. Par exemple :

« À ton avis, hein, pourquoi il a dit ça mon patron ? »
« Et comment j'aurais pu savoir, moi ? »
« Pourquoi est-ce qu'elle ne comprend pas que j'essaie de l'aider ? »
« Et maintenant, qu'est-ce que je vais faire ? »
« Je me demande pourquoi je suis à ce point énervée ! »
« Je suis supposée faire quoi quand ce genre de choses survient ? »

En entendant ça, un homme est immédiatement convaincu que sa femme lui demande des explications ou des suggestions. En fait, il n'en est rien. Au contraire, elle a besoin qu'il lui fasse le cadeau d'un silence compréhensif ou de son empathie pour qu'elle puisse continuer à explorer et découvrir ce qui ne va pas à l'intérieur d'elle-même. La réaction typique d'un homme, c'est de dire : « Bon, eh bien, si je ne suis pas supposé donner mon avis, qu'est-ce que je dois faire ? » La réponse à cette question est généralement évidente pour une femme, mais pas pour un homme. Il peut s'avérer extrêmement difficile pour un homme d'écouter sans *faire* quoi que ce soit, surtout quand on lui pose des questions ! Les suggestions ci-dessous lui permettront de transformer l'écoute en action.

1. Vous pouvez décider d'accorder votre pleine attention.
2. Vous pouvez vous exercer à ne rien dire qui ressemble de près ou de loin à une solution.
3. Vous pouvez opiner du chef.
4. Vous pouvez lui offrir des mots de réconfort tels que : « Mmm », « Oui, oui… » ou « Dis-m'en plus… »
5. Vous pouvez utiliser la phrase : « Je comprends. » Attention, ne le faites pas trop souvent sinon elle vous trouvera condescendant ! Elle pourra aussi se dire : « Comment pourrait-il bien comprendre alors que je n'ai même pas dit le dixième de ce qui me préoccupe ? »
6. Vous pouvez éviter de répondre aux questions et considérer qu'elles sont purement rhétoriques, c'est-à-dire qu'elles n'appellent pas de réponse mais sont de simples figures de style permettant d'insister sur un point. Si votre compagne semble vraiment réclamer votre avis, dites : « Je ne suis pas très sûr » ou « J'ai besoin d'un peu de temps pour y réfléchir » ou « Je n'ai pas de réponse qui me vienne à l'instant. »

Bien sûr il n'y a rien de mal à vouloir poser des questions ou y répondre, mais quand une femme est très énervée, s'en abstenir est le meilleur moyen pour rester dans une posture d'écoute et de compréhension. Sinon, il vous sera très compliqué de ne pas vous mettre à donner des explications ou à corriger l'attitude de votre compagne.

Si un homme essaie de mettre un terme à l'énervement de sa femme, il ne l'aide pas... Il ne fait que s'opposer au processus féminin naturel d'exploration émotionnelle. En outre, quand il lui propose une solution pour qu'elle se calme, il finit par se mettre en colère parce que ça ne fonctionne pas... et il ne lui reprochera que davantage de s'énerver autant. Quand elle dit : « Mais... » en réponse au remède qu'il lui offre, il se sent rejeté. Pourtant, ce n'est pas qu'elle trouve sa solution forcément inadéquate, c'est juste qu'elle lui signifie qu'elle a encore besoin d'être énervée parce qu'elle n'est pas encore parvenue à identifier le fond du problème. Elle exprime également par là qu'elle a besoin que son compagnon persévère dans son écoute et qu'il n'exige pas qu'elle aille mieux tout de suite. Il a généralement du mal à entendre ce message parce qu'il est intimement persuadé de savoir quel est le fond du problème et que ça l'agace profondément qu'elle ne soit pas d'accord... Et ce qui déconcerte encore plus un homme, c'est de savoir que même s'il voyait juste, le fait de le lui dire ne l'aidera pas ! Elle doit le découvrir par elle-même !

En réalité, quand une femme est énervée, désorientée et qu'elle a perdu pied, elle a besoin de retrouver son équilibre. Et ça, personne ne peut le faire à sa place. Par contre, on peut la soutenir dans ce cheminement en étant un auditeur attentif et prévenant qui offre son cœur en guise de table d'harmonie. Du point de vue littéral, une table d'harmonie, c'est un morceau de bois très fin placé dans un instrument de musique pour en amplifier les vibrations. Quand on fait office de table d'harmonie, on augmente le degré de conscience de la personne qui parle, ce qui lui permet de se reconnecter à sa personnalité aimante et tolérante quand elle est en rupture d'équilibre. Cela facilite énormément le travail d'une femme qui chemine vers l'apaisement par le partage de ses émotions. Un homme aura du mal à s'y prêter tant qu'il ne comprendra pas que sa compagne ne lui réclame aucune solution et qu'elle est tout bonnement incapable d'apprécier ses suggestions à leur juste valeur quand elle est profondément déstabilisée.

Sous l'effet d'une accumulation de tensions diverses, une femme va dans un premier temps commencer par se sentir dépassée, puis elle aura tendance à tout dramatiser. Si à ce stade, elle ne reçoit pas le soutien qui lui est nécessaire, elle subira une troisième réaction au stress, l'épuisement nerveux.

TROISIÈME RÉACTION FÉMININE AU STRESS : L'ÉPUISEMENT NERVEUX

L'énervement et le surmenage de Denise l'ont anéantie. Elle fond en larmes et se sent au bout du rouleau. Elle est totalement désespérée et baisse les bras. En réagissant ainsi, elle manifeste son ardent besoin de soutien. Malheureusement, ce n'est pas ainsi qu'un homme interprète généralement le message. Ce qu'il comprend, c'est qu'il a échoué dans son désir d'aider sa femme et que, de toute manière, c'est perdu d'avance puisque rien de ce qu'il pourrait faire ne suffirait à la contenter. Le symptôme majeur de cette troisième réaction au stress consiste en un abattement profond. En un mot, elle est totalement lessivée.

Jusqu'au moment où elle craque, elle peut donner l'impression de tout gérer et, juste l'instant d'après, elle semble épuisée, malheureuse, désarmée et de très mauvaise humeur. Un homme se sent très mal à l'aise face à une femme à bout de souffle parce qu'il lui est particulièrement douloureux de penser qu'il n'a pas su prendre soin d'elle. Il ne saisit pas que la fatigue de sa compagne est une conséquence logique de son déséquilibre. En premier lieu, il faut qu'il comprenne que ce n'est pas de sa faute à lui. Ensuite, il est indispensable qu'il accepte qu'étant humaine, elle sera régulièrement en situation de déséquilibre, peu importe l'efficacité du soutien qui lui est apporté. Le stress éreinte les femmes comme il pousse les hommes à se fermer à l'autre. En pareille occasion, les hommes agissent comme les femmes : ils interprètent mal les réactions de leur partenaire et en sont effrayés. Il est important qu'ils sachent qu'une femme peut retrouver son énergie et sa bonne humeur très rapidement, aussi vite qu'un homme stressé peut sortir de son mutisme.

Pour que les hommes comprennent la raison de l'abattement complet de leur femme, j'utiliserai une métaphore. Par votre nature masculine, vous êtes naturellement dotés d'une jauge de pression qui vous alerte quand vous donnez plus que vous ne recevez. Le signal vous permet de recharger vos batteries et de prendre soin de vous pour éviter le *burnout*. Eh bien, les femmes ne sont pas équipées du même dispositif : plus elles sont stressées, plus elles s'oublient. La solution pour elles, c'est de pouvoir se recentrer en se sentant écoutées et soutenues. En clair, elles ont besoin d'un petit peu d'aide ! Dans ces moments-là, il est essentiel qu'elles ne se sentent pas seules ! Elles ont besoin de votre assistance ! La plupart des hommes sont considérablement apeurés par l'état de leur compagne. En estimant le poids qu'elle porte sur ses frêles épaules, ils se disent que pour qu'elle aille mieux, ils seront obligés d'assumer quasiment tout. Ils présument en fait qu'elle est devenue incapable d'endosser la moindre de ses responsabilités. C'est une grossière erreur de le penser ! En réalité, ce qu'elle exprime, c'est juste qu'elle a atteint ses limites. Pour qu'elle éprouve un réel soulagement, il suffira à son conjoint de prendre en charge quelques-unes de ses responsabilités ; elle pourra les assumer ultérieurement, quand elle aura retrouvé de la force.

Même si une femme ayant dépassé son seuil de tolérance au stress vous donne le sentiment qu'elle est totalement vidée de son énergie et incapable de faire quoi que ce soit, dites-vous bien que ses batteries ne sont pas réellement à plat. Elle est juste coupée de sa source d'énergie parce qu'elle réalise que ce qu'elle *doit faire*, elle ne peut pas s'en occuper *toute seule*. Elle a intensément besoin de votre secours. Comprenez qu'elle restera déconnectée de sa source d'énergie jusqu'à ce qu'elle obtienne le soutien qui lui est indispensable.

LA PAILLE QUI FAIT PLOYER LE CHAMEAU

Les femmes craquent quand elles franchissent leurs limites. Le facteur qui en est responsable pourrait être assimilé à une paille qui rend la charge supportée par un chameau impossible à porter. Quand une femme est surmenée, ce n'est pas le poids du fardeau qui lui est insoutenable, mais juste l'équivalent de deux ou trois brins de paille. Si un homme peut écouter sa compagne quand elle lui confie tout ce qui lui pèse, et qu'ensuite, il décide de la soutenir en portant quelques-unes des brindilles qui lui compliquent l'existence, il l'aidera énormément ! Il est possible qu'elle ait besoin d'un peu de temps pour retrouver la forme mais elle sera grandement reconnaissante de l'aide reçue et la rapidité avec laquelle elle récupérera devrait vous surprendre.

Si un homme hésite généralement à intervenir, c'est parce qu'il pense qu'il devra identifier les soucis qu'a sa femme et assumer les tâches les plus ardues. Ce n'est pas forcément nécessaire ! De plus, il lui en voudrait peut-être de lui faire prendre en charge des fardeaux trop lourds. Par contre, ce qui serait judicieux serait de noter quelles sont les corvées qui seront les plus simples à gérer, en se rappelant que sa compagne n'a besoin d'être soulagée que de quelques brindilles pour retrouver sa force. Ceci fonctionne particulièrement bien car, quand une femme est stressée, tous les brins de paille qui composent la botte qu'elle traîne sur son dos lui semblent de poids égal. Mais n'oubliez pas que ce qui lui fera vraiment du bien, c'est qu'on allège son fardeau sans en nourrir de la rancœur ! Quand un homme comprend qu'il n'a pas besoin de tout arranger pour que son aide soit efficace, il lui est plus facile d'accorder son soutien sans développer d'amertume à l'encontre de sa femme.

Quand les hommes sont face à une femme épuisée nerveusement, ils sont réputés pour les leçons qu'ils tentent d'administrer, sermonnant leur compagne parce qu'elle en fait trop. Ils ont des mots malheureux, comme :

« Tu en fais trop ! »
« Détends-toi, tu t'inquiètes outre mesure ! »
« Tout ça n'est pas si important ! »
« Ce n'est pas si grave si nous sommes en retard ! »
« Tu n'as pas à te sentir responsable pour ça ! »
« Eh bien, tu n'es pas obligée de faire ça ! »
« La vie, ce n'est pas si compliqué ! »
« Détends-toi un peu ! »

Non seulement ces conseils ne lui seront d'aucune aide, mais de surcroît, ils feront empirer la situation. Elle sera blessée comme vous le seriez si elle vous disait : « Je t'avais pourtant prévenu ! » ou qu'elle vous gratifiait d'une banalité comme : « Voilà ce qui arrive quand on est mal organisé » après que vous avez commis une erreur.

Parfois, il est quasiment impossible à un homme d'écouter et de donner des réponses aimantes à sa compagne quand il constate qu'elle est sur les rotules. Après tout, c'est compréhensible s'il suppose qu'elle lui adresse des reproches et qu'elle attend de lui qu'il trouve des remèdes à tous ses problèmes. S'il est lui aussi sous le coup du stress, il peut très vite opérer un total repli sur lui-même. C'est la raison pour laquelle une femme doit s'entourer d'autres personnes désireuses de lui être secourables. Mesdames, il est totalement irréaliste d'attendre de la part de votre compagnon qu'il soit votre unique source de soutien, surtout lorsque vous êtes victimes du stress ! Pour cela, il faudrait qu'il soit en permanence équilibré, ce qui est très peu probable...

Les gens sont habituellement attirés l'un vers l'autre parce qu'ils ont une sensibilité commune et les mêmes types de réponse à la souffrance émotionnelle. Il en résulte que lorsqu'une femme subit les réactions du stress, son compagnon lui emboîte généralement le pas. Quand elle se sent dépassée, il prend de la distance ; quand elle finit par être à bout de force, il se ferme à elle. Quand ça lui arrive, Denise doit comprendre qu'il est de son ressort de retrouver l'équilibre, soit par elle-même, soit avec l'aide de tiers. Quand elle se sera recentrée, elle pourra aider son compagnon s'il en a toujours besoin. Il en va de même pour Randy. Et s'il est le premier à retrouver la paix intérieure, il aura la force de soutenir Denise si elle a toujours besoin de lui.

UNE RELATION SAINE

Si j'ai détaillé l'ensemble de nos réactions au stress, ce n'est pas en vue d'excuser l'attitude de votre partenaire mais de vous permettre de vous libérer des émotions négatives qui vous assaillent si vous prenez les choses trop à cœur. Ainsi que nous avons pu le constater à maintes reprises, sans une bonne connaissance des différences hommes-femmes dans les réactions de stress, on peut facilement créer des tensions supplémentaires, même quand on est animé des meilleures intentions du monde. Il faut parfois se rappeler qu'il n'est possible de se voir en son partenaire que si on est connecté à un sentiment d'amour véritable. Quand on se sent profondément lié à l'autre et que la relation est harmonieuse, on reçoit systématiquement en retour si on comble les besoins de son conjoint. Et c'est en faisant preuve d'une générosité à cœur ouvert et d'amour inspirée que nous inviterons la joie à illuminer nos vies. En effet, si notre amour n'est pas joyeux, c'est que notre vision de l'amour est faussée. S'il est compliqué ou qu'il se mue en effort, c'est parce que nous exigeons trop de l'autre. Nous sommes d'autre part bien trop nombreux à nous égarer en ne distinguant pas l'amour de l'état de manque affectif ! Nous pensons qu'être aimé signifie de voir nos besoins entièrement comblés par l'autre alors qu'au contraire, une relation saine, c'est celle où deux personnes s'entraident avec amour pour que chacune parvienne à se guérir elle-même...

Quand une relation de couple est spéciale, intime et engagée, elle offre l'opportunité de partager d'agréables moments et de se montrer généreux envers son partenaire quand il a besoin de soutien. Mais gardez toujours à l'esprit que si vous avez besoin de l'aide de votre conjoint et qu'il ne vous l'apporte pas, c'est probablement parce qu'il est dans la même situation que vous et qu'il lui est donc impossible d'intervenir en votre faveur. N'oubliez pas non plus qu'il est irréaliste d'attendre de votre partenaire qu'il prenne soin de vous quand vous êtes en rupture d'équilibre. Qu'il puisse en être capable ponctuellement ne signifie pas qu'il faille systématiquement compter dessus ! vous ne devez pas dépendre de son aide ! C'est très difficile d'avoir envie de soutenir quelqu'un quand il attend de vous que vous pansiez toutes ses blessures… Ça l'est tout autant quand il considère que vous êtes responsable de son équilibre et de son évolution personnelle…

Une meilleure compréhension de ces mécanismes du stress fournit une approche constructive grâce à laquelle on peut apprendre à se guérir soi-même ou à solliciter notre partenaire pour qu'il nous assiste dans cette tâche. La cerise sur le gâteau, c'est que lorsqu'on est parvenu à trouver son propre équilibre, on sait quelle stratégie employer pour soutenir son conjoint ! Dans le chapitre suivant, nous explorerons les différents chemins menant à l'équilibre. Nous nous attarderons également sur la manière d'exprimer pleinement notre potentiel en développant nos facettes masculine et féminine.

CHAPITRE 7

TROUVER L'ÉQUILIBRE

Jusqu'à présent, nous avons vu comment nos facettes masculine et féminine déterminent l'image que nous avons de nous-mêmes, la manière dont nous percevons les autres, et conditionnent nos réponses au stress. Quand on parvient à clairement identifier nos réactions masculines et féminines, il devient plus aisé d'accéder à l'équilibre. D'ailleurs, le simple fait d'avoir conscience d'être en rupture d'équilibre nous met sur la bonne voie ! Peu importe que vous soyez un homme ou une femme, dès lors que vous ambitionnez d'avoir une vie affective plus épanouie et d'obtenir plus d'efficacité dans les autres aspects de votre existence, il faut que vous équilibriez vos énergies masculine et féminine. Par exemple, si vous parvenez à harmoniser vos champs de perception large et étroite, votre créativité sera améliorée. Vous aurez aussi plus de succès et de satisfactions si vous parvenez à instaurer un équilibre entre votre activité professionnelle et votre vie de couple. Et si vous êtes capable de réagir envers les autres en sollicitant aussi bien votre cœur que votre mental, ils adopteront une attitude positive à votre égard.

Mais comment atteindre l'équilibre ? Pour le trouver, il est indispensable de comprendre, d'accepter, d'apprécier et de respecter vos deux facettes, féminine et masculine. Idéalement, cela se passe de cette manière : lorsqu'un jeune garçon a naturellement développé son énergie masculine, son énergie féminine peut croître simultanément et sans entraves. Il expérimentera ces différentes facettes en les alternant avec une grande spontanéité. En devenant adulte, il aura la liberté d'exprimer sa masculinité et sa féminité. Coexistant en parfaite harmonie, les deux énergies seront à l'œuvre dans ce qu'il est autant que dans ce qu'il fait.

Prenons un exemple, celui de Billy, et admettons qu'il ait grandi dans un environnement idéal. Il fut témoin, des centaines de fois, du soutien que son père apportait à sa mère. C'est de cette façon qu'il apprit à honorer et à respecter la féminité. Quand sa mère était stressée, qu'elle se sentait dépassée, qu'elle réagissait de manière excessive ou qu'elle était épuisée, son père y répondait par de la compassion, de la compréhension et de la déférence ; jamais par de l'indifférence ou un jugement négatif. Il la prenait dans ses bras et l'écoutait tendrement. Billy put ainsi développer une capacité d'écoute de sa propre sensibilité féminine. En grandissant, il devint capable d'exprimer sa masculinité et sa féminité avec assurance. Il savait qu'on ne le jugerait pas mal s'il pleurait et montrait ses sentiments. À cette occasion, ses deux parents le serraient contre eux et faisaient preuve de compréhension. Son père était fier de lui, autant pour ses caractéristiques masculines d'efficacité et de compétence que pour ses qualités féminines de bonté et d'amour. En plus, il savait que pour soutenir son enfant, il était essentiel qu'il partage certaines activités avec lui. Il l'emmenait donc faire du sport, sortait avec lui et s'intéressait aux activités de son fils. Il n'exigeait pas de lui le succès, mais se réjouissait de ses réussites et était plein d'empathie quand il essuyait des échecs.

Dans ces conditions, un jeune garçon est aimé et respecté autant pour sa facette masculine que féminine. S'il est respectueux de son entourage et bienfaisant avec autrui, on l'apprécie. Et s'il lui arrive de se comporter de manière plus masculine et égocentrique, sa mère ne considère pas pour autant qu'il est médiocre ou mauvais ; elle est capable de faire preuve d'indulgence. Les garçons dont la facette masculine est très affirmée sont fréquemment malicieux et ont abondamment besoin de se sentir acceptés et pardonnés.

La maman idéale de Billy lui accordait sa confiance et suffisamment d'espace pour qu'il puisse prendre des responsabilités. Elle respectait son besoin d'indépendance et le fait qu'il ait le désir de contrôler sa vie. Elle croyait qu'il était capable de tirer leçon de ses actes et que le surprotéger aurait pu l'affaiblir et miner son assurance. Elle acceptait ses différences et l'aimait tel qu'il était. Elle ne considérait jamais ce qu'il faisait comme un dû. Elle respectait son comportement résolu et le fait qu'il puisse désirer se sentir important. Quand elle avait besoin d'aide, elle sollicitait son fils sans le culpabiliser, sans user d'un ton réprobateur et sans lui présenter cela comme une obligation. Elle avait foi en lui et en ses facultés d'évolution.

Le plus important pour Billy, c'est que sa mère aimait profondément son père et que cela transpirait dans ses actes et paroles. Cet exemple favorisa l'émergence et de développement de ses propres qualités masculines. En effet, son père incarnait celles-ci et Billy voyait qu'elles pouvaient être appréciées par une femme. Il n'eut jamais besoin de s'excuser pour être tel qu'il était, pas plus qu'il n'eut besoin de se renier lui-même pour gagner l'amour de sa mère ; ni elle, ni son père n'exigèrent de lui qu'il soit différent. Il put exprimer ses tendances agressives dans l'affirmation de soi et dans la prise de risques. On ne le poussa pas à entretenir une mauvaise opinion de lui-même parce qu'il pouvait ponctuellement se montrer égoïste, renfermé, grincheux ou irritable.

D'une manière identique, une fille développera son énergie féminine en devenant adulte, tout en découvrant et en permettant l'expression de son énergie masculine. Cette dernière sera également à l'œuvre dans ce qu'elle fait et ce qu'elle est. Sharron, par exemple, grandit dans un environnement idéal. À maintes reprises, elle vit sa mère soutenir son père. Elle apprit ainsi à être à l'aise avec sa propre masculinité et à l'apprécier. Parallèlement, elle se sentait libre d'exprimer sa féminité tout comme sa mère pouvait le faire. Quand son père était stressé, renfermé, grognon ou replié sur lui-même, Sharron constatait que l'amour-propre de sa mère n'en souffrait pas et qu'elle ne se sentait pas dépréciée. De surcroît, elle gardait pour son conjoint confiance et gratitude. Libre de tout ressentiment, la mère de Sharron était capable d'être sûre d'elle tout en sachant se montrer compréhensive. Cet exemple permit à Sharron d'apprendre que dans un couple, on n'a pas besoin de manipuler son conjoint pour voir ses besoins et ses souhaits comblés. Sa mère était pleine de reconnaissance pour tout ce que son mari faisait pour la famille. Cela donna à Sharron l'opportunité de croire en ses capacités masculines d'implication envers autrui ; elle apprit par ailleurs que ses actes pouvaient avoir un impact significatif sur une relation. En devenant adulte, Sharron put explorer et développer en toute confiance ses facettes masculine et féminine. Personne ne lui reprochait de ne pas être suffisamment féminine quand elle se disait promise à une grande destinée et ambitionnait de changer les choses. Elle adorait les mathématiques et était excellente dans cette matière. Quand elle se montrait résolue, mature et exigeante, on l'admirait pour sa force et sa volonté. Et toutefois, quand Sharron avait des attitudes débordantes de sensibilité, de tendresse et de vulnérabilité, on prenait soin d'elle et on la rassurait. Sa mère lui consacra toujours le temps qu'il fallait ; elle l'écoutait patiemment et la consolait quand elle en avait besoin. Quand Sharron était toute petite, jamais elle ne la blâma de ne pas se comporter comme une « grande fille » ; elle savait que cela viendrait à point nommé. Elle lui apprit à tenir compte de ses limites en lui demandant de respecter celles d'une mère qui refusait de se sacrifier et de nourrir de la rancœur pour avoir trop donné d'elle-même. Elle lui montra comment exprimer ses besoins et comment partager ses émotions quand elle était énervée. Sharron grandit en restant indubitablement connectée à sa sphère émotionnelle et en ayant confiance en son ressenti.

Dans ces conditions, une jeune fille est respectée autant pour sa générosité féminine que pour sa force masculine. On l'estime et on l'admire pour sa détermination, pour sa créativité et son agressivité. Ce qui n'empêche pas qu'on la félicite et qu'on lui dise qu'on la trouve adorable quand elle est aimante, attentionnée, douce, mignonne et jolie. Elle ne se sent pas obligée d'être généreuse et joyeuse en tous temps. Et si d'aventure elle se montre fragile, vulnérable, personne ne lui en fait le reproche en insistant pour qu'elle grandisse un peu ! Au contraire, elle se sent toujours aimée ! Elle se sent libre d'exprimer sa colère, comme la peur ou la tristesse. Qu'elle soit altruiste ou égoïste, ses parents la chérissent toujours autant.

Le père de Sharron – idéal, lui aussi – eut toujours le souci de respecter les sentiments de sa fille, sa vulnérabilité et ses besoins. Il savait qu'elle était différente de lui par nature et cela lui inspirait la plus grande considération. Par contre, ça ne l'empêchait pas d'apprécier les qualités masculines de sa fille ! Il était toujours partant pour jouer avec elle, lui apprendre des choses ou partager des activités diverses en sa compagnie. Il pensait à la journée qu'avait passée sa fille et l'interrogeait à ce propos, pour qu'elle sache qu'il y accordait de l'intérêt. Il lui arrivait d'offrir de petits cadeaux à sa femme, pour marquer son affection et il avait le même genre d'attention délicate envers sa fille de temps en temps, ce qui faisait que Sharron se sentait spéciale à ses yeux et qu'elle put prendre conscience de sa valeur. Elle grandit sans ressentir le besoin de tout contrôler mais en nourrissant l'envie de valoriser les autres par l'amour qu'elle leur donnerait. Le père de

Sharron savait par ailleurs que les petites filles avaient tendance à se sentir coupables. Il lui démontrait donc régulièrement qu'il tenait à son bien-être en s'excusant auprès d'elle s'il commettait une erreur ou s'il l'avait blessée. En sa présence, Sharron se sentait autorisée à exprimer ses émotions, ses opinions et ses désirs. Quand elle parlait, il lui accordait sa pleine attention. Quand elle était bouleversée et qu'elle réagissait avec excès, il ne la rabaissait pas et l'écoutait en la réconfortant, sans jamais vouloir la contraindre à se ressaisir. Sharron osait demander de l'aide à son père qui, tout en posant des limites, lui donnait la certitude d'être une enfant méritante.

Le plus important, c'est que Sharron avait un père dont il était évident qu'il était profondément épris de sa femme. C'est ainsi qu'elle apprit à être féminine et aimable, qu'elle put sans crainte se sentir belle et séduisante. Elle évolua dans un environnement affectif qui favorisa l'émergence et le développement de sa part de féminité. Elle n'eut besoin ni de se cacher, ni de se renier, encore moins de prétendre qu'elle était quelqu'un d'autre. Elle ne ressentit jamais le besoin de changer pour être aimée de son père. D'ailleurs, elle voyait bien que son père aimait sa mère telle qu'elle était ! D'autre part, la mère de Sharron lui renvoyait l'image de sa propre féminité. La jeune fille accepta d'autant plus facilement cette facette d'elle-même qu'elle fut témoin de l'amour et du respect qu'elle inspirait à son père. Ce dernier point est déterminant pour une jeune fille qui comprend ainsi qu'elle n'a pas besoin d'être différente de sa mère pour que son papa l'apprécie.

Tous les enfants qui comme Billy et Sharron grandissent dans un environnement aimant et respectueux ont l'opportunité de développer simultanément leurs facettes masculine et féminine. Cet équilibre entre les énergies féminine et masculine sera manifeste dans tous les aspects de leur existence. Ils pourront révéler pleinement leur potentiel d'humanité, et leur équilibre intérieur sera particulièrement visible dans leur capacité à entretenir une relation de couple au sein de laquelle prévalent l'harmonie et le soutien mutuel.

L'INFLUENCE DU REFOULEMENT

Bien évidemment, nous sommes très peu nombreux – si ce n'est aucun – à avoir grandi dans un environnement aussi idéal... À chaque fois qu'un petit garçon comme Billy voit sa mère repousser son père, deux choix se présentent à lui : « Dois-je moi aussi repousser papa et nier ainsi la part de moi qui lui ressemble ? Ou dois-je rejeter maman et refouler la part de moi-même qui lui ressemble ? » Et quand il est lui-même rejeté ou qu'on s'oppose à lui, il peut se dire : « Vaut-il mieux me renier moi-même ou perdre l'amour qu'on me donne ? » Quand une petite fille comme Sharron entend son père lui hurler dessus, que pense-t-elle à votre avis ? Réalise-t-elle que son père a momentanément perdu le contrôle de lui-même ou se dit-elle qu'elle est probablement en cause et qu'elle devrait apprendre à réagir comme lui pour se protéger ? Est-ce que Billy pourrait rejeter sa facette masculine si son père était méprisant envers sa mère ? Est-ce que Sharron pourrait rejeter sa facette féminine si sa mère était faible et en détresse ?

Ce ne sont là que quelques exemples qui visent à vous faire comprendre que nos expériences nous façonnent et que personne ne ressort de l'enfance sans avoir réprimé une part de soi, dans le but de survivre, de se sentir en sécurité, de se sentir libre et aimé. De ce fait, nous avons tous contrarié en nous le développement naturel de certaines qualités féminines ou masculines. Si, alors qu'il grandit, le côté masculin de Billy n'est pas apprécié, accepté, reconnu, et qu'il suscite la méfiance, il se peut qu'il refoule cette facette de lui-même pour plaire à sa mère et être aimé d'elle. Dans ce cas, sa facette féminine aura de plus grandes chances de se développer. Mais si ses camarades d'école se moquent de lui ou que son père le rejette à cause de cela, il peut aussi se mettre à réprimer sa féminité ! Très souvent, les garçons commencent par être équilibrés sur le plan de leurs énergies féminine et masculine, pour passer ensuite progressivement à une phase d'hypersensibilité et finir machos ou insensibles. Quant aux filles, alors que certaines facettes d'elles-mêmes s'épanouissent de manière équilibrée, d'autres sont réprimées. Celles qui refoulent leur féminité deviennent plus masculines et excessivement responsables. Si elles peuvent en retirer un grand pouvoir, c'est au prix de se voir déconnectées de leur nature profonde. C'est alors comme si elles ne parvenaient pas à réellement savoir qui elles sont ; elles ont un sentiment de vide et ne se sentent pas épanouies. En admettant qu'alors, elles se mettent à rejeter leur masculinité, elles deviennent faibles, en manque d'affection, désespérées, particulièrement vulnérables et extrêmement dépendantes. Elles finissent par avoir le sentiment d'être des petites filles incapables de se prendre en charge et de s'affirmer.

Quand un garçon réprime sa masculinité, ses qualités masculines ne peuvent croître. Si à l'âge adulte, il décide de les développer, il doit savoir qu'il aura besoin de temps pour pouvoir les exprimer de façon convenable. Par exemple, quand un enfant est agressif et qu'il brise des objets, c'est l'occasion pour lui d'apprendre à progressivement devenir plus respectueux. Si cette agressivité est muselée pendant des années, il est possible qu'en se révélant à l'âge adulte, elle soit mal canalisée. Dans le même ordre d'idées, si une petite fille a grandi trop vite pour endosser le rôle d'une mère absente ou défaillante, il est possible que parvenue à l'âge adulte, elle soit dévorée par le manque d'affection dont elle a souffert étant enfant. C'est le prix qu'elle devra payer pour guérir de son passé et pouvoir se sentir vraiment épanouie et complète. Heureusement, ce ne sont là que des manifestations passagères qui, même si elles peuvent être récurrentes, finissent par passer. Si elle peut aimer et accepter cette part d'elle-même qui a longtemps été étouffée, elle pourra l'intégrer consciemment et atteindre l'équilibre.

Il est important de noter qu'il est très fréquent que l'on réprime de manière sélective différents aspects de notre féminité ou de notre masculinité. De ce fait, en lisant les exemples qui jalonnent ce livre, chacun de vous peut se retrouver dans des témoignages aussi bien masculins que féminins.

LES PRÉJUGÉS SEXISTES

Il est à déplorer que comme nous avons manqué d'un modèle parfaitement clair pour nous permettre de nous réaliser pleinement en tant qu'homme ou femme, nous soyons fréquemment désorientés vis-à-vis de notre identité sexuelle. En conséquence, et puisqu'on ne nous a pas appris à équilibrer nos énergies masculine et féminine, nous avons tendance à nourrir des préjugés sexistes vis-à-vis de nous-même et des autres. Ces idées toutes faites limitent l'expression de notre potentiel, car dans nos efforts pour entrer dans la norme, nous évinçons certaines de nos caractéristiques personnelles. La liste ci-dessous contient des préjugés sexistes très répandus.

1. Les femmes sont tout amour et les hommes n'ont pas de cœur
2. Les femmes sont irrationnelles et les hommes sont intelligents
3. Les femmes sont généreuses et les hommes sont destructeurs
4. Les femmes sont faibles et les hommes sont forts
5. Les femmes sont soumises et les hommes sont dominants
6. Les femmes sont dépendantes et les hommes sont autonomes
7. Le rôle d'une personne est défini en fonction de son genre

Ces croyances donnent naissance à des centaines d'autres, telles : « Les hommes doivent travailler et les femmes rester à la maison » ou « Les femmes font de bonnes infirmières et les hommes de bons docteurs ». Les sept discriminations sexistes ci-dessus évoquées sont très importantes, car elles inhibent et restreignent directement notre potentiel, qui en fin de compte transcende nos simples caractéristiques sexuelles. Il me semble certain que le genre influe sur l'expression de notre potentiel, mais en aucun cas il ne détermine ce qu'on peut faire ou pas.

Ce que nous pouvons donner aux autres, notre véritable potentiel intérieur, dépasse de loin nos simples caractéristiques sexuées. Chacun de nous peut se révéler :

1. Réfléchi
2. Intelligent
3. Créatif
4. Aimant
5. Fort
6. Résolu
7. Autonome

Nous sommes tous porteurs de ces qualités humaines, à des degrés divers. Bien sûr, chacun de nous peut être déficient sur un point ou même plusieurs, mais ce n'est en rien déterminé par notre sexe. Penser que le genre détermine notre capacité d'aimer, d'exercer le pouvoir ou de comprendre est une grave erreur ! Cette façon d'envisager les choses enferme les gens dans de petites boîtes et les empêche de se réaliser pleinement. Osons être qui nous sommes et concrétiser ce que nous avons envie de faire, au-delà du genre !

LE VÉRITABLE SENS DU MOT « ÉGALITÉ »

Les hommes et les femmes viennent au monde égaux. L'essence ou l'esprit de chacun d'eux est de la même nature. Tous les hommes et toutes les femmes sont dotés d'un cœur capable d'amour. Néanmoins, la manière dont nous développons et exprimons notre potentiel est différente pour chaque individu.

Notre plus grande force est de pouvoir nous aimer et nous soutenir mutuellement. Chaque personne est unique et possède un don spécifique à offrir. Il est malheureux de penser que pour être égaux, nous devions tous être semblables ! En reconnaissant et en respectant nos différences et ce qui nous rend uniques, nous nous donnons au contraire la possibilité de véritablement nous épanouir et de découvrir nos talents. En réalité, nous sommes tous différents et tous dépendants les uns des autres ! Et c'est en reconnaissant cette interdépendance que nous pouvons réussir à exprimer le meilleur de nous mêmes.

La vie de chaque être humain a un sens. Plus nous comprenons et acceptons nos énergies masculine et féminine, plus nous devenons aptes à découvrir le trésor sacré de notre existence : savoir qui nous sommes et ce dont nous sommes capables. Le coffre de ce fabuleux trésor, nous l'ouvrons en explorant ces énergies qui circulent en nous. Cette introspection amène à une meilleure connaissance, qui elle-même donne accès à une meilleure estime de soi, à la confiance, à la joie et à la paix. Sans cette connaissance, toute tentative d'aimer quelqu'un ou de s'aimer soi-même devient compliquée. Parfois même, alors que nous essayons de venir en aide aux autres ou de nous faire du bien, nous sabotons inconsciemment nos chances de réussite…

CHAPITRE 8

POURQUOI LES FEMMES ONT-ELLES L'IMPRESSION D'ÊTRE MAL AIMÉES ?

Les femmes sont très nombreuses à dire qu'elles se sentent mal aimées, ce qui a le don de laisser leur compagnon perplexe : non seulement il ne voit pas trop de quoi elles parlent mais surtout, il n'imagine pas comment il pourrait y remédier. Voici ce qu'un homme pense généralement : « Mais comment peut-elle se sentir mal aimée ? Elle ne voit pas tout ce que je fais pour elle ? » Ensuite, il énumère mentalement toutes les actions qu'il mène pour soutenir sa famille, comme travailler pour rapporter de l'argent, faire en sorte que son affaire soit prospère, emmener sa femme au cinéma de temps en temps, etc. Bref, pour lui, c'est évident : il l'aime et elle devrait le savoir. Voyons comment les différences hommes-femmes peuvent être à l'origine de ce genre de confusion.

LES CONSCIENCES MASCULINE ET FÉMININE

John est entraîneur de football ; il travaille dans un lycée, en section sport-études. Il a l'habitude de se concentrer sur une seule chose à la fois. Il est très conscient de tous les facteurs qui ont un lien avec l'objectif qu'il s'est fixé mais il en oublie – d'une manière très masculine – tout ce qui dans sa vie n'est pas directement relié à ce qui est devenu sa préoccupation exclusive. Sa conscience se limite au chemin qui le sépare de son but. Dans les grandes lignes, c'est la seule chose qui importe à ses yeux. Quand il doit se concentrer sur un nouvel objectif, sa conscience opère un revirement complet pour lui fournir les informations dont il a spécifiquement besoin. Mais si sa conscience est redirigée ailleurs, c'est néanmoins toujours vers un point unique. Puisque John n'a pas équilibré ses énergies masculine et féminine (conscience large et conscience étroite), dès qu'il accorde toute son attention à quelque chose, il met tout le reste de côté. Il peut même en oublier ce qu'il faisait quelques minutes auparavant si ce n'est pas lié de près ou de loin à ce qui l'accapare. La manière dont John se perçoit et estime sa valeur se définit en fonction de sa capacité à réaliser ses objectifs. Elle dépend de l'action qu'il exerce sur son environnement. On pourrait presque dire qu'il s'identifie à ce qu'il *fait* et que tant qu'il est dans l'action, il reste connecté avec lui-même.

Sous l'influence de son énergie féminine, sa femme, Pam, a une vision plus large de la situation. Si elle est bien consciente du but que s'est fixé son mari, elle voit également en quoi cela impacte sa propre vie et celle de leurs proches. C'est très naturellement qu'elle va s'interroger sur les potentielles répercussions négatives pour le couple ou pour les enfants. Elle va même s'inquiéter de la santé de John qui pourrait en pâtir. Pam envisage également ce qui se passera si son conjoint parvient à ses fins, ou s'il échoue. De son côté, John n'a pas immédiatement conscience de tout cela. Ce qui l'obsède, c'est de trouver le moyen d'obtenir ce qu'il veut, alors que sa femme envisage toutes les conséquences possibles de la poursuite de cet objectif. La conscience large de Pam lui permet de tenir compte de nombreux paramètres et d'une multitude de possibilités, quelle que soit la situation. Toutefois, elle ne comprend pas la conscience ciblée de son compagnon et pense qu'il ne tient aucun compte d'elle et des enfants quand il prend une décision sans même considérer au préalable l'impact qu'elle aura sur eux. Elle sait qu'à sa place, elle tiendrait compte de sa famille, parce qu'elle l'aime. Il lui semble donc évident que John n'aime pas vraiment sa famille.

QUAND LE TRAVAIL D'UN HOMME DEVIENT LE QUOTIDIEN D'UNE FEMME...

Chaque année, au mois d'août, John entraîne son équipe de foot en prévision de la rentrée sportive du mois de septembre. Pendant la première partie de l'année scolaire, il fait de nombreuses heures supplémentaires au club, il passe énormément de temps à regarder des vidéos de l'équipe quand il est à la maison et il consacre même du temps à aider le gardien de but dont les résultats en maths sont catastrophiques. Quand la saison est finie, il se met en quête de nouveaux jeunes talents et visionne une foule de vidéos provenant d'autres établissements football-études ou de rencontres sportives locales. Et puis, au début des vacances scolaires, il peut enfin se détendre. Mais au bout de seulement deux semaines, la prochaine saison footballistique devient à nouveau son unique préoccupation. Il est fort probable qu'avec toute l'énergie et l'attention qu'il injecte dans son travail, il ait une excellente équipe et que le lycée lui en soit redevable. D'ailleurs, il est possible qu'il soit titularisé, ce qui lui permettrait d'avoir un salaire garanti à vie !

Pendant ce temps, Pam est à la maison. Elle s'occupe des enfants et aide son mari à réaliser ses objectifs. Tous les matins, elle lui prépare un petit-déjeuner chaud et copieux pour qu'il démarre la journée en pleine forme. Il l'engloutit à toute vitesse et file au lycée. Quand Pam fait les courses, elle choisit méticuleusement les aliments en fonction de ce que John préfère. Chaque soir, elle prépare le dîner. Bien sûr, John est fréquemment en retard, quand l'entraînement dure plus longtemps que prévu... Pam insiste toujours auprès des enfants pour qu'ils se conduisent bien quand leur père rentre, afin qu'il puisse profiter d'un peu de calme. Elle veille aussi à réserver les discussions ayant pour sujet la famille pour les moments où elle est sûre que tout va bien pour John, professionnellement parlant. Pam s'évertue à ce que son mari ait toujours des vêtements impeccables pour aller travailler ; elle y traque la moindre trace d'herbe. Elle l'écoute patiemment lui parler des difficultés qu'il rencontre avec son équipe et l'aide régulièrement à comprendre comment faire pour dialoguer efficacement et ramener dans les rangs un joueur récalcitrant. Elle va voir tous ses matchs. En fait, ce sont les seules sorties qu'ils partagent en couple...

LES DEUX CONTRIBUENT AU PROBLÈME

Comme il était à prévoir, un conflit se déclara entre Pam et John. À première vue, on se dit que le problème vient du second mais en réalité, chacun d'eux se laisse porter par l'énergie qui le dirige. John ne s'imagine absolument pas qu'il y a un souci et Pam ne réalise pas que sa manière de réagir pour que ça aille mieux ne fait qu'aggraver les choses. Jour après jour, elle s'est mise de côté et a perdu de vue ses besoins fondamentaux. Elle en a ensuite voulu à John de ne pas s'en être préoccupé. Quant à lui, sa volonté de mener son équipe au succès était si chronophage et obsédante qu'il ne réalisa même pas qu'il y avait un problème. Et quand il s'en rendit compte, il ne comprit pas. Il ne savait pas que les besoins de sa femme n'étaient pas comblés, en partie parce qu'elle ne lui avait jamais dit de quelle nature ils étaient. Elle pensait pourtant les lui avoir exprimés mais malheureusement, elle s'y prenait mal et John n'était donc pas en mesure de saisir le message. Alors qu'il se préparait à affronter une nouvelle saison, Pam fit tout son possible pour être affectueuse et tolérante. Cependant, au bout de quelque temps, constatant que John ne semblait pas voir ses efforts, ou qu'il n'appréciait pas les nombreux sacrifices qu'elle faisait, elle se mit à nourrir de la rancœur. Elle commença à se plaindre de tout ce que son mari ne faisait pas à la maison. En conséquence, il arrivait à John de lui répondre qu'elle ne devrait pas s'en soucier, ou alors il lui promettait de s'y mettre pour oublier l'instant d'après. Par exemple, si Pam lui suggérait des activités à partager avec les enfants, il hochait distraitement la tête ou prétendait simplement que tout allait bien se passer.

Pam se sentit mal aimée parce que son conjoint ne satisfaisait pas ses besoins. Au début, elle se mit à travailler encore plus dur pour comprendre et combler les attentes de son mari, ce qu'il ne remarqua absolument pas, tant il était devenu incapable de voir autre chose que le but qu'il s'était fixé. Au bout du compte, Pam ne le supporta plus. Elle craqua et dit à son mari qu'elle avait le sentiment qu'il ne l'aimait plus. Sur la défensive, John lui fit la liste de toutes les choses qu'il faisait pour sa famille. Lorsqu'elle persista à se plaindre, il nia totalement la légitimité de ce qu'elle ressentait et affirma qu'elle était excessive et irrationnelle.

COMMENT PARTAGER SES ÉMOTIONS NÉGATIVES DANS UN ESPRIT D'AMOUR

Ce que Pam n'a pas compris, c'est qu'en prodiguant autant d'efforts pour soutenir son mari, pour paraître aimante et tolérante, elle s'employait simultanément à cacher ses émotions négatives, faites de colère, de frustration, de tristesse, de déception, de crainte et d'angoisse. Tout ce ressenti a grandi en elle, jusqu'à ce qu'elle ne parvienne plus à le contenir et qu'elle l'exprime dans une posture de rejet vis-à-vis de John.

C'était comme si elle lui avait dit : « Regarde tout ce que j'ai fait pour toi ! Tu ne m'as rien offert en remerciement ! Je t'aime, mais tu ne m'aimes pas en retour ! »

Personne n'a jamais appris à Pam comment on pouvait partager un ressenti négatif en gardant une attitude aimante. Elle oscille de ce fait entre deux extrêmes : soit elle réprime ses sentiments négatifs pour être tendre, soit elle les exprime en se montrant froide et pleine de ressentiment. Aucune de ces deux formules ne fonctionne. Si ce qu'elle attend de John, c'est qu'il réponde à ses besoins, il faut qu'elle lui parle d'une manière à pouvoir être entendue et qu'elle l'amène à comprendre la nature exacte de ce qu'elle éprouve. Il sera incapable de le faire si Pam est rancunière, qu'elle le rejette, qu'elle est distante et qu'elle lui démontre une absence totale de confiance et de reconnaissance. D'un autre côté, si elle donne à son compagnon l'impression d'être heureuse, ouverte et affectueuse, ça ne marchera pas non plus : il croira que tout va bien et restera absorbé par son travail. En fait, Pam doit s'entraîner à dire ce qu'elle ressent avant d'avoir accumulé trop d'émotions négatives. Quant à John, il faut qu'il s'exerce à écouter sa femme.

Si la communication verbale est infructueuse, on peut envisager la forme scripturale. La meilleure façon d'exprimer sa colère avec amour est probablement de le faire par écrit. Couchez sur papier vos émotions négatives et lisez-les ensuite à votre conjoint. Dans le chapitre 13, je vous propose une technique d'écriture qui présente le double avantage de vous aider à adopter une attitude pleine d'amour tout en favorisant l'expression de vos expériences et sentiments négatifs. Si jamais ça ne devait pas suffire, il vous sera certainement utile de solliciter l'aide d'un psychothérapeute. Dans l'exemple ci-dessus, il est inévitable que Pam se heurte à la résistance de John tant qu'elle ne parvient pas à partager ses émotions et besoins sans rancœur et qu'il ne prend pas le temps d'écouter sa compagne et de la soutenir.

COMMENT PAM PEUT-ELLE CHANGER ?

Pam se sentira mal aimée tant qu'elle ne comprendra pas qu'elle est responsable de la manière dont elle communique ses émotions, ses désirs et ses besoins. Cependant, il lui sera quasiment impossible de reconnaître sa part de responsabilité si elle ne tient pas compte des spécificités comportementales de son mari : la conscience ciblée dont il est doté fait que ses réactions diffèrent de celles de sa femme. Pam possède, quant à elle, une conscience large qui la pousse à ne pas perdre de vue les besoins de ceux qu'elle aime ; et cela explique qu'elle soit incapable de croire en l'amour de son conjoint s'il la délaisse. La manière dont *elle* investit une relation amoureuse, c'est d'avoir pour priorité de prendre soin de son compagnon. Alors, quand elle n'obtient pas la même chose en retour, elle en déduit à tort qu'il ne l'aime pas.

Son premier réflexe, c'est de faire en sorte d'inspirer plus d'amour à son compagnon. Pour ce faire, elle évite soigneusement de partager son ressenti, ses désirs et ses besoins. Elle prodigue des efforts pour mériter la tendresse de John tout en refoulant ses émotions négatives. Il n'y a rien de mal dans le fait de vouloir se montrer généreuse envers son conjoint. Le souci de Pam ne réside pas là. Son problème, c'est que son attitude l'empêche de recevoir pleinement ce que John lui apporte, parce que plus elle donne sans recevoir (dans la mesure de ses attentes), moins réceptive elle devient. Et si Pam est persuadée d'avoir fait preuve de force et d'autonomie, son mari ne s'intéresse plus autant à elle et elle lui semble moins attirante. Cela s'explique assez simplement : quand Pam donne sans être capable de recevoir (énergie féminine), elle s'endurcit progressivement et perd la douceur des qualités féminines qui avaient séduit John. En refoulant ses émotions négatives, elle se coupe graduellement de son inclination naturelle à l'amour, la joie, la gratitude et la confiance. Et John est tellement accaparé par son travail qu'il ne s'aperçoit pas du changement…

LES SYMPTÔMES QUI DOIVENT ALERTER UNE FEMME

Voici quelques signes qui vous indiqueront que votre relation de couple est défaillante :

- Votre partenaire oublie de faire certaines choses pour vous.
- Vous craignez de solliciter son aide.
- Votre conjoint s'implique mais vous trouvez que ce n'est pas suffisant.

- Vous ne vous sentez pas assez en confiance pour exprimer ce qui vous contrarie, alors vous taisez ce que vous ressentez.
- Vous avez l'impression de vous énerver pour de petits riens et de passer à côté des vrais problèmes.
- Votre conjoint n'est plus passionnément épris de vous et ça vous indiffère.
- Vous lui en voulez de donner plus que lui.
- Vous vous dites que s'il changeait, vous seriez heureuse.
- Vous vous sentez coupable ou avez honte d'être malheureuse.

La plupart des femmes ont déjà expérimenté les situations décrites ci-dessus. C'est tout à fait normal, particulièrement quand on ignore les différences fondamentales entre hommes et femmes. Pour lutter contre ces signes de mésentente, voici quelques suggestions :

- Acceptez qu'il soit différent de vous et entraînez-vous à lui demander de l'aide.
- Quand vous êtes énervée, partagez vos contrariétés mais faites-le en exprimant aussi des émotions positives comme la confiance et la reconnaissance.
- Lorsque vous parlez à votre conjoint de ce qui vous tourmente, rassurez-le régulièrement en lui disant que vous ne l'en blâmez pas et que son écoute vous est utile.

- Quand vous éprouvez du ressentiment envers votre compagnon, discutez-en avec des amies ou couchez vos émotions sur papier (*voir chapitre 13*) pour être disposée à pardonner. Ensuite, dans une posture plus clémente, partagez votre ressenti avec votre partenaire.
- Prenez conscience de tout ce qu'il fait pour vous et ne considérez pas que c'est un dû.
- Prenez soin de vous avant de prendre soin de lui. Si vous êtes fatiguée et en proie au stress, ne jouez pas à la martyre en donnant encore plus de vous. Au contraire, donnez-lui-en moins pour qu'il puisse comprendre que vous avez besoin de son aide.
- Quand il émet des suggestions visant à améliorer votre vie de couple, telles : « On mange au restaurant ce soir » ou « On va prendre quelques jours de vacances ensemble », ne le reprenez pas sur la forme, ne critiquez pas ses idées, ne suggérez pas qu'il puisse proposer mieux.
- Rejoignez un groupe de femmes ou fondez votre propre groupe de parole. Prévoyez des rencontres hebdomadaires, lisez des passages de ce livre ensemble et partagez vos expériences : est-ce que l'information fournie dans cet ouvrage vous a été utile et si oui, comment ?
- Devenez amie avec une femme dont la relation de couple est harmonieuse et partagez vos difficultés avec elle. Si c'est impossible, trouvez un conseiller conjugal ou un thérapeute pour vous assister.

- Lisez ce livre avec votre partenaire et discutez-en ensemble. Discernez ses réactions et ses idées et travaillez sur vous-même pour les accepter. Partagez votre ressenti avec votre compagnon pour qu'il puisse mieux vous comprendre.

COMMENT JOHN PEUT-IL CHANGER ?

Ce qui peut faire la différence en ce qui le concerne, c'est de parvenir à comprendre les besoins de sa femme. En premier lieu, il doit réaliser qu'elle a besoin de son aide pour explorer ce qu'elle ressent. Il doit accepter et estimer le fait qu'elle ait des besoins dont elle n'est pas consciente. Son travail sera de l'aider à les découvrir. Ensuite, très spontanément, il s'impliquera davantage dans la relation. Une des difficultés que rencontrent les hommes, c'est qu'ils ne se rendent pas forcément compte de leur perte d'intérêt pour leur compagne. Ils constatent juste qu'ils ont davantage envie de s'occuper de leur travail ou d'avoir des loisirs que d'accorder du temps à leur couple.

Voici quelques signaux qui leur permettront de voir qu'un problème est en train de couver :

- Vos activités professionnelles vous obsèdent tant que vous avez oublié de rapporter à votre femme ce que vous deviez prendre en passant au centre commercial.
- Vous aviez promis à votre compagne de vous occuper de certaines choses concernant votre

maison mais vous avez été distrait par d'autres projets personnels.

- Vous ne comprenez pas ce que ressent votre partenaire et vous êtes fréquemment en train de lui dire comment elle devrait réagir.
- Vous vous demandez pourquoi elle s'emballe pour des choses sans importance.
- Vous constatez qu'il vous arrive d'écouter la moitié de ce que votre compagne ou vos enfants vous disent parce que votre esprit est préoccupé par votre travail ou que vous êtes en train de regarder la télévision.
- Vous vous renfermez ou faites preuve d'impatience quand votre femme commence à parler.
- Vous n'êtes plus follement attiré par votre compagne quand vous faites l'amour.

Il n'existe probablement aucun homme n'ayant jamais expérimenté une de ces situations, peut-être même à plusieurs reprises d'ailleurs. Chacune illustre les effets de la conscience ciblée qui caractérise le masculin, celle-ci n'ayant rien de mal en soi. Sans concentration, aucun projet ne peut être mené à bien. Néanmoins, les points énumérés ci-dessus sont des exemples d'un excès de focalisation qui empêche les hommes d'avoir conscience des besoins d'autrui. La capacité de concentration devient négative quand elle n'est pas contrebalancée par une capacité d'ouverture. Plus vous le reconnaîtrez, plus vous serez à même de développer une conscience plus large. Et ce qui vous y aidera dans un premier temps, c'est d'écouter ce que votre compagne vous dit. C'est d'un vrai travail sur soi qu'il s'agit, tant certains hommes trouvent insupportable de consacrer du temps au ressenti de leur femme quand leur esprit est occupé à autre chose. S'il est trop tendu à l'idée de l'écouter, un homme peut lui demander d'écrire ce qu'elle ressent. Après avoir pris connaissance du contenu de la lettre, il intégrera un moment d'écoute à son emploi du temps.

L'INTIMITÉ PLANIFIÉE

Ce temps réservé à écouter sa femme lui confier ses émotions s'appelle l'intimité planifiée. Son but est de permettre à un homme d'entendre le ressenti de sa partenaire et de bien comprendre ses besoins. Pour John, la meilleure façon de s'y prendre consiste à d'abord lire attentivement la lettre de Pam, puis à la relire à haute voix. Ce sera d'autant plus efficace qu'elle aura pris soin de s'exprimer avec tendresse et sans rancune, même si ce qu'elle transmet à son compagnon, c'est un ressenti négatif. En plus de cette lettre, elle joindra une réponse, celle qu'elle aimerait qu'on lui fasse… Ainsi, Pam se connectera plus facilement à ses émotions ; elle aura en outre l'assurance que John sache bien quels sont ses besoins et comment elle aimerait qu'on y réponde. Dès lors, John sera en mesure de réagir avec amour, bienveillance, respect, attention et considération.

Pendant que John s'entraîne à écouter et que Pam apprend à partager, ils deviennent tous deux plus équilibrés. Avec le temps, ils pourront communiquer autrement que juste avec des lettres ou en s'obligeant à se réserver du temps. John parviendra plus facilement à se déconnecter de son travail pour se relaxer et profiter d'instants privilégiés avec sa femme. De son côté, elle pourra aisément dire ce qu'elle ressent et désire sans paraître exigeante ou critique.

Pour qu'une femme puisse être soutenue de manière efficace, il est essentiel qu'elle soit capable de définir précisément ses besoins et de savoir quels sont ceux qui sont fondamentaux. Si elle est en couple, elle peut souligner ce qui la concerne dans ce livre et demander à son conjoint de faire de même. Ainsi, chacun sera mieux au courant des besoins de l'autre et plus apte à les comprendre. Dans le prochain chapitre, je m'attarderai sur les différentes approches qui permettront aux hommes de donner à leur compagne l'assurance d'être aimée et soutenue.

CHAPITRE 9

L'ART DE RENDRE SA RELATION ÉPANOUISSANTE

En général, les hommes supposent que si leur femme est comblée, elle doit le rester à jamais sans qu'ils n'aient plus rien à faire en ce sens. Une fois qu'ils ont démontré leur amour, elle devrait en rester convaincue pour toujours et elle n'aurait pas besoin d'être rassurée ou qu'on le lui remémore occasionnellement. D'un point de vue masculin, ça se tient. Cependant, les femmes ont du mal à accepter cette vision des choses qui s'oppose à leur réalité intérieure. Elles ont besoin qu'on leur dise à quel point elles sont spéciales, d'une grande valeur, qu'on les comprend et qu'on les chérit. Bien entendu, les hommes ont également besoin d'être rassurés sur leur valeur, mais la plupart du temps, ils acquièrent cette certitude à travers leur travail. Retenez que les femmes ont quant à elles un besoin essentiel d'être rassurées par le biais de leur relation de couple.

Quand un homme subit des échecs professionnels, il commence à douter de sa valeur. Une femme ressentira le même type de doute si son compagnon la délaisse ou l'ignore. Il lui faut des signes quotidiens et symboliques, ainsi que des paroles qui expriment à quel point on tient à elle. Et si un homme peut lui aussi avoir besoin de se sentir valorisé à travers sa relation, tant qu'il vit avec une femme il aura tendance à ne pas en avoir conscience, car le simple fait d'être en couple le rassure sur ses compétences. Il est indirectement sécurisé par la satisfaction qu'il lit sur le visage de sa compagne, alors qu'elle a besoin d'attentions directes.

Dans sa relation, un homme ne s'inquiète d'un possible rejet que s'il survient, pas avant. Il ne ressent pas un besoin viscéral d'être rassuré par sa compagne ; ses réussites sociales et professionnelles sont les éléments qui lui apportent cette tranquillité d'esprit. C'est ce qui explique qu'il ne soit pas spontanément disposé à accepter que sa femme ait besoin d'être rassurée jour après jour. Selon sa façon de raisonner, même s'il est accaparé par d'autres centres d'intérêt, sa compagne doit savoir qu'il l'aime aujourd'hui, demain et à jamais, à moins qu'il ne lui affirme le contraire. Pour une femme, ça n'a pas de sens. C'est comme si elle lui disait : « Même si tu es sans le sou et au chômage, tu dois être certain d'être riche à nouveau, puisque tu l'as été jadis, avant que ta société ne fasse faillite », ou encore : « Même si tu as été classé dernier hier, tu devrais être persuadé d'être un vrai gagnant parce qu'il t'est arrivé un jour de remporter un tournoi de tennis. »

Bien sûr, un échec peut stimuler un homme en le poussant à définir sa propre valeur indépendamment de ses succès. Mais il n'en reste pas moins vrai que si l'échec est suivi de nombreuses et croissantes réussites il acquiert une meilleure estime de lui-même. Une fois que sa société a fait faillite, il doit se ressaisir et retenter l'aventure. Si le succès pointe son nez, il commence à se sentir plus confiant. On pourrait rapprocher ce phénomène de ce qui se produit quand on pratique le culturisme : lorsqu'on stresse la fibre musculaire, elle est d'abord endommagée ; puis, elle se reconstruit grâce aux protéines qu'on lui fournit et s'adapte aux épreuves en grossissant et en augmentant sa solidité. De la même manière, les revers essuyés par un homme lui permettent de gagner en force et en estime de soi.

L'amour-propre d'une femme est mis à mal dès que son compagnon se met en retrait ou s'il l'ignore temporairement. Cette expérience douloureuse est pour elle l'occasion de se recentrer et de réaliser que sa valeur n'est pas liée à l'amour qu'on lui porte. Toutefois, il reste important que le sentiment d'insécurité affective qui s'est emparé d'elle soit suivi d'une phase durant laquelle son compagnon la soutient et la tranquillise. C'est absolument nécessaire pour renforcer et approfondir l'assurance, la confiance et l'estime d'une femme. Hélas, si elle manifeste ses doutes en usant de reproches, il est à prévoir qu'il se mette sur la défensive et qu'elle n'obtienne pas le réconfort souhaité. La technique des lettres d'amour sera particulièrement utile aux femmes pour les aider à établir un contact et demander de l'aide sans offenser leur partenaire (*voir chapitre 13*).

RASSURER PAR LE VERBE

Une femme a besoin d'être quotidiennement rassurée sur l'amour qu'on lui voue. On peut par exemple lui dire des choses comme : « Je t'aime, je t'aime, je t'aime, je t'aime, je t'aime, je t'aime, je t'aime, oh comme je t'aime... » C'est une manière très classique de le formuler (il en existe bien d'autres) et il faut s'y employer régulièrement, encore et encore. Or, les hommes cessent habituellement de dire « Je t'aime » parce que ça ne leur semble pas très original et qu'ils préféreraient paraître plus inventifs. Ils imaginent que leur femme pourrait se lasser de les entendre dire toujours la même chose. Sachez messieurs, qu'aux oreilles d'une femme, « Je t'aime » n'est jamais redondant. Et c'est pour elle l'occasion de *ressentir* votre amour. Même si vous l'aimez, dès lors que vous ne le lui dites pas, elle cessera de le ressentir. Vous le comprendrez mieux en rapprochant « Je t'aime » d'un mot que vous aimez entendre et qui ne vous blase jamais : « Merci ». On accueille rarement cette expression de gratitude par un air las quand on a donné quelque chose à quelqu'un. Il existe une autre phrase à utiliser sans modération – dès lors qu'on le pense sincèrement – c'est : « Je comprends ». Quand on lui dit ces mots, une femme est rassurée d'avoir été entendue par son compagnon. D'une façon analogue, un homme se sentira soutenu quand sa compagne attestera verbalement que ce qu'il dit a du sens, ou que ce qu'il pense est tout à fait logique.

LES SYMBOLES DE L'AMOUR

Une femme a besoin de preuves d'amour. Par exemple, quand son conjoint lui offre des fleurs, il lui fait comprendre qu'il apprécie sa beauté et sa féminité. Offrez donc régulièrement des fleurs à la femme que vous chérissez car elles symbolisent l'amour qui vous anime. Elles le rendent concret, palpable. Il est regrettable que certains cessent de couvrir leur compagne de fleurs parce qu'ils craignent qu'elle ne se lasse. Tous les cadeaux, petits ou grands, ont une fonction romantique. Ils donnent à une femme l'impression d'être spéciale. N'oubliez pas cela : votre femme se sent chère et unique à vos yeux quand vous la traitez comme quelqu'un de cher et d'unique. En outre, par vos petits présents, vous honorerez son besoin de réassurance.

Les billets doux sont aussi très efficaces pour symboliser votre amour. Ils rappelleront à votre compagne l'affection que vous avez pour elle. Nul besoin d'être très créatif ou particulièrement original. Votre simplicité sera votre alliée ; sollicitez-la fréquemment pour mettre votre amour en mots. « Je t'aime, tu me manques, tu es le soleil de mes jours, juste une manière de te dire combien tu m'es précieuse » sont des formules basiques qui feront toujours plaisir. De temps à autre, vous pouvez écrire sur une jolie carte postale, humoristique ou illustrant des sentiments amoureux. Une petite carte recouverte de vos tendres pensées peut très bien accompagner un cadeau ou des fleurs, tout comme elle peut se suffire à elle-même. Quand vous décidez d'offrir un mot d'amour à votre compagne, déposez-le à un endroit qui la surprendra ; cela fait des merveilles ! vous pouvez également lui remémorer votre amour par un coup de téléphone impromptu n'ayant pour seule fin que de lui dire que vous l'aimez.

La plupart des hommes savent instinctivement que c'est là ce qu'il faut faire pour rassurer une femme.

C'est la raison pour laquelle ils le font au début d'une relation... Malheureusement, ils s'en affranchissent par la suite, imaginant que ce genre de gestes fait partie du passé ou qu'il n'est plus nécessaire.

QUAND LES PREUVES D'AMOUR DISPARAISSENT

Très souvent, une femme finit par se sentir mal aimée parce que son conjoint cesse de lui accorder la même qualité d'attention qu'au début de leur relation. Quand ce changement se produit, ne sachant pas précisément comment fonctionnent les hommes, elle se met à penser qu'il n'est plus heureux de vivre en sa compagnie et qu'il ne tient plus vraiment à elle. *La qualité d'attention fournie à une femme est le plus important signe d'amour.*

Permettez que je vous donne un exemple... Phil et Ann sont venus me consulter et à cette occasion, elle s'est plainte de ne plus être aimée par son mari. Lui ne comprenait pas de quoi elle parlait. Il était à la fois surpris et terriblement déçu. Il savait pertinemment qu'il aimait sa femme et il lui était inconcevable qu'elle ne le sache pas elle aussi. Au fil de notre discussion, Phil comprit que lorsqu'Ann disait : « Tu ne m'aimes plus », ce qu'elle exprimait en réalité c'était : « Tu ne me traites plus avec les mêmes égards qu'autrefois. Je ne me sens plus spéciale à tes yeux. » Il voulut en savoir davantage, alors j'ai demandé à Ann de fermer les yeux et de nous communiquer les émotions que l'amour de Phil lui prodiguait quand ils ont débuté leur histoire. Elle a exploré sa sphère émotionnelle et a dit ceci : « Ça me réchauffait, je me sentais aimée, spéciale, je me sentais heureuse, je me sentais calme et sereine, j'avais envie de m'amuser, je me sentais libre, je me sentais acceptée, je me sentais remarquée et désirée, je me sentais en sécurité, je me sentais comblée. » Quand je lui ai demandé d'approfondir encore son exploration, elle a rajouté : « Je me sentais douce, délicate, aimante, reconnaissante, méritante, confiante et vulnérable. » Ensuite, je lui ai posé la question suivante : « Quand vous vous sentiez ainsi, de quoi étiez-vous la plus reconnaissante envers Phil ? » Elle énuméra quantité de choses : « Je lui étais reconnaissante parce qu'il me donnait la conviction d'être aimée et précieuse. Je lui étais reconnaissante de me permettre d'être une personne à part dans son existence. Je lui étais reconnaissante du respect dont il faisait preuve à mon égard. Je lui étais reconnaissante quand il faisait un détour juste pour me réconforter. J'étais reconnaissante pour son écoute et pour me donner l'impression d'être comprise. Je lui étais reconnaissante des nouvelles activités et aventures qu'il planifiait pour nous deux. Je lui étais profondément reconnaissante de détecter les moments où j'avais besoin de parler, de me demander comment je me sentais et de dégager du temps pour m'écouter. Je lui étais reconnaissante de pouvoir partager ma tristesse avec lui et de ce qu'il m'offre ses bras pour me consoler. Je lui étais reconnaissante quand il remarquait que j'avais été chez le coiffeur ou que je m'étais acheté une nouvelle tenue et qu'il disait que ça lui plaisait. J'étais reconnaissante quand il disait qu'il avait envie d'être seul avec moi. J'étais reconnaissante quand il me surprenait avec des petits mots ou de petits cadeaux. J'étais reconnaissante quand il m'appelait alors qu'il était en voyage et qu'il me laissait un numéro où le joindre. J'étais reconnaissante dès qu'il anticipait mes besoins. C'est alors que je pouvais avoir l'assurance qu'il tenait à moi, qu'il était là pour moi, et pas juste pour lui... »

En écoutant sa femme parler, Phil ne put retenir ses larmes. Quand Ann eut fini, il prit la parole : « Pendant que tu parlais, je me suis souvenu de nos plus beaux moments et j'ai brusquement réalisé à quel point les choses avaient changé ces dernières années. C'est fou ; jusqu'ici, je ne m'en étais pas rendu compte. » Il a ensuite embrassé sa femme en lui disant : « Tu m'as manqué toi aussi. » Il avait été si absorbé par d'autres choses qu'il avait oublié à quel point c'était important et merveilleux pour lui de sentir qu'Ann avait besoin de lui. Il prit conscience de l'importance que l'amour de sa compagne avait à ses yeux et se rappela combien elle lui était précieuse et exceptionnelle. Ce jour-là, il apprit que quand sa femme ne se sentait pas aimée, elle n'était pas irrationnelle ; elle lui adressait en réalité un signal indiquant que ses besoins n'étaient pas satisfaits. Il savait désormais que si sa compagne était négligée, ils risqueraient de perdre ce qui rendait leur amour unique.

Si un homme n'est plus connecté aux émotions de sa femme, non seulement il va oublier ce qui importe vraiment, mais il en ira de même pour elle ! Il est possible qu'elle perde de vue ses besoins fondamentaux tout en nourrissant un profond ressentiment envers son conjoint. En gros, même si elle ne sait plus ce qui lui manque, elle sait qu'il lui manque quelque chose. Lorsqu'un homme a réellement le désir d'écouter sa compagne, ils en ressortent tous les deux gagnants ! Ann a permis à Phil de savoir combien elle avait besoin de lui. En entendant sa femme énumérer toutes les sensations positives qu'elle ressentait quand elle recevait son amour, il s'est senti plus motivé pour la soutenir. Et quand Ann a enfin exprimé sa gratitude, il s'est senti apprécié, reconnu et compétent.

LES PETITS DÉTAILS QUI CHANGENT TOUT...

Avant d'entrevoir en quoi la vision d'une femme pouvait contraster avec la mienne, j'étais incapable de comprendre que ma compagne puisse s'énerver pour des broutilles. De petits riens la mettaient hors d'elle, comme par exemple oublier de ramener le journal, d'aller récupérer le linge au pressing, de réparer un carreau cassé, de peindre un meuble de cuisine ou de la prévenir qu'on nous avait invités à une soirée. Dans ce contexte, les choses importantes étaient de gagner de l'argent, de dire la vérité, d'être monogame, d'être présent en cas d'urgence, de payer le crédit pour la maison... Quand il m'arrivait de temps à autre de faire preuve de distraction, elle en était toute retournée, me disant fréquemment qu'elle avait l'impression que je ne l'aimais pas. Moi, je me demandais comment elle pouvait établir un lien entre l'amour que je lui portais et le fait d'oublier de lui rapporter un journal... Finalement, j'ai compris que de son point de vue, c'était en me rappelant des petites choses que je lui prouvais mon amour. Ces petits détails correspondaient à des *besoins* pour ma compagne ; ils étaient donc directement liés à sa personne. Quand je les négligeais, il lui était difficile de ne pas interpréter cela comme un manque d'égards envers elle. Et si j'affirmais que tout cela n'avait pas d'importance, c'était comme si je lui disais qu'*elle* n'était pas importante pour moi. C'est un fait : quand un homme ne tient pas compte de ce qui importe à une femme, elle a le sentiment que c'est d'elle dont il ne tient pas compte ! J'ai réalisé qu'en étant empressé et en me montrant responsable vis-à-vis des petites choses du quotidien, j'avais une magnifique opportunité de rassurer ma femme et de lui prouver que je l'aimais. Et puisqu'elle est la personne la plus importante de ma vie, le seul fait d'avoir saisi l'importance que ces petites choses avaient pour elle m'a poussé à tout naturellement leur prêter plus d'attention. En fait, dès l'instant où j'ai accepté la légitimité de son besoin, j'ai mobilisé ma concentration masculine pour résoudre le problème.

J'ai pu reconnaître que ma femme souffrait de ma distraction routinière et cela m'a permis de comprendre les émotions qui la traversaient quand j'oubliais certaines choses. J'ai cessé de lui répéter qu'elle n'avait pas à s'angoisser pour si peu. De son côté, elle a également développé une meilleure connaissance de ma tendance masculine à la focalisation et elle s'offusque moins de mes oublis. Si seulement les hommes savaient à quel point les petits détails comptent pour les femmes, elles seraient plus nombreuses à être heureuses ! Dire que quelques-unes sont gênées d'avouer à leur compagnon combien c'est important pour elles... Quoi qu'il en soit, si vous faites l'effort de vous souvenir des « petites choses » qui ont de l'importance pour une femme, vous serez surpris du résultat : ça change tout !

VOUS DEVIENDREZ PLUS INVENTIF !

Traiter avec considération les petites choses ne sert pas uniquement à rassurer une femme sur l'importance qu'on lui accorde. À mesure que je développais de l'intérêt pour les désirs et les préférences de ma compagne, j'ai pu constater que lorsque je passais du temps à faire de petites choses, je finissais par trouver l'énergie de réaliser d'autres tâches que j'aurais facilement pu reporter. En fait, c'est ainsi que j'ai acquis une nouvelle aptitude : celle de pouvoir décrocher d'une activité trop prenante et épuisante. Changer de centre d'intérêt est aussi un excellent moyen de résoudre des problèmes qui restent insolubles malgré tout le temps qu'on leur a consacré ! Essayez donc cette technique la prochaine fois que vous vous sentirez démuni face à une difficulté : mettez le problème de côté et concentrez-vous sur quelque chose qui nécessite moins de réflexion, comme par exemple une tâche anodine qui ferait plaisir à votre femme. Pendant que vous vous y attellerez, votre inconscient pourra librement explorer des pistes que vous n'envisagiez pas et trouver une solution à ce qui vous préoccupait ! Très souvent, elle surgira dans votre esprit alors que vous n'y penserez même plus !

RÉSERVEZ À VOTRE COMPAGNE UN TRAITEMENT DE FAVEUR

Une femme aime savoir qu'on l'a choisie parce qu'elle se distinguait des autres, tout comme elle appréciera qu'on la traite de manière privilégiée. J'ai appris cela de manière un peu abrupte quand ma femme et moi avons organisé notre première fête de famille. J'étais allé travailler pendant que Bonnie préparait la maison. Lorsque je suis rentré, j'étais fier de ne pas avoir oublié de rapporter une caméra. Même si filmer toute ma famille avait pour moi une grande valeur, j'aurais très bien pu l'oublier si je m'étais laissé absorber par mes occupations professionnelles. Tout le monde était déjà là quand je suis arrivé. Je me suis directement rendu au salon et j'ai procédé à l'installation du matériel, des éclairages, du micro, des câbles électriques... Pendant ce temps, les enfants venaient me dire bonjour. Progressivement, le salon s'est rempli d'autres membres de ma parenté et nous avons échangé des embrassades et quelques banalités pendant que je m'affairais toujours. Quand j'eus fini, je me rendis à la cuisine où se trouvait ma compagne. Je croyais qu'elle serait ravie d'avoir un mari aussi consciencieux : non seulement je n'avais rien oublié mais j'avais tout mis en place ! Je fus surpris de son accueil distant et froid. Elle espérait en fait que je vienne la saluer avant de m'occuper du reste... Et elle fut au contraire la dernière personne que j'étais venu retrouver. Je n'ai pas trop compris : selon mon point de vue masculin, si elle souhaitait me voir, elle n'avait qu'à se rendre dans le salon ! Plus tard, nous eûmes l'occasion d'en reparler. Elle m'avoua qu'elle avait souffert de se sentir ignorée. Elle aurait préféré qu'en rentrant, je vienne d'abord l'embrasser, qu'ensuite je dise bonjour à tous les autres et que seulement après, j'installe le matériel. En m'occupant d'abord de la caméra, je n'avais pas permis à ma femme de se sentir spéciale. À ses yeux, si je me focalisais ainsi sur cette installation, cela signifiait qu'elle avait pour moi plus d'importance que ma compagne et nos autres invités.

OSEZ LE ROMANTISME !

Bien entendu, si j'avais été sur la défensive, j'aurais pensé que ma compagne était déraisonnable et exigeante. Mais d'un point de vue romantique, ce qu'elle me disait avait du sens. Moi aussi, j'éprouvais une grande joie quand Bonnie et les enfants étaient tout excités de me revoir ! À chaque fois, j'avais l'impression d'être quelqu'un de spécial et d'apprécié. Pourquoi en aurait-il été autrement pour elle ? J'ai surtout compris qu'une femme avait besoin qu'on la démarque des autres ; elle ne saura pas qu'elle est spéciale à nos yeux si on ne le lui dit pas et qu'on ne le lui démontre pas dans les faits ! Comme elle envisage de multiples possibilités grâce à sa conscience large, il lui semble tout à fait possible qu'une caméra (ou quoi que ce soit d'autre) puisse l'avoir supplantée dans le cœur de son conjoint. Les hommes n'imaginent jamais que leur compagne puisse raisonner ainsi. Ils savent qu'ils tiennent à elle et il leur semble normal qu'elle le sache aussi. Hélas non. Ce n'est pas automatique. Elle a besoin qu'on le lui dise régulièrement, de mille et une manières.

Alors que nos différences devenaient pour moi manifestes et que je les acceptais, j'ai compris qu'il était finalement très simple de traiter ma compagne avec les attentions qui la combleraient. Désormais, quand je rentre à la maison, la première chose que je fais, c'est la prendre dans mes bras, l'embrasser et lui demander comment s'est passée sa journée. Lorsqu'elle me rejoint lors d'un de mes séminaires, je vais à sa rencontre et la serre contre moi, même si des gens sont en train de discuter avec moi. Auparavant, je préférais donner la préférence à ces personnes qui attendaient de parler avec moi car après tout, ils étaient venus spécialement pour ça et je pouvais m'entretenir avec ma femme à n'importe quel autre moment. Cette attitude n'était absolument pas romantique et elle donnait à ma compagne la sensation désagréable de n'avoir que peu d'importance ou d'être quelconque à mes yeux. Si vous voulez que votre partenaire se sente spéciale, traitez-la différemment des autres et considérez qu'elle est votre priorité. Ne gardez pas le meilleur pour la fin... Une femme ne se lasse jamais de voir et d'entendre que vous l'aimez.

UN DES SECRETS QUI FONT QU'UNE FEMME SE SENTE AIMÉE

La manière la plus efficace de faire en sorte qu'une femme se sente aimée est totalement à l'opposé de ce qu'imaginent la plupart des hommes... En général, ils croient que s'ils ne se plaignent pas de leur vie de couple, leur partenaire se sentira valorisée et tendrement chérie. C'est comme ça que ça se passe pour eux :

si elle ne se lamente de rien, ils se sentent appréciés. Ils ne comprennent pas qu'en agissant comme si tout était parfait, leur compagne en déduit que leur relation ne les intéresse pas vraiment et par conséquent, elle non plus. Habituellement, un homme s'irrite ou s'inquiète de ce qui se passe dans le cadre de sa vie professionnelle et quand il rentre chez lui, il a toujours ses problèmes en tête. Quand elle le constate, une femme a le sentiment que le travail de son compagnon passe avant elle. Si cet homme parvient à identifier les frustrations, les déceptions et les soucis que son couple génère en lui, il en parlera avec sa compagne et lui indiquera que l'aide qu'elle peut lui apporter est essentielle pour lui. C'est ici que réside un des secrets du bien-être affectif d'une femme : elle a une meilleure estime d'elle-même quand son soutien émotionnel est reconnu, désiré et apprécié.

Jeanne, 36 ans, se plaignait constamment de ne pas être appréciée par son mari, Paul, 43 ans et médecin réputé. Bien que ce dernier incarnait le traditionnel soutien de famille, sa compagne, quant à elle, était loin d'être la parfaite femme d'intérieur. Paul lui en voulait pour cela. Selon lui, s'il ramenait tout l'argent du foyer, c'était à elle d'endosser toutes les tâches ménagères, ce qu'elle refusait. Quand j'ai demandé à Jeanne pour quelle raison ça lui déplaisait, elle me répondit : « Je n'aime pas avoir l'impression d'être sa bonne à tout faire. Tout ce qu'il trouve à dire quand il rentre, c'est que je m'occupe mal de lui et de la maison. Il affirme qu'il travaille dur et qu'il en attend autant de moi. Je n'ai rien contre le fait de prodiguer des efforts, mais quoi que je fasse, ce n'est jamais assez bien pour lui. Il persiste à me critiquer ou à pointer du doigt ce que je n'ai pas fait. Ça me blesse quand il me traite comme une soubrette. »

Paul expliqua qu'il voulait juste que la maison soit propre et que le repas soit prêt quand il revenait du travail. Sur un ton agacé, il dit : « Ça lui prendrait juste deux heures par jour pour me rendre heureux. Tout ce qu'elle a à faire, c'est de garder la maison propre et de me concocter un dîner sympa. Pour le reste, elle est libre de faire ce qu'elle veut ! Tout ce que je lui demande, ce n'est rien de plus que deux heures de ménage ! » Jeanne s'énerva : « Je suis furieuse quand j'ai l'impression de n'être que sa boniche ! » En réalité, Paul ne savait pas que sa femme le trouvait tellement condescendant. Elle avait compris que tout ce qu'il attendait d'elle *se résumait* à l'entretien de la maison et la préparation du repas… Alors que ce que son mari pensait lui exprimer, c'est qu'elle avait tant de valeur à ses yeux qu'il n'attendait pas qu'elle fasse plus de deux heures de travaux ménagers par jour…

Ensuite, j'ai demandé à Paul pourquoi c'était tellement important pour lui d'avoir une maison propre et un bon dîner. Sur un ton plus émotif, il me confia : « Pour moi, ça signifie qu'elle reconnaît que je travaille dur pour nous deux. Il lui arrive si souvent d'affirmer que l'argent ne compte pas vraiment pour elle… Quand elle dit ça, j'ai juste l'impression que tous mes efforts pour ramener de bons revenus ne servent à rien. J'essaie d'assurer nos vieux jours et elle est persuadée que je ne pense qu'à moi ! C'est douloureux de penser qu'elle ne m'apprécie pas. Si en rentrant à la maison, je sentais son amour et sa reconnaissance pour tout ce que je fais pour elle, je me dirais que ma vie vaut la peine d'être vécue ! Mais comme elle ne m'offre pas cela, je lui en veux et ça me rend extrêmement critique à son encontre. »

Pendant que Paul s'expliquait, le visage de Jeanne se mit à rougir et des larmes coulèrent sur ses joues. C'était la première fois qu'elle réalisait à quel point son mari avait besoin de son soutien affectueux. Elle comprit qu'en lui préparant un repas, elle faisait bien plus que jouer le rôle d'une simple cuisinière ; c'était pour elle l'opportunité de faire preuve de gratitude envers son mari et de reconnaître les efforts qu'il accomplissait pour soutenir financièrement sa famille. En entendant son mari lui dire qu'il avait besoin de sa reconnaissance et de son amour, Jeanne comprit qu'elle était importante dans sa vie. Cette interaction à cœur ouvert effaça toute la rancœur qu'elle avait nourrie pour Paul. Elle découvrit le plaisir d'être une femme d'intérieur tout en se consacrant à ses autres centres d'intérêt. Paul, quant à lui, se rendit compte qu'en montrant à sa femme qu'il avait besoin d'elle sur le plan émotionnel, et pas uniquement pour quelques tâches ménagères, elle put se sentir valorisée, aimée et spéciale.

C'est souvent difficile pour un homme d'exprimer ses besoins affectifs parce que la plupart du temps, il n'en a pas conscience. Mais si vous voulez sincèrement que votre compagne se sente aimée, il est important que vous lui communiquiez ce qui vous manque et ce qui vous ferait plaisir au sein de votre couple. Si vous êtes déçu de ne pas être soutenu par votre femme comme vous en auriez besoin, dites-le lui. Non seulement elle en déduira qu'elle est importante pour vous mais en plus, cela lui permettra de savoir exactement quoi faire pour vous rendre plus heureux. Quand un homme apprend à communiquer ses besoins émotionnels, il permet à sa compagne de nourrir l'estime qu'elle a d'elle-même, et il lui offre en outre l'opportunité d'être plus généreuse envers lui.

Comme nous l'avons vu, une des principales raisons qui expliquent que les femmes se disent mal aimées est que leur conjoint ne dispose pas de point de référence pour comprendre leurs besoins et y répondre instinctivement. Ils ont en général bien du mal à exprimer ce qu'ils éprouvent eux-mêmes ! Dans le chapitre suivant, nous explorerons plus attentivement nos besoins émotionnels primaires.

CHAPITRE 10

APPRENDRE À DONNER ET À RECEVOIR DU SOUTIEN ÉMOTIONNEL

Les lois qui régissent la vie de couple et qui sont gage de sa réussite évoluent en même temps que la société dans laquelle nous vivons. Les avancées politiques, technologiques et scientifiques ont affranchi une grande partie de l'humanité des préoccupations liées à la survie et à la sécurité. Ainsi, les hommes et les femmes ne dépendent plus fondamentalement les uns des autres pour assurer leur subsistance et leur sécurité, comme ce fut le cas jadis. Aujourd'hui, quand un homme et une femme se mettent en couple, c'est bien davantage pour satisfaire leurs besoins psychologiques et émotionnels. Quand les besoins physiques élémentaires sont comblés, la relation prend forcément une nouvelle orientation, axée sur la prévalence de l'émotionnel. De ce fait, ce sont de nouveaux problèmes et conflits qui surgissent. Ces difficultés naissent parce qu'une foule de nouveaux besoins émergent dans notre conscience. En un sens, nos exigences affectives sont plus fortes. Elles étaient auparavant déjà présentes, mais en arrière-plan. Une fois qu'elles occupent le devant de la scène, elles jouent un rôle majeur dans le succès d'une vie de couple.

Par exemple, il se peut que durant une période particulièrement dure sur le plan financier, un couple s'entende à la perfection. Ils se sentent unis face au monde entier. Au bout du compte, grâce à leurs efforts conjugués, ils acquièrent une bonne situation et, plutôt que de savourer cette tranquillité retrouvée, ils se mettent à se quereller et à se plaindre. Leur bataille avec le monde extérieur a été gagnée ; ils mènent désormais le combat entre eux.

Mike avait 22 ans quand il a épousé Ellen, alors âgée de 26 ans. Pendant près de huit ans, ils étaient satisfaits de leur vie maritale. Au début, ils étaient plutôt pauvres, ne bénéficiant que d'un seul salaire. Ellen travaillait comme hôtesse de l'air pendant que Mike finissait ses études de droit. Quand ils se remémorent cette période, elle leur évoque des moments de joie, d'amour et de tendresse partagée. Apparemment, ils n'avaient aucun problème d'entente. Ils formaient une belle équipe soudée pour vaincre l'adversité. Leurs difficultés matérielles n'étaient qu'un détail car ils savaient qu'un jour, elles ne seraient plus qu'un lointain souvenir. Huit ans après, Mike était devenu un avocat de renom aux revenus plus que confortables et Ellen était mère de deux enfants. Même s'ils semblaient être heureux, il n'en était rien. En réalité, une fois que leur sécurité financière fut assurée, leur mésentente profonde éclata au grand jour ; ils commencèrent à réaliser qu'ils n'étaient pas satisfaits de leur union. Mike se désintéressait de sa femme ; elle ne l'excitait plus. Quant à Ellen, elle prétendait que tout allait bien. Trois mois après qu'ils eurent emménagé dans une maison plus grande, douillette et luxueuse, Mike tomba amoureux de sa secrétaire. Lorsqu'Ellen s'en aperçut, ils vinrent tous deux me consulter. Elle prit progressivement conscience de son insatisfaction. Il leur fallut un travail conséquent au bout duquel ils finirent par se réconcilier. Mike et Ellen étaient des gens chanceux : beaucoup de couples en détresse ne cherchent pas d'aide ; ils se quittent tout simplement.

Quand un couple passe d'une période où les besoins sont centrés sur des préoccupations matérielles à une phase où l'affectif prend le dessus, il est important de savoir qu'il est tout à fait normal de rencontrer des difficultés. L'ancien schéma relationnel ne sera ni satisfaisant, ni épanouissant. En général, ce sont les femmes qui prennent d'abord conscience de leur frustration, parce qu'elles sont davantage connectées à leur sphère émotionnelle. En retour, leur partenaire finit par éprouver de l'insatisfaction parce qu'il la lit sur le visage de sa compagne. Comme la réussite sociale est au rendez-vous, un homme tolère encore moins que sa femme soit insatisfaite parce qu'il n'y a plus vraiment de raison matérielle le justifiant. Son raisonnement veut que puisqu'ils possèdent plus, elle doit forcément être heureuse. Cependant, puisque leur sécurité financière est assurée, les besoins émotionnels de sa compagne se sont naturellement manifestés et elle attend de son conjoint qu'il lui consacre de l'attention et du soutien. Si ce dernier adopte une posture de résistance, c'est tout simplement parce qu'il estime qu'il a fini son travail en contribuant à la prospérité de son foyer. Aucun n'est heureux et chacun accuse l'autre. Ce qui rend la situation particulièrement difficile au début, c'est qu'ils éprouvent tous les deux une bonne dose de rancœur.

Sachez que ces nouveaux problèmes sont inévitables ! Si chacun le *comprend* et l'*accepte*, le ressentiment sera moins présent. *Ce n'est pas la relation qu'il faut remettre en cause, mais l'ancien mode de communication et l'ancien schéma relationnel.* Plutôt que de changer de partenaire, vous pouvez concentrer vos énergies pour améliorer votre capacité à donner et recevoir du soutien émotionnel.

CRÉER DU SOUTIEN AFFECTIF

Il est beaucoup plus simple de donner du soutien affectif quand on en a déjà bénéficié durant l'enfance. C'est aussi bien plus facile de modifier une situation au sein de laquelle on n'est pas satisfait quand on sait exactement de quoi on a besoin… Les gens rencontrent de fréquentes difficultés au sein de leur couple parce qu'ils ont rarement une expérience concrète de ce qui est possible. Ils ne savent pas forcément à quoi ressemble une relation mue par l'amour et le soutien. Si leurs parents ne s'entendaient pas, comment peuvent-ils avoir une idée de ce qu'est le soutien affectif ? Prenons l'exemple d'une personne qui a été ignorée ou insultée durant son enfance ; il lui sera très difficile d'attirer progressivement le respect et l'attention. Comme elle ne sait pas ce que ça fait d'être respectée pour ce qu'elle est et qu'elle en aura nourri du ressentiment, elle pourra être tentée d'exiger le respect d'une manière si autoritaire qu'elle fera le vide autour d'elle… Elle pourra aussi se résoudre à se renier elle-même pour tenter d'attirer le respect des autres. Quelle que soit l'option choisie (l'exigence rancunière ou le déni de soi), le souci c'est que même si elle parvient à obtenir du soutien émotionnel, elle aura du mal à l'accepter et restera perpétuellement insatisfaite !

Gail est agent de voyages. Elle avait 42 ans quand elle se réveilla un matin en se disant qu'elle était malheureuse depuis des années, déçue de sa vie et de son couple. Elle se sentit vide et seule. Elle eut l'impression que personne ne l'avait jamais *réellement* aimée, respectée et appréciée. Avec l'aide d'une thérapie de couple, son mari Glen fit tout ce qu'il put pour l'assurer de son amour et lui faire comprendre qu'elle était importante à ses yeux. En les accompagnant, je constatais qu'il l'aimait profondément mais qu'elle était incapable de l'accepter. J'ai également découvert comment son mari rendait malencontreusement toute communication sincère quasiment impossible. Gail me dit : « Je vois bien qu'il veut me faire plaisir. Je me sens même coupable de ne pas apprécier ses efforts à leur juste valeur. Je ne sais pas pourquoi, mais ce n'est jamais assez pour moi… Quand je lui parle, il ne m'entend pas ! Il ne voit pas qui je suis ! Je ne crois pas qu'il m'aime vraiment. » Elle fut tout à coup submergée par une émotion vive, prit une grosse bouffée d'air et commença à pleurer : « Personne ne m'aime. Personne ne m'a jamais aimée. La seule personne qui l'ait fait, c'était mon père, et il est mort quand j'avais sept ans. » Pour la première fois depuis très longtemps, Gail s'adoucit et partagea sa douleur avec son conjoint. Elle fut surprise qu'il ne la repoussât pas. Plus elle parvenait à partager ses émotions sans uniquement se plaindre, plus Mike devenait capable de l'entendre et de lui répondre avec une compassion et une compréhension profondes.

Avec un peu d'aide, Gail s'ouvrit davantage et laissa ses sentiments d'insécurité, de tristesse et de colère s'exprimer. C'était totalement inédit pour elle : habituellement, elle réprimait ses émotions pour paraître gentille et tendre.

Alors qu'elle dévoilait ses failles et son manque d'assurance, Glen se montra extrêmement affectueux. Gail était désorientée. Elle lui demanda : « Comment peux-tu aimer cette part de moi ? Tu disais m'aimer parce que j'étais forte, facile à vivre et indépendante ! » Glen lui répondit : « Bien sûr que je t'aime quand tu es forte. Mais je t'aime aussi quand tu exprimes ta fragilité. Je sens alors que tu as besoin de moi et que je suis important à tes yeux. Néanmoins, je n'aimerais pas que tu sois constamment dans cet état de vulnérabilité. » Gail poursuivit : « Je n'y comprends plus rien ! Comment je fais pour savoir jusqu'où je peux me laisser aller, combien tu peux supporter ? Comment pourrais-je savoir comment je dois me comporter pour te paraître aimable ? » Glen prit alors doucement les mains de sa femme entre les siennes. Il se pencha vers Gail et lui dit doucement, pendant que ses yeux débordaient d'amour et de larmes : « Ma chérie. Je t'aime telle que tu es. Je t'aime quand tu es joyeuse et quand tu es triste. Là où je te préfère, c'est quand tu es toi-même. Quand tu essaies de paraître heureuse alors que tu ne l'es pas, ce n'est pas toi. J'ai du mal à ressentir l'amour que j'ai pour toi quand tu ne te montres pas telle que tu es. J'aime cette facette douce, émotive et vulnérable. » Gail sourit et répondit : « J'aime cette part chaleureuse, attentionnée et compréhensive de *toi*. Pour la première fois, je me sens réellement aimée. Je me sens en sécurité. Je peux enfin dire que j'aime celle que je suis. »

Gail fut pleinement capable de ressentir l'amour de son mari parce qu'elle était enfin parvenue à s'ouvrir à lui et à se montrer telle qu'elle était. Quand elle jouait un rôle et que Glen lui donnait son amour, ce n'était pas elle qui le recevait, mais le personnage qu'elle incarnait... Et plus il appréciait la force qu'elle manifestait, plus Gail développait une mauvaise image des facettes cachées de sa personnalité : sa vulnérabilité et ses besoins affectifs lui devinrent méprisables, parce que synonymes de faiblesse. À mesure qu'elle put se révéler sous son véritable jour, elle fut en mesure d'accepter l'amour qu'elle méritait. En prenant la responsabilité d'être elle-même et d'exprimer son ressenti sans la moindre rancœur, elle attira le soutien affectif de son mari. Celui-ci prit soin des territoires cachés de la personnalité de sa femme, ceux qui souffraient d'un terrible manque d'amour. Il en résulta que Gail apprit à s'aimer... tout entière. Et plus elle nourrissait de respect envers elle-même, plus elle pouvait croire en l'amour de Glen et l'apprécier. Gail apprit à partager ses besoins émotionnels avec lui et à solliciter son aide quand c'était nécessaire. Pendant que Glen apprenait à répondre aux besoins de Gail, elle découvrait quels étaient les besoins de son mari. Ce genre de processus est facilité quand on sait exactement de quoi on a besoin et de quelle manière on peut nous aider. Il est également plus simple quand on a bien conscience du fait que nos besoins et ceux de notre partenaire diffèrent.

SEPT ÉTATS D'ESPRIT POSITIFS !

Il y a sept besoins émotionnels ou états d'esprit fondamentaux permettant de créer une relation de couple où règnent l'affection et le soutien mutuel : l'amour, le souci de l'autre, la compréhension, le respect, la reconnaissance, l'acceptation et la confiance. Ces qualités sont présentes à des degrés divers quand une personne se sent soutenue sur le plan affectif. Quand ces sept besoins primaires sont comblés, il en découle automatiquement des sentiments positifs tels l'épanouissement, la paix, la joie, la gratitude, la satisfaction, l'enthousiasme et l'assurance.

L'amour : il permet de se rapprocher, de s'unir, de partager ou de se rassembler. Sans porter de jugement, il énonce que même si nous sommes différents, nous sommes aussi identiques. On se voit en l'autre et il se mire en nous. Sur le plan intellectuel, l'amour se traduit par la compréhension. En reconnaissant l'existence d'un lien entre les individus, il dit : « Je me sens proche de toi, comme tu te sens proche de moi ». D'un point de vue émotionnel, l'amour s'exprime à travers l'empathie. Il admet une réciprocité de sentiments et déclare : « Je peux ressentir ce que tu ressens ; j'ai déjà éprouvé des émotions similaires. » Et enfin, sur le plan physique, l'amour est incarné par le toucher.

Le souci de l'autre : cet état d'esprit dénote qu'on se sent responsable de répondre aux besoins d'une autre personne. Il indique qu'on s'intéresse à autrui et qu'on se sent concerné par son bien-être. Quand on a le souci d'un être cher, le fait qu'il se sente bien ou mal nous touche. Plus on est animé par ce sentiment, plus on se sent motivé pour accorder son soutien ou pour combler quelqu'un. C'est aussi admettre que ce qui compte pour ceux qui nous sont proches a une réelle importance. Quand on se montre attentionné envers une personne, on lui indique qu'elle est spéciale à nos yeux.

La compréhension : une attitude compréhensive atteste de l'authenticité d'une déclaration, d'une émotion ou d'une situation. Elle ne suppose pas que l'on ait une réponse à tout. Bien au contraire : au départ, on ne sait rien, on extrait du sens de ce qu'on entend, ce qui nous pousse à valider ce qui nous a été communiqué. Une attitude compréhensive nous permet de voir le monde à travers les yeux d'une autre personne. Elle énonce : « Avant de te juger, je vais retirer mes souliers et marcher dans les tiens pendant un moment. »

Le respect : éprouver du respect pour quelqu'un, c'est reconnaître ses droits, ses désirs et ses besoins. Cette qualité incite à céder face aux souhaits et besoins d'autrui, non par peur, mais parce que l'on a attesté leur légitimité. Le respect reconnaît la valeur et l'importance d'une personne et de ce qui est primordial pour elle. Il pousse à lui rendre service parce qu'on est convaincu qu'elle le mérite.

La reconnaissance : elle indique que l'on apprécie les efforts ou le comportement d'un tiers. Elle atteste que ses actions ont amélioré notre bien-être. La reconnaissance est une réaction naturelle face au soutien dont on nous gratifie. Elle nous inspire à donner de nous-mêmes en retour, avec un sentiment de joie et de plénitude. La reconnaissance atteste que nous avons tiré avantage de ce qu'on nous a donné.

L'acceptation : accepter quelqu'un ou son comportement, c'est l'accueillir de plein gré. C'est l'opposé du rejet. L'acceptation dénote un accueil favorable. Elle est accompagnée d'un sentiment de gratitude pour ce qu'on reçoit. Ce n'est pas une attitude passive, ni indifférente, ni teintée de la moindre désapprobation. Accepter une personne, c'est véritablement l'accueillir comme elle est. Cela ne veut pas dire qu'on estime qu'elle ne pourrait pas s'améliorer ; cela signifie par contre qu'on n'essaiera pas de la faire changer. L'acceptation permet le pardon.

La confiance : faire confiance à quelqu'un, c'est reconnaître qu'il en est digne, qu'il possède des qualités comme l'honnêteté, l'intégrité, la fiabilité, la justice et la sincérité. Lorsque la confiance est inexistante, il est fréquent de tirer des conclusions erronées et négatives au sujet des intentions d'autrui. Si une personne nous offense, la confiance nous permet de lui accorder le bénéfice du doute et d'envisager qu'il doit forcément y avoir une bonne explication à ce qui s'est passé. Au sein d'un couple, la confiance grandit quand chacun des partenaires admet que l'autre n'a jamais *l'intention* de le blesser. Approcher son partenaire avec confiance, c'est croire qu'il est capable et désireux de nous aider.

LES BESOINS MASCULINS ET FÉMININS

Ce qui est le plus intéressant et le plus significatif quand on se penche sur nos besoins émotionnels fondamentaux, c'est qu'ils ont plus ou moins d'importance selon le sexe des individus. Le seul qui y fasse exception, c'est l'amour, dont les besoins sont équivalents qu'on soit un homme ou une femme.

La facette masculine d'une personne a d'abord besoin de confiance, d'être acceptée et appréciée alors que la facette féminine attend qu'on prenne soin d'elle, qu'on la comprenne et qu'on la respecte. Le fait que les hommes et les femmes ignorent généralement que leurs besoins émotionnels de base diffèrent explique qu'ils se trompent si souvent en donnant à l'autre ce dont eux-mêmes auraient besoin, tout en imaginant que c'est là ce que souhaite leur partenaire ! Et ils sont choqués quand ils ne sont pas comblés en retour... Par exemple, une femme peut démontrer à un homme tellement de compréhension et d'attention qu'il aura le sentiment qu'elle ne lui fait pas confiance. Or, si elle agit ainsi c'est parce que son attitude reflète ses propres besoins. Et quand elle imagine qu'en réaction, son partenaire fera preuve d'autant de compréhension et d'attention à son égard, elle est bien souvent déçue. En général, il restera indifférent ou pourra même trouver que le comportement de sa compagne est pénible ou étouffant. Quand un homme développe de la rancœur d'avoir été trop couvé, il laisse sa femme perplexe et désorientée.

D'un autre côté, une femme peut avoir le sentiment que son compagnon ne tient pas du tout à elle s'il se montre trop confiant ou tolérant à l'excès ! Elle lui en voudra même probablement. Par exemple, si elle est contrariée, il peut décider de l'ignorer et de quitter la pièce pour lui donner l'opportunité de réfléchir seule et de trouver une solution à ses problèmes. De son point de vue, il aura démontré qu'il l'accepte (en ne tentant pas de la faire changer d'humeur) et qu'il lui fait confiance (il croit qu'elle est capable de vaincre ses contrariétés). Elle, par contre, l'interprétera comme un abandon ou un rejet ; elle sera convaincue qu'il se moque éperdument d'elle.

Dans ces deux exemples, le fait de méconnaître les besoins de l'autre a poussé chacun à adopter un mauvais comportement. Ils ont été incapables de se soutenir mutuellement alors qu'ils en avaient le désir et qu'ils étaient persuadés d'agir dans le bon sens. C'est une information absolument formidable ! En effet, vous pouvez désormais comprendre pourquoi vous n'avez pas forcément obtenu de votre conjoint le soutien que vous méritiez. Les gens sont si nombreux à se plaindre de tant s'investir dans leur couple pour ne presque rien recevoir en retour... C'est vrai, ils donnent d'eux. Mais pas forcément ce dont leur partenaire a besoin. Si vous réussissez vraiment à donner à votre conjoint ce qu'il lui faut, il se réjouira de faire de même envers vous. C'est quelque chose de très naturel : on donne et on reçoit en retour. C'est la promesse que recèle chaque relation. La raison qui explique que cette règle d'or ne fonctionne pas forcément dans votre couple, c'est que vous estimez mal les besoins de l'autre. Vous êtes tous deux convaincus de donner mais personne ne dit recevoir quoi que ce soit en échange. Percevoir les choses sous cet angle ne fait hélas que renforcer votre sentiment d'être deux victimes. Pour prendre pleinement conscience du pouvoir qui réside en vous concernant la satisfaction de vos besoins, *vous devez accepter que lorsque vous ne recevez rien, c'est que vous ne donnez rien non plus. Ou, plus exactement, vous ne donnez pas ce dont votre partenaire a besoin*. Si vous souhaitez obtenir davantage, il faut cesser d'offrir à votre conjoint ce qui vous ferait plaisir à vous, pour vous concentrer sur ses besoins spécifiques. Si vous y parvenez, votre compagnon ou votre compagne se mettra spontanément à vous soutenir en signe de gratitude.

Bien sûr, votre réussite dans cette entreprise dépendra du bon vouloir de votre partenaire. S'il ne semble pas être touché par le soutien que vous lui apportez, demandez-vous comment vous pourriez l'exprimer de manière plus efficace et perceptible. Il ne sert à rien de l'en blâmer. Mieux vaut endosser pleinement la responsabilité de vos actes. Et vous remettre en question. Certaines personnes pensent que donner de soi, c'est comme mettre de l'argent dans un parcmètre. Ils maudissent l'horodateur pour n'accepter que les cartes de stationnement prépayées et pas la monnaie (ou la monnaie, mais pas les billets). Pour atteindre le succès, apprenez à mieux connaître votre conjoint et apportez-lui ce qui lui ferait plaisir et le comblerait. Quand vous offrez à votre compagne ou compagnon quelque chose dont il n'a que faire, vous vous comportez comme un homme d'affaires pleurnichant parce qu'on n'achète pas ses produits, plutôt que de chercher à savoir ce que veulent consommer ses clients et le leur fournir !

Pour résumer, une des plus grandes causes de déception et de ressentiment au sein du couple, c'est que les hommes ont tendance à donner aux femmes ce qu'eux-mêmes voudraient recevoir (ou qui plairait à un autre homme) ; et que les femmes offrent aux hommes ce dont elles aimeraient bénéficier (ou qui réjouirait une autre femme). J'espère sincèrement que c'est là un point que vous retiendrez particulièrement ! Le simple fait de mettre cette connaissance en pratique a considérablement amélioré la vie de milliers de couples, littéralement du jour au lendemain ! Dans le prochain chapitre, nous approfondirons encore un peu plus cette connaissance des besoins émotionnels spécifiques aux hommes et aux femmes.

CHAPITRE 11

NOS BESOINS ÉMOTIONNELS FONDAMENTAUX

Que nous soyons homme ou femme, nous avons tous un besoin équivalent d'amour. Mais pour ce qui est de nos six autres besoins émotionnels primaires, il en va autrement. Trois d'entre eux sont capitaux pour les femmes, les trois autres sont essentiels pour les hommes. La plupart des conflits qui surgissent au sein du couple résultent de notre incapacité à combler ces besoins fondamentaux ; de là naît aussi le mécontentement. Quand nos besoins élémentaires ne sont pas comblés, il est très facile de se sentir blessé et d'en blâmer notre partenaire.

Ce qui épuise, offense, ou vexe le plus un homme, c'est que sa compagne n'ait pas confiance en ses motivations, ses aptitudes, sa pensée, ses décisions ou son comportement, qu'elle ne les apprécie pas à leur juste valeur ou ne les accepte pas. Un homme a en effet tendance à s'identifier à ses actions. Si sa femme les dénigre, il en ressort donc profondément meurtri, aigri et plein de rancœur. Au plus profond de lui-même, il se met à douter de ses compétences et se dit qu'il n'est pas à la hauteur de ce que sa femme attend de lui.

Ce dont a principalement besoin une femme, c'est qu'on lui prête attention, qu'on la comprenne et qu'on la respecte. On peut donc aisément la blesser quand ses émotions ne sont pas *respectées*, ni *comprises*, ni *prises en compte*. Dès lors qu'elle ne se sent pas respectée par l'homme qu'elle aime, elle se met à douter de sa valeur et de ses droits.

L'AMOUR EST UN BESOIN UNIVERSEL

L'amour est le plus important de tous nos besoins émotionnels. Aimer une personne, c'est reconnaître la bonté qu'elle porte en elle. À travers l'amour que vous portez à une personne, vous lui permettez de devenir consciente de sa beauté intérieure. C'est un peu comme si elle ne pouvait pas être sûre de sa valeur avant de plonger son regard dans le miroir de votre amour et de s'y voir. Quand on nous regarde avec amour, nous nous sentons aimables. C'est ainsi que nous apprenons à nous aimer davantage. Plus nous savons qui nous sommes, moins nous dépendons de l'image que les autres ont de nous. Néanmoins, tout au long du processus de connaissance de soi, nous garderons le besoin d'être aimés, tout comme respirer nous est indispensable pour continuer à vivre. Avec le temps, ce besoin d'amour est progressivement éclipsé par celui d'être agréable aux autres (exactement comme nos besoins liés à la survie et à la sécurité sont passés au second plan face au besoin d'amour).

L'amour est une émotion qui rapproche les êtres. Elle dit : « Tu es comme une partie de moi. » Lorsqu'un homme aime une femme, il devient capable d'entrer en contact avec sa propre part de féminité et de percevoir la bonté qui y réside. S'il est aimé en retour, il se met à ressentir l'honorabilité de sa part masculine. Dans le même ordre d'idée, quand une femme aime un homme, elle reconnaît sa propre part de masculinité et perçoit la bienveillance qui l'habite. Et puisqu'elle est aimée en retour, elle va se mettre à ressentir l'honorabilité de sa part féminine. En donnant et en recevant de l'amour, les hommes et les femmes deviennent davantage capables de s'aimer eux-mêmes et de ressentir leur bonté intérieure. C'est ainsi qu'ils se sentent entiers et complets.

L'amour est un état d'esprit qui accueille l'autre avec autant d'égards que si on s'accueillait soi-même. L'amour stimule, il encourage et soutient. Dès que l'amour sincère s'installe en nos cœurs, il nous pousse à être altruistes et nous donne envie de contribuer au bonheur de la personne aimée. C'est l'amour qui nous relie aux autres et nous connecte à nos racines profondes. C'est quand il nous inonde que nous nous percevons réellement comme nous sommes. Si vous êtes aimé, cela signifie que vous êtes digne de l'être et que vous n'avez pas besoin d'être différent. Il est bien plus facile d'être soi, sans fards, quand on est profondément aimé.

FAIRE DON DE SON AMOUR

Les enfants, dès leur naissance, offrent leur amour à leurs parents et à toutes les personnes qu'ils croisent. Ils les regardent en s'émerveillant et ne voient que la beauté et la bonté de leur âme. Ils les considèrent comme des êtres exceptionnels qui méritent tout ce qu'ils leur donnent. Si les adultes leur retournent cet amour, les enfants apprennent à s'aimer eux-mêmes. C'est un peu comme si Dieu nous avait donné la capacité d'extérioriser l'amour mais que nous ayons besoin que nos parents reflètent celui qu'on leur porte pour que nous soyons aptes à nous aimer nous-mêmes.

Malheureusement, quand un enfant n'est pas aimé en retour, il commence à rejeter ou à renier certaines facettes de sa personnalité. À ce stade, son objectif est de changer pour gagner l'amour de ses parents, être pleinement accepté par eux. C'est à ce moment-là que l'on apprend à être quelqu'un d'autre pour mériter d'être aimé. Or, dès lors qu'on a nourri du mépris pour certaines de nos caractéristiques, il nous devient difficile de les apprécier quand elles se manifestent chez autrui… De surcroît, une fois que l'on s'est renié soi-même, il est compliqué d'accueillir l'amour qu'on nous offre et qui est en réalité adressé à un autre que nous, celui dont nous avons pris l'apparence… Afin d'être en mesure de recevoir cet amour, il faut savoir prendre le risque d'être à nouveau soi dans le cadre d'une relation amoureuse. Plus nous serons capables d'accepter et d'intégrer l'amour qu'on nous dédie, plus nous pourrons donner de nous-mêmes et exprimer tout notre potentiel.

ÊTRE L'OBJET D'ATTENTIONS, UN BESOIN FÉMININ

Former un couple, c'est donner, recevoir et partager au quotidien. Son succès réside en notre capacité à donner de nous-mêmes. Cependant, cette dernière est directement corrélée à l'aptitude à recevoir... On ne peut pas continuer à soutenir quelqu'un quand on est soi-même privé du soutien qui nous est nécessaire. Or, pour accueillir le soutien d'autrui, il faut s'en sentir digne ; et pour avoir le sentiment de mériter les attentions de l'autre, il faut déjà en être l'objet...

Il est tout à fait primordial que la personne dont nous partageons la vie réponde à nos besoins, y soit attentive et qu'elle y consacre le meilleur d'elle-même. Quand notre partenaire est animé de cette disposition d'esprit, il nous aide à nous ouvrir, nous permet de savoir que nous sommes uniques à ses yeux et que nous méritons son soutien.

Les femmes sont particulièrement sensibles au fait qu'on leur démontre de l'attention, ou qu'on les en prive. Selon le cas, elles se sentiront infiniment heureuses ou extrêmement malheureuses. En effet, quand un homme prouve par de petites attentions qu'il a le souci de sa compagne, elle se dit que ses besoins sont légitimes et qu'ils ne sont pas le fruit de son égoïsme. Par contre, quand on la délaisse et qu'on néglige de prendre soin d'elle, il lui est quasiment impossible d'affirmer ses besoins sans se sentir coupable, égoïste ou trop exigeante. Elle aura tendance à se trouver faible et à se dire que ses émotions ne méritent pas d'être exprimées et que ses besoins doivent être tus.

Pour les hommes, c'est un peu différent. Ils sont également sensibles à l'attention qu'on leur porte, mais pas de la même manière. Par exemple, si sa compagne se montre trop attentionnée, un homme peut devenir faible et dépendant. Progressivement, elle prendra le rôle que tenait précédemment sa mère. Il régressera donc et se comportera tel un enfant gâté et exigeant. Se sentant tantôt choyé, tantôt étouffé, il oscillera fréquemment entre l'asservissement affectif et la rancœur. Puisque les femmes sont beaucoup plus conscientes de leurs besoins d'être entourées d'affection, elles prennent plus spontanément soin des autres qu'un homme, pour qui il s'agit plus souvent d'une qualité à cultiver. Durant l'examen de nos besoins émotionnels primaires, vous constaterez qu'il est beaucoup plus facile à chacun de donner aux autres ce dont lui-même a besoin. Dès que l'on considère que la satisfaction de tel besoin nous importe peu à titre personnel, il devient nécessaire de travailler dur pour développer les qualités qui permettront de satisfaire notre partenaire. Ce qui vous semble facile ne l'est pas forcément pour l'autre. Mieux vous comprendrez cela, plus vous serez capable de faire preuve d'indulgence face aux éventuels manquements de votre conjoint.

LE BESOIN FÉMININ DE COMPRÉHENSION

La compréhension des autres nous est indispensable car elle nous permet de mieux nous cerner nous-mêmes. Plus on partage ce qu'on ressent, mieux on se connaît. Si vous souhaitez comprendre les besoins d'une personne, ses pensées ou ses émotions, il faudra d'abord qu'elle vous les communique.

Comprendre, c'est partager ou accepter ce que pense ou ressent un tiers, même si cela ne correspond pas à nos propres idées ou ressentis. Il s'agit de reconnaître la validité d'un point de vue plutôt que de le considérer illégitime parce que différent du nôtre. C'est avoir l'envie sincère de savoir pourquoi telle personne voit le monde à sa façon, plutôt que de chercher à lui expliquer qu'elle devrait jeter sur lui un autre regard. Ce besoin est absolument fondamental pour une femme. Quand un homme n'y consacre pas suffisamment de temps et d'attention, elle aura tendance à être désorientée et à réagir de manière excessive. Et si, lorsqu'elle partage ses émotions avec lui, il l'écoute distraitement en espérant qu'elle ait bientôt fini, il l'affectera profondément et augmentera son trouble ou son énervement. Prenons l'exemple d'une femme considérablement contrariée et déconcertée et imaginons que son compagnon lui dise qu'il la trouve déséquilibrée ou folle. Eh bien, elle se mettra peut-être à douter de sa santé mentale... Il se pourrait bien que de nombreuses femmes aient été internées dans des hôpitaux psychiatriques simplement parce que des hommes furent incapables de comprendre et de donner une légitimité à leur exaspération ou à leur colère.

Intéressons-nous à la définition commune du mot « folie ». Il est question d'un comportement qui ne serait pas basé sur des pensées rationnelles ou logiques. Si c'était vrai, toutes les femmes pourraient être déclarées folles ! Or, il est tout à fait naturel et sain pour une femme d'agir en tenant compte de son instinct, de son intuition, plutôt que de constamment se reposer sur une réflexion logique et cartésienne. Prenons l'exemple de la maternité. Une femme qui décide d'avoir un enfant ne prend pas forcément cette décision parce qu'elle a objectivement pesé le pour et le contre et qu'elle en a déduit que c'était une bonne idée. Même si elle pense que c'en est une, elle le fera aussi parce qu'elle *sent* que c'est le moment pour elle. Quand elle s'appuie sur son intuition, elle agit en fonction d'un simple ressenti et il lui arrive d'ailleurs souvent de comprendre a posteriori que ses actes avaient aussi des justifications logiques.

Les hommes, quant à eux, sont plutôt enclins à prendre des décisions qui leur semblent sensées et logiques. Plus tard, ils tenteront de les analyser pour confirmer qu'elles étaient justifiées. Et tout comme la logique masculine est faillible, l'intuition féminine peut être trompeuse ! Ce sont néanmoins deux façons valables d'acquérir de la connaissance et d'effectuer des choix.

Quand une femme essaie de penser de manière exclusivement masculine, de museler son ressenti pour n'exprimer que la logique, elle a tendance à se sentir insatisfaite et embrouillée, surtout si elle doit prendre une décision en étant énervée et sous pression. En général, dans un contexte stressant, une femme préférera plutôt essayer de se détendre et d'explorer son ressenti avant de se prononcer ; une fois qu'elle s'est recentrée, son intuition lui est d'un grand secours.

D'une manière identique mais complémentaire, un homme prendra généralement le temps de ruminer ses pensées avant d'opter pour un choix. Ceux qui musellent leur mental pour n'être que dans l'émotionnel ont tendance à se sentir hésitants et à repousser indéfiniment leur prise de décision. Incapables d'avancer, il leur sera nécessaire de se reconnecter à leurs capacités analytiques. Un bon moyen de s'y exercer est d'écouter sa compagne évoquer ses émotions. En effet, quand un homme a développé cet art, il a l'habitude de mettre son propre ressenti de côté et de mobiliser ses facultés intellectuelles pour tenter de comprendre ce qu'éprouve sa femme et pourquoi elle le ressent ainsi.

Qu'on soit homme ou femme, le meilleur moyen de prendre une décision, c'est de le faire en tenant compte autant de notre mental que de notre registre émotionnel. Pour un homme, atteindre cet équilibre se travaille à travers la pratique de l'écoute bienveillante et compréhensive ; pour une femme, il se développe par le partage et le fait de se sentir comprise. Toutefois, dans un couple, on ne peut parvenir à ce résultat que si l'homme apprend le langage de sa compagne et qu'elle-même apprend à parler de manière à ce que son compagnon puisse l'entendre. Les femmes trouveront fort utile de recourir à ma technique d'écriture émotionnelle (*voir le chapitre 13*) pour avoir plus de chances de bien se faire comprendre. Cet exercice leur permettra également de mieux saisir ce qu'elles ressentent sans l'aide d'un auditeur.

Pour conclure, je dirai que la compréhension est fondamentale pour satisfaire notre facette féminine. Elle nous aide à découvrir notre propre vérité, elle nous autorise à exprimer nos ressentis négatifs, à nous en libérer et à découvrir les émotions positives dont nous sommes porteurs ! Si vous apprenez à communiquer d'une manière plus aimante et plus positive, vous développerez une meilleure compréhension de votre conjoint comme de vous-même. Cette qualité vous permettra de résoudre plus facilement les conflits, ou mieux, de les éviter.

LE BESOIN FÉMININ DE RESPECT

Lorsqu'une femme partage ses émotions au sein de son couple, il est important qu'elle puisse rester fidèle à elle-même. Respecter sa compagne implique de ne pas tenter de la changer ou de la manipuler mais au contraire, de l'encourager à se dévoiler telle qu'elle est et de confirmer ses droits. Il s'agit aussi de traiter dignement ses besoins, ses désirs et ses valeurs. Respecter, c'est préserver l'entente et honorer ses engagements. C'est donner autant d'importance à l'autre, voire parfois même un peu plus, qu'à soi.

Avoir envie d'être respecté signifie que l'on ne veut pas se perdre dans une relation de couple, qu'on a besoin d'être soi. Quand on est respecté, on n'a pas à se battre pour revendiquer ses droits et on ne se sent pas amoindri. Le désir d'être respecté en appelle à l'équité et sous-entend que l'on est dans son bon droit. Si on respecte une personne, on estime qu'elle mérite notre soutien sans qu'elle ait besoin de le gagner.

Du fait de leur conscience expansive, les femmes sont particulièrement sensibles au manque de respect. Cela s'explique par le fait que lorsqu'elles sont amoureuses, elles déploient tant d'énergie et d'attention en direction de l'être aimé qu'elles peuvent très facilement avoir tendance à s'oublier. Dans ce cas de figure, elles ont constamment besoin que leur partenaire leur rappelle l'importance qu'elles ont et les droits qui sont les leurs. Si tel n'est pas le cas, elles sont parcourues par le doute, ne sont plus sûres de leur valeur, ni de la légitimité de leurs attentes. Plus une femme est dépendante d'un homme sur le plan affectif, plus elle sera sensible au respect qu'il lui accorde (ou qu'il lui refuse). Si ses sentiments, ses besoins et ses droits sont bafoués, elle finira parfois par cesser d'aimer pour pouvoir se retrouver elle-même. À ce stade, elle perd souvent l'envie de faire l'amour car un rapport sexuel ne ferait que la rendre plus vulnérable face à l'irrespect que son compagnon lui voue.

En général, les hommes ne réalisent pas à quel point leur compagne a besoin qu'ils la respectent. Tout bonnement parce que lorsqu'ils ne sont pas respectés, ils n'adoptent pas du tout le même comportement qu'elle. Quand elle souffre d'un manque de respect, une femme aura tendance à donner davantage d'elle-même pour prouver à son compagnon qu'elle a de la valeur. À titre de comparaison, un homme pourra se montrer suffisant ou indigné si ses besoins ne sont pas comblés. Il sera même parfois très exigeant et donnera moins de lui-même jusqu'à ce qu'il reçoive ce qu'il mérite.

L'appréciation d'un tiers nous permet de savoir que nos intentions, nos décisions ou nos actions sont reconnues. C'est ce qui nous motive à reproduire certains agissements ou à changer ce qui ne fonctionne pas. Même si nous ne parvenons pas exactement à nos fins, il y a en général toujours quelque chose dans nos actes qui soit digne d'être apprécié.

Quand on ne se sent plus apprécié, on perd la volonté de donner de soi. Par exemple, lorsqu'un homme ne parvient pas à atteindre l'objectif qu'il s'est fixé, s'il n'a pas l'impression d'avoir tout de même réalisé des choses positives, il risque fort d'abandonner. À moins qu'il n'adopte la réaction opposée : s'obstiner à recommencer jusqu'à ce qu'on apprécie ce qu'il fait. Les hommes sont particulièrement sensibles à l'appréciation des autres. Quand on ne leur en manifeste plus, ils ne sont plus motivés et deviennent passifs, paresseux, faibles, dépendants, peu sûrs d'eux et procrastinateurs.

Quand une femme n'est pas appréciée, sa réaction est différente. Elle a tendance à être encore plus motivée pour gagner l'appréciation d'autrui. Si son compagnon l'ignore, sa première réaction sera d'en faire encore plus pour lui plaire. Comme elle s'attend à ce qu'il réagisse comme elle, elle a en général du mal à comprendre qu'il ne fasse pas plus d'efforts pour être apprécié. Elle en déduit donc à tort qu'il ne l'aime pas suffisamment. Quand son compagnon la néglige, une femme va tenter de l'inciter à être plus attentionné. La technique qu'elle emploiera alors, c'est – plus ou moins consciemment – de ne plus lui exprimer qu'elle l'apprécie. Hélas, elle échouera, puisqu'en retour, privé de l'appréciation qui le motive, son partenaire donnera encore moins de lui-même. Elle en nourrira évidemment de l'amertume et du dépit.

Lorsqu'une femme se montre critique vis-à-vis de son conjoint, elle n'imagine pas à quel point l'énergie de ce dernier en sera affectée. Quand un homme ne se sent pas apprécié, son vécu intérieur s'apparente à celui d'une femme dont on nie la validité des émotions, des besoins, des désirs et des droits. Ainsi, quand son comportement est systématiquement passé au crible, que l'on critique négativement ses actions, que l'on corrige sa manière de penser, qu'on remet ses décisions en cause et que rien de ce qu'il fait ne semble satisfaire sa femme, un homme en perd tous ses moyens. Il ripostera en étant désobligeant, irrespectueux et en prenant de la distance. Privé de ce qui le motivait (le pouvoir magique conféré par l'admiration de sa compagne), il aura l'impression de voir toutes ses forces le quitter et d'être incapable de se ressaisir. Quand au contraire, il bénéficie de l'appréciation de sa partenaire, une déprime éventuelle ne sera que passagère. L'appréciation est un besoin fondamental de l'homme ; elle lui fait entendre que ses actes peuvent faire la différence en apportant du positif dans la vie d'autres personnes et son amour-propre en ressort grandi. L'appréciation qu'on lui porte est pour lui un incroyable facteur de motivation. Quand bien même il affronterait de lourdes difficultés professionnelles, il se détendra plus facilement en rentrant chez lui s'il y retrouve une compagne reconnaissante et joyeuse. Ce qui stimule le plus un homme et lui donne un sentiment de puissance quand il parvient à ses fins, c'est le désir de faire plaisir à celle qu'il aime. Cela s'exprime en premier lieu sur le plan sexuel. Par la suite, il l'associera au désir d'aimer, de respecter, de comprendre sa femme et de prendre soin d'elle ; là encore, ses réussites alimenteront sa force intérieure. C'est l'appréciation de ses compétences physique, mentale, émotionnelle et spirituelle qui lui procurera le plus d'énergie et de volonté.

QUAND LES FEMMES SONT EN QUÊTE DE RECONNAISSANCE

Lorsqu'une femme ressent le besoin qu'on reconnaisse ses qualités en vue de se rassurer sur sa valeur, elle fait fausse-route. Peu importe l'importance de ce qu'elle donne, elle mérite d'être respectée pour ce qu'elle est. C'est son essence qui à elle seule justifie qu'elle soit traitée avec égards. En général, quand une femme fait tout pour qu'on l'apprécie, elle perd de vue ses propres besoins. Il se peut par exemple qu'elle produise des efforts conséquents sur le plan professionnel et qu'elle soit pleine d'amertume car personne ne semble l'apprécier à sa juste mesure. En réalité, ce qui nourrit de la rancœur en elle, c'est de donner beaucoup sans qu'on la respecte en retour. Car même si autour d'elle les gens apprécient ce qu'elle fait, tant que cela n'est pas associé à du respect pour sa personne, elle sera toujours insatisfaite. Évidemment, une femme qui travaille a tout autant besoin qu'on apprécie ce qu'elle fait qu'un homme. Néanmoins, sa nature féminine accroît son besoin de respect.

C'est certainement dans sa vie affective que le respect aura une place prépondérante. Il englobera sa valeur, ses besoins, son intuition, ses émotions et ses désirs. Très souvent une femme se sentira forte dans le cadre de ses activités professionnelles et elle aura la conviction de mériter qu'on la respecte dans ce contexte. Par contre, si elle est amoureuse d'un homme qui la néglige, elle court le risque de perdre l'estime d'elle-même et de penser qu'elle ne mérite pas d'être davantage soutenue. Ceci indique que sa facette féminine souffre d'un manque d'amour. Il est alors essentiel pour elle de combler ses besoins primaires de compréhension, de légitimité et de respect. En apprenant à laisser sa féminité s'exprimer et à satisfaire ses besoins, elle aura plus de chances de mieux réussir sa vie professionnelle. De par sa nature, une femme découvre plus aisément sa valeur et sa dignité en *étant* plutôt qu'en *faisant*. C'est en *étant* aimante, capable de reconnaissance, d'acceptation de l'autre, de confiance, de respect, de compréhension et d'attention, qu'elle attire le respect et devient plus épanouie. En cultivant un état d'esprit positif, elle manifestera sa force féminine, celle qui lui permet d'attirer le soutien qu'il lui est indispensable. Cette capacité sera encore plus effective sur le plan professionnel si elle est combinée avec son aptitude masculine à créer du résultat.

Si une femme a davantage développé sa part de masculinité que sa facette féminine, il est possible qu'elle rencontre une certaine résistance auprès des hommes ; ils ne se sentiront pas enclins à la soutenir. Cela s'explique par le fait qu'au plus profond d'eux-mêmes, ils ont le désir de satisfaire une femme. Ils se sentent rassurés par le fait de pouvoir lui être utiles. Dès lors, quand une femme est totalement indépendante, elle leur donne la sensation que rien de ce qu'ils pourraient faire ne sera à même de l'aider ou de combler ses attentes. Certains se sentiront offensés, pensant que cette femme les estime incapables de l'épauler ; d'autres se sentiront quelque peu menacés, parce qu'ils ne pourront pas apparaître à ses yeux sous les traits du héros... En effet, si à elle seule elle peut vaincre un dragon, le prince charmant en armure est aux oubliettes... Par contre, si une femme est parvenue à bien équilibrer ses énergies féminine et masculine, les hommes seront plus nombreux à souhaiter l'aider, l'assister et collaborer avec elle. Certaines ont d'ailleurs un charme singulier qui leur permet de mobiliser toute une équipe à leur service. Il est à préciser que les hommes qui sont également équilibrés sur le plan de leurs énergies suscitent le même type de réaction. Si une femme est entourée d'hommes sur son lieu de travail, elle sera en compétition avec eux pour ce qui est de la reconnaissance, et le fait de manifester des qualités féminines la rendra moins menaçante aux yeux de ces derniers. Notez qu'il lui sera plus aisé de développer sa facette féminine dans le cadre de ses relations personnelles qu'au sein de ses fréquentations d'ordre strictement professionnel.

Il y a un autre avantage dans le fait de renforcer sa facette féminine : avoir une bonne estime de soi et ainsi éviter de devenir une martyre. Lorsqu'une femme tente de prouver sa valeur par ce qu'elle *fait* (en vue d'attirer la reconnaissance), il n'est pas rare qu'elle s'épuise nerveusement et qu'elle ne se sente pas réellement en droit de mériter respect et soutien. Et même si ses mots expriment qu'elle est dans une posture légitime, elle aura tendance à user d'un ton plein d'amertume et d'exigence. Si, au contraire, elle se focalise sur le fait d'*être*, sa sincérité encouragera son compagnon à se montrer plus chaleureux, plus respectueux et plus serviable. Le souhait de cette femme deviendra prioritaire pour lui sans qu'elle ait besoin de lui ordonner quoi que ce soit. Il n'aura pour seul souci que de la contenter. À l'opposé, quand une femme devient autoritaire, elle trahit sa maladresse. La seule chose qui en résulte, c'est habituellement des luttes de pouvoir et de multiples conflits. Dans les chapitres suivants, nous verrons ensemble comment une femme peut développer sa capacité à *être*.

Quand une femme cherche à tout prix à être appréciée par son conjoint, elle se met involontairement en concurrence avec lui (c'est à qui sera le plus serviable). Le souci, c'est que face à ce défi, un homme quitte en général très vite la course... Il lui manque en effet le carburant essentiel : l'appréciation de sa femme ! Il en résulte qu'il est totalement dépourvu d'énergie tandis qu'elle est toujours privée de la gratitude qui lui fait défaut... Il se peut fort que cet homme soit reconnaissant pour tout ce que sa compagne fait afin de lui plaire, mais les actions de cette dernière ne feront que le rendre paresseux... En conséquence, on peut affirmer que si madame veut décrocher la médaille du mérite, elle devra affronter un partenaire qui se croise les pouces. Bien entendu, cela ne signifie pas qu'une femme doive refuser de soutenir activement son conjoint. Mais quand elle le fait à travers des actes, il ne faut pas que cela soit assorti d'une exigence de gratitude. Bien au contraire, lorsqu'elle est serviable, il vaut mieux qu'elle soit animée par l'envie de démontrer à son compagnon qu'elle l'apprécie.

Les femmes qui donnent en espérant recevoir en retour sont le plus souvent en manque d'attention, de compréhension et de respect. Elles n'ont pas compris qu'il leur suffit simplement d'apprécier sincèrement ce que leur compagnon fait pour elles et de le lui exprimer par leur attitude pour être en droit de voir leurs propres désirs comblés.

LE BESOIN MASCULIN D'ÊTRE ACCEPTÉ

Être accepté signifie être accueilli de bon cœur ; c'est ce qui renforce chez un homme la confiance en ses aptitudes. Quand ses actes sont inconditionnellement acceptés, il se sent libre d'explorer d'autres pistes pour s'améliorer. C'est d'ailleurs la raison pour laquelle, au sein du couple, l'acceptation concourt au changement de comportement.

Le besoin d'être accepté est particulièrement marqué chez les hommes. Certains ne sont malheureusement acceptés qu'en apparence par leur compagne qui se focalise sur leur potentiel et qui attend le jour où son conjoint changera pour l'accepter vraiment. Sachez mesdames qu'un homme a besoin d'être apprécié pour ce qu'il est aujourd'hui et non pas pour ce qu'il sera éventuellement demain. D'autre part, s'il n'est pas véritablement accueilli tel qu'il est, il aura tendance à se montrer têtu et résistant au changement.

Lorsqu'une femme n'accepte pas un homme, elle est mue par l'irrésistible envie de le transformer. Elle lui fournira des suggestions pour qu'il évolue, même s'il n'a rien demandé en ce sens. Or, si certains hommes peuvent apprécier les conseils quand ils les ont sollicités, ils se sentent majoritairement rejetés par leur compagne quand elle essaie de les faire changer, ou de les rendre « meilleurs ». D'un côté, on a une femme qui pense souvent respecter les besoins de son mari en lui prodiguant généreusement son aide, de l'autre on a un homme qui se sent manipulé et offensé ! Que ce soit consciemment ou pas, un homme s'opposera à toute évolution comportementale s'il n'a pas le sentiment d'être accepté par celle qu'il aime.

Ce qui peut motiver un homme à changer, c'est tout d'abord d'entendre sa femme évoquer son ressenti et ses besoins, et ensuite, d'avoir le souci de les comprendre. Quand il a l'impression que son soutien sera bien accueilli et apprécié, il se sentira plus inspiré pour satisfaire sa partenaire. Le fait d'être accepté le rassurera et lui indiquera que même s'il échoue de quelque manière que ce soit, les efforts qu'il aura fournis seront tout de même reconnus et qu'il ne sera pas rejeté. L'acceptation lui donne confiance. Elle indique qu'il est capable de combler sa compagne tel qu'il est à présent. C'est mû par cette confiance qu'il sera capable de lui fournir le respect et la compréhension qu'elle mérite. La grande majorité des femmes ignore ce secret au sujet des hommes. Elles croient, à tort, que pour que leur conjoint change, il est nécessaire qu'elles se plaignent, qu'elles rouspètent ou expriment leur désapprobation. Or, quand un homme sent qu'on ne l'accepte pas avec ses imperfections, il peut se passer des jours pour qu'il retrouve l'aptitude au don de soi. Pour se venger (consciemment ou inconsciemment) certains hommes vont même jusqu'à répéter le comportement qu'on leur reproche. Une femme a généralement du mal à comprendre cela. En ce qui la concerne, sa première réaction, quand elle sent que son compagnon désapprouve une de ses attitudes, c'est d'essayer d'en changer. De ce point de vue, les femmes sont d'ailleurs plus en paix que les hommes puisqu'elles sont capables de recevoir des avis leur permettant de s'améliorer avec beaucoup moins de résistance ou de susceptibilité. Bien sûr, un homme peut aussi accepter les critiques constructives, mais pour cela, il faut qu'il ait déjà une bonne opinion de lui-même et qu'il ait envie d'écouter… Il est rarement efficace de donner à un homme un conseil qu'il n'a pas sollicité. D'une manière générale, il pourra éventuellement accepter les remarques de sa compagne s'il se sent déjà accepté. Dans le cas contraire, il se braquera.

LE BESOIN MASCULIN DE CONFIANCE

Faire confiance à quelqu'un, c'est reconnaître ses capacités, son honnêteté, son intégrité, son sérieux et sa sincérité. Au sein du couple, le besoin de confiance exprime que l'on a envie d'être reconnu comme quelqu'un de bien. Quand on refuse sa confiance à son conjoint, on a tendance à systématiquement mal interpréter ses intentions. La confiance, par contre, permet en cas de problème d'accorder le bénéfice du doute à la personne qui en est l'objet. Elle nous fait dire qu'il doit certainement y avoir une bonne raison expliquant ce qui s'est passé. La confiance grandit au sein du couple quand chacun cesse de penser que l'autre souhaite lui nuire et réalise qu'au contraire il est là pour l'épauler.

La confiance est le troisième besoin émotionnel primaire pour un homme. Approcher un homme de manière confiante quand on a besoin de soutien, c'est aller vers lui avec l'assurance qu'il peut nous aider et qu'il aura envie de le faire. À l'opposé, quand une femme demande de l'aide en doutant de la réponse de son compagnon, elle le rejette en réalité avant qu'il n'ait l'opportunité de la décevoir. Or, quand il sent qu'on ne lui accorde pas sa confiance, un homme aura tendance à se mettre en retrait. Non seulement il aura du mal à répondre favorablement à la demande qui lui est faite, mais de plus, ce défaut de confiance le blessera profondément et le vexera.

C'est la confiance qu'une femme porte à son partenaire qui aidera ce dernier à se rapprocher d'elle et à lui offrir le meilleur de lui-même. Évidemment, si ce qu'elle exprime, c'est qu'elle a confiance en son infaillibilité, il lui fera faux bond ! Mais si son attitude confiante indique simplement qu'elle sait qu'il est capable de l'aider et qu'il le fera de bon cœur, le message qu'il reçoit, c'est qu'il a de l'importance aux yeux de sa compagne et que ce qu'il peut lui donner de mieux suffit à la contenter, la perfection n'étant pas requise. Plus elle sera confiante, plus il sera capable de faire des merveilles. Quand une femme apporte sa confiance à un homme, elle l'aide à être plus fort, plus apte, plus compétent et plus talentueux.

Si une femme est soudainement privée du soutien de son conjoint, la confiance qu'elle lui voue lui permettra de se dire qu'il y a une raison logique pour cela. Elle gardera l'assurance qu'en lui exprimant ses désirs, il y répondra du mieux qu'il pourra. Elle sera aussi très à l'aise pour lui communiquer ses émotions, même quand elle aura le sentiment de paraître fragile. Et si son compagnon est réellement digne de sa confiance, il se sentira investi d'une force renouvelée pour soutenir sa compagne dans les moments difficiles qu'elle traverse. Lorsqu'une femme est confiante, elle sait aussi intuitivement jusqu'où l'aide de son partenaire peut aller et elle n'attendra pas de lui plus qu'il ne peut donner. Elle est capable d'apprécier et d'accepter ce qu'elle reçoit. Elle n'est pas du genre à partager ses faiblesses avec n'importe qui, mais elle n'est pas non plus de celles qui taisent leur ressenti douloureux aux personnes qu'elle juge dignes de confiance.

Les problèmes de confiance entravent la communication au sein du couple. Imaginons qu'une femme ne fasse pas confiance à son conjoint pour ce qui est de partager ses émotions quand elle va mal. Si elle essaie de prendre la température en lui offrant une version édulcorée de ce qu'elle ressent, il ne sera pas dupe de sa méfiance et aura tendance à fuir. À ce moment, cette femme se dira qu'elle a bien fait de ne pas confier l'intégralité de son ressenti, puisque son compagnon n'aura même pas été capable d'en comprendre le dixième. Or, il est fort probable que s'il l'avait sentie honnête, il aurait été plus réceptif. Il n'y a qu'un moment où un homme n'est pas forcément découragé par le manque de confiance de sa partenaire, c'est au tout début de leur relation. Par contre, en général, une fois qu'on lui a démontré sa confiance, il vit très mal le fait qu'on la lui retire. Quand une femme n'accorde pas d'emblée sa pleine confiance, elle pose un défi à son partenaire ; un défi qu'il aura envie de relever. Comme il n'a pas encore goûté aux sensations délicieuses qui découlent de la confiance de celle qu'il aime, il se montrera patient et voudra faire ses preuves. Mais dès qu'elle s'ouvrira à lui et lui offrira sa confiance, les choses seront différentes. Si à l'occasion d'une déception elle se met à douter de son partenaire, il aura l'impression qu'elle lui reprend quelque chose. D'une manière indirecte, elle l'aura blessé.

Une femme peut fréquemment taire ses émotions de crainte que son conjoint ne soit pas intéressé de les entendre. Elle rationalise ses silences volontaires en trouvant des excuses à celui qui partage sa vie. Mais au fond d'elle, elle doute simplement de sa réaction et se dit qu'il ne se montrera ni compréhensif, ni attentionné. Il se peut même qu'elle finisse par nier ses propres besoins pour éviter d'être rejetée. En réalité, elle n'aura fait que construire un mur entre elle et son compagnon. Quand une femme n'est pas persuadée de la fiabilité d'un homme et de ses intentions pleines d'amour, elle lui enlève la possibilité de se comporter en chevalier servant. Et elle l'incite indirectement à se désintéresser d'elle. Par contre, l'éclat qui illumine le regard confiant d'une femme enchantera son partenaire et l'encouragera à ne plus être centré sur lui-même, à se tourner vers sa compagne et à s'intéresser à ses besoins.

Il appartient à une femme de constamment rechercher à se connecter à son potentiel de confiance, mais cette responsabilité est évidemment à partager avec son conjoint, qui doit mériter d'être ainsi considéré. Dès lors qu'un homme blesse sa compagne sans lui présenter ses sincères excuses, il construit inconsciemment un mur entre elle et lui. Or, la plupart du temps, les hommes ignorent l'importance de la compassion véritable et des excuses. C'est à leur femme de leur faire savoir ce qu'elle a besoin d'entendre.

Même si les besoins émotionnels d'un homme sont surtout d'être aimé, d'être apprécié, d'être accepté et d'avoir la confiance de sa partenaire, il est également – dans une moindre mesure – concerné par le respect, la compréhension et l'attention.

À l'identique, les femmes ont avant tout besoin d'être aimées, respectées, comprises et qu'on ait le souci d'elles, mais il importe aussi qu'on les apprécie, qu'on les accepte et qu'on leur fasse confiance.

Pour résumer, les besoins les plus importants de chacun sont :

POUR LES HOMMES	POUR LES FEMMES
1. L'amour	1. L'amour
2. L'acceptation	2. L'attention
3. L'appréciation	3. La compréhension
4. La confiance	4. Le respect

Nous n'avons pas que des besoins fondamentaux prépondérants ou secondaires, nous avons également des natures élémentaire et secondaire. Ainsi, la nature élémentaire d'un homme lui permet de répondre aux besoins prépondérants d'une femme. Et la nature élémentaire d'une femme lui permet de répondre aux besoins prépondérants d'un homme.

Lorsqu'un homme cultive le souci de l'autre, la compréhension et le respect, il est à même d'épauler efficacement sa compagne. Quand une femme développe sa nature féminine, elle est plus apte à aider son compagnon.

CHAPITRE 12

LE SECRET DES NATURES COMPLÉMENTAIRES

Au fil du temps, les hommes et les femmes évoluent et s'expriment de manière différente. Un homme acquérant de l'assurance développera principalement ses aptitudes naturelles à prendre soin des autres, à les comprendre et à les respecter. Si au départ il a plutôt tendance à être froid, calculateur et égocentrique, son évolution le pousse à être pleinement présent pour autrui, chaleureux et humain. Quand une femme gagne en maturité, elle exprime davantage d'acceptation, d'appréciation et de confiance. Elle est moins manipulatrice et plus motivante, moins souvent instable et hors d'elle, plus délicate et souple.

Quand un homme et une femme apprennent à développer leurs natures complémentaires de manière équilibrée, ils accroissent le potentiel d'amour et de paix au sein de leur couple. Leur interaction les aide à s'épanouir. Dès lors qu'un homme manifeste sa nature attentionnée, compréhensive et respectueuse, il peut satisfaire les besoins féminins élémentaires. Et à partir du moment où une femme est capable d'accepter son compagnon, de l'apprécier et de lui faire confiance, elle répond automatiquement à ses besoins les plus essentiels. En apprenant à mieux se soutenir mutuellement, chacun d'eux s'attachera à faire croître les qualités qui lui permettront d'être plus mûr et d'avoir plus d'assurance. Examinons à présent les trois groupes de natures complémentaires.

L'ATTENTION ET LA CONFIANCE

Plus un homme est attentionné, plus il incite sa compagne à lui faire confiance. Plus elle lui fait confiance, plus il sera encouragé à la couvrir d'attentions. Un homme a d'ailleurs bien plus envie de prendre soin de sa compagne qu'on ne l'imagine. Mais si les réactions de cette dernière lui laissent entendre qu'elle ne le juge pas digne de confiance, ou si elle le traite comme s'il était son ennemi, il se désintéressera forcément de son bien-être. Pire, l'image qu'elle aura alors de lui s'assombrira encore du fait qu'il lui paraisse aussi insensible...

Parfois, les hommes se disent que s'ils ne prennent pas davantage soin de celle qu'ils aiment, c'est parce qu'ils sont trop fatigués. Ils se fourvoient. Ce n'est pas le manque d'énergie qui les rend incapables d'attentions, c'est au contraire le fait d'être insensibles aux besoins de leur partenaire qui les prive d'énergie. En effet, l'énergie, la créativité et la force naissent du souci de l'autre. Donc, plus un homme se préoccupe du bien-être de sa femme, plus il trouve en lui les ressources nécessaires pour la contenter. Par opposition, quand il manque de compassion, il est facilement épuisé et manque de motivation...

Prenons l'exemple d'un homme qui ne bénéficie plus de la confiance de sa partenaire. Il aura l'impression d'être à court d'énergie et d'endurance. Par contre, il parviendra à se sentir en pleine forme sur son lieu de travail si on y apprécie ses compétences... et se sentira à nouveau fourbu en rentrant chez lui. Si vous considérez votre compagnon comme un héros, il retrouvera de la vigueur ; si vous l'envisagez comme quelqu'un de méchant, il cessera d'être attentionné. Si vous l'envisagez comme une source de problèmes, il ne peut pas être porteur d'une solution. Il ne sera absolument pas motivé pour vous soutenir. Apprenez à développer une attitude positive et confiante à son égard. Accordez-lui le bénéfice du doute, ne tirez pas systématiquement des conclusions aussi hâtives qu'erronées, n'envisagez pas le pire. Vous verrez qu'il sera bien plus sensible à vos besoins et plus prompt à vous aider.

Une des raisons pour lesquelles un homme est bien plus galant au début d'une relation tient au fait qu'à ce moment-là, sa partenaire le regarde avec confiance et admiration. En un sens, c'est l'attitude confiante d'une femme qui donne à un homme l'envie de se soucier d'elle. Elle l'incite à se surpasser. Et si une femme démontre tant d'admiration et de confiance envers son partenaire au début de leur relation, c'est parce qu'il ne l'a pas encore déçue...

Faire confiance à un homme mobilisera son énergie dans le bon sens mais ne le rendra pas parfait. Aucun être humain ne l'est. Il lui arrivera forcément de décevoir sa compagne et immanquablement, elle se mettra à douter de lui. Par la suite, plus elle sera méfiante, moins il sera prévenant. Il perdra son aptitude à donner de lui-même et se comportera de manière égoïste. Il sera capable de déployer une énergie considérable pour des objectifs strictement personnels mais la seule idée d'en injecter dans son couple l'épuisera par avance. Parvenu à ce stade, un homme doit travailler sur lui-même pour réapprendre à être moins égocentrique et plus attentionné. S'il bénéficie de l'amour et de la confiance de sa compagne, il pourra prodigieusement progresser en ce sens.

Pour un homme, il n'est pas facile de devenir plus prévenant. Il aura besoin d'encouragements et de temps pour cela. Malheureusement, les femmes supportent très mal un compagnon qui paraît insensible ; elles se montrent impatientes parce que leur nature est toute différente. Pour elles, se soucier de l'autre est généralement quelque chose d'assez spontané ; ce n'est pas un aspect de leur personnalité qui leur est très difficile à améliorer. Ce qui est compliqué pour une femme, c'est d'accorder sa confiance et, si cette dernière est trahie, d'être à nouveau capable d'apprécier son conjoint, de l'accepter et de lui refaire confiance. Les petites filles ont le plus souvent grandi en jouant à la maman ou à l'infirmière pendant que les petits garçons jouaient au superhéros ou au cascadeur. Des comportements axés sur le soin pour les unes et sur la prise de risque pour les autres. De ce fait, il est aussi difficile pour un homme d'apprendre à faire preuve de sollicitude envers autrui, que pour une femme d'être totalement confiante.

Si un homme déçoit sa compagne de manière répétée, elle finira par refuser de lui faire confiance. Mais il y a plus important encore : très vite, elle ne croira plus en l'amour d'un homme s'il semble détaché ou indifférent vis-à-vis de ce qui l'affecte. D'une manière similaire, tout ce dont a besoin un homme pour cesser d'être attentionné envers sa compagne, c'est qu'elle lui retire sa confiance et qu'elle n'apprécie pas ses efforts. S'il a le sentiment qu'elle doute de sa capacité à la rendre heureuse, il cessera très rapidement de se soucier de son bonheur.

Ces deux natures fondamentales – le souci de l'autre et la confiance – sont complémentaires. Ceci explique le schéma classique de la mère qui s'angoisse pour dix choses à la fois pendant que son mari s'enfonce chaque jour davantage dans son canapé, persuadé que tout va bien. Elle est trop soucieuse des autres et donc s'inquiète ; il est excessivement confiant et il en devient passif. En se préoccupant trop de ceux qu'elle aime, une femme peut facilement sombrer dans une prudence excessive et avoir beaucoup de mal à se montrer confiante. Elle aura tendance à surprotéger sa marmaille, par exemple. D'autre part, un homme exagérément confiant pourra ne plus se préoccuper suffisamment de ses proches. Il se peut qu'il soit fermement convaincu que tout va bien alors que ce n'est pas le cas. Il pèche par un défaut d'attention qui affectera ses enfants, et tout particulièrement ses filles. Elles grandiront en se disant que leur père se moquait bien de ce qui pouvait leur arriver, tout comme il se désintéressait de leur mère.

Il est indéniable que le manque d'attentions et de confiance entraîne de nombreux conflits au sein du couple. Il est donc indispensable d'en comprendre les raisons et de les accepter. Ce qui se produit le plus communément, c'est que monsieur est moins attentionné et que madame en déduit que c'est parce qu'il ne l'aime plus. Et puisqu'elle ne lui fait plus confiance, il réagit en se désintéressant encore plus d'elle et en donnant toujours moins. Ceci, bien évidemment, la poussant à encore moins lui faire confiance, etc. C'est ainsi que l'amour se désagrège au fil des jours... Quand on est correctement informé de nos différences de comportements et de besoins, il devient possible de sortir d'une telle spirale négative pour faire entrer la relation dans un cercle vertueux. N'allez cependant pas croire que cette connaissance implique de vous restreindre. Elle vous permettra au contraire de développer votre puissance créatrice !

En se montrant responsable et attentionné, un homme comble les besoins de sollicitude de sa compagne. Et comme c'est essentiel pour elle, elle lui en sera reconnaissante. Constatant qu'elle peut compter sur lui, elle sera de jour en jour plus confiante. D'autre part, cet homme se sentira comblé par l'appréciation et la confiance de sa compagne. La satisfaction de ces besoins, qui sont fondamentaux pour lui, l'incitera à être toujours plus serviable. Plus il sentira que sa femme a besoin de lui, plus il pensera qu'elle croit en lui, plus son aptitude à donner prendra de l'ampleur, plus il aura envie de concourir au bien-être de celle qu'il aime. De son côté, la femme qui sera l'objet d'attentions aussi délicates développera sa capacité à se détendre et à offrir sa confiance, ce qui aura pour vertu d'enrichir sa créativité.

Afin de vivre une relation de couple aussi épanouissante, une femme doit se souvenir qu'il est très difficile pour un homme de se soucier d'elle et de le lui démontrer s'il perçoit – que ce soit à travers ses mots ou son comportement – qu'elle ne lui fait pas confiance. Sachant en quoi les hommes et les femmes peuvent être différents, elle interprétera mieux le détachement éventuel de son compagnon et ne l'imputera pas forcément à un manque d'amour. Elle pourra plus aisément accepter ses petits oublis et les lui pardonner. Elle comprendra que ce qui lui semble logique ne l'est pas nécessairement pour lui.

Cette connaissance sera tout autant profitable aux hommes. Chacun d'eux pourra mieux accepter le fait que sa compagne ait besoin d'être régulièrement rassurée sur l'amour qu'il lui voue. Plutôt que de l'en blâmer, il considérera que c'est une manière formidable de la soutenir alors qu'elle chemine vers la réalisation de soi et la joie.

Vous êtes désormais mieux armés pour reconnaître les responsabilités qui sont les vôtres pour obtenir ce dont vous avez besoin. N'oubliez pas, mesdames : si votre partenaire paraît distant, vous n'avez pas à le prendre tellement à cœur ni à vous sentir visées par son comportement. Et vous, messieurs, ne soyez pas exaspérés si votre compagne manifeste le besoin d'être rassurée sur votre attachement. Chacun de vous est également à même de mieux discerner la façon de rendre votre vie de couple plus satisfaisante. Plutôt que de vous plaindre de ce que vous ne *recevez pas*, demandez-vous plutôt ce que vous ne *donnez pas*. Plus vous donnerez de vous-même, plus vous augmenterez vos chances de recevoir.

LA COMPRÉHENSION ET L'ACCEPTATION

En s'exprimant de manière compréhensive, un homme peut aider sa compagne de manière consciente. Plus elle aura la certitude d'être comprise par son conjoint, plus elle sera sereine, plus elle sera reconnaissante, plus elle aura envie de l'accepter tel qu'il est et de le soutenir à son tour. Elle constatera que si elle développe et manifeste une réelle acceptation de son compagnon, il pourra très vite changer de comportement, presque comme par magie, et qu'il sera positivement influencé par sa meilleure compréhension des besoins féminins.

La vérité, c'est que les hommes seraient tous très motivés pour changer d'attitude et soutenir davantage leur compagne s'ils avaient une idée très claire de ce que signifie être une femme au quotidien. Avec le temps, ils seront toutefois capables de mieux cerner ses besoins et son ressenti. Ils prodigueront alors des efforts consistants pour améliorer leur vie de couple et faire en sorte qu'elle soit stimulante et rassurante à la fois.

Pendant qu'un homme apprend à communiquer en vue de comprendre (plutôt que pour corriger ou reprendre), il se perfectionne dans l'art d'écouter. Au début, il sera fréquemment enclin à chercher ce qui ne colle pas dans le ressenti de sa compagne. Il est indispensable qu'il résiste à cette fâcheuse tentation. Pour ce faire, il se rappellera qu'elle ne lui demande ni une solution, ni de faire en sorte qu'elle aille mieux. Elle lui demande juste de comprendre l'épreuve qu'elle endure. Elle attend de lui qu'il atteste la légitimité de ses émotions. Dès lors qu'une femme réalise que son partenaire ne l'a pas entendue, elle se sent poussée à le manipuler ou à essayer de le faire changer. En revanche, quand elle se sent comprise, elle est immédiatement plus détendue et peut envisager que la situation ne soit pas aussi désespérée qu'elle aurait pu l'imaginer. Elle devient aussi capable de se réjouir de tout ce qui va bien, plutôt que de garder les yeux rivés sur ce qui ne fonctionne pas. Quand on la comprend, une femme accepte plus facilement les choses telles qu'elles sont, parce qu'elle sait qu'elle n'est pas seule.

Souvent, les hommes sont tellement concentrés qu'ils perdent de vue la multiplicité des problèmes quotidiens qu'il faut gérer. Et autant ils les ignorent, autant les femmes vont avoir tendance à se laisser dévorer par ces contraintes. Le seul fait de voir ce qu'il y a à faire les incite à vouloir s'en charger. Par contre, si leur conjoint se montre insouciant, elles stresseront à l'idée de tout devoir assumer. Se sentant bien seules face à de nombreuses corvées, elles auront besoin de communiquer au sujet de toutes ces choses qui s'imposent à leur esprit du fait de leur conscience large. Dans ces circonstances, un homme peut considérablement aider une femme rien qu'en l'écoutant attentivement et en l'assurant de sa compréhension.

Quand une femme est contrariée, elle ne réclame pas que son conjoint résolve ses problèmes pour qu'elle l'accepte et l'apprécie. Pourtant, en la voyant dans cet état, il aura l'impression qu'elle exige qu'il lui trouve une solution pour qu'elle puisse aller mieux. Après tout, c'est ce qui fonctionne pour lui. Il lui semble donc logique que cela corresponde aux besoins de sa partenaire. Hélas, non. Les femmes n'ont pas besoin de solutions immédiates si elles se sentent écoutées et comprises. Le genre féminin a une incroyable capacité à s'accommoder de l'imperfection ou de l'inachevé dès lors qu'il peut s'exprimer librement, qu'on entend ce qu'il a à dire et qu'on valide son ressenti. C'est une expérience qui sera indubitablement rafraîchissante pour un homme de réaliser à quel point sa compagne peut se satisfaire d'une situation un peu bancale. Habituellement, c'est quelque chose qu'il a lui-même du mal à supporter et rares sont ceux qui sont conscients de l'aide que leur compagne peut leur prodiguer sur ce plan. Je n'oublierai jamais une expérience qui fut pour moi révélatrice : je conduisais ma mère en voiture, pour visiter Los Angeles. À l'époque, je n'étais pas familier avec les autoroutes et je me suis très vite perdu. Eh bien, ma mère ne s'en est pas inquiétée ; elle a fait comme si de rien n'était et appréciait tout simplement le paysage. En un instant, j'ai compris que quelque chose de spécial venait de se produire. J'ai eu l'impression d'être un esclave subitement libéré de ses chaînes. J'ai éprouvé une vive sensation de liberté et de soulagement intérieur : j'étais pleinement accepté ! À l'époque je vivais une relation de couple difficile où chacun de mes moments de distraction me valait un regard désapprobateur. Je puis vous assurer que faire l'expérience d'une complète acceptation, c'était quelque chose de bouleversant pour moi. Ce jour-là, je me suis dit en souriant que toute femme que j'envisagerais d'épouser, je devrais d'abord l'emmener faire un tour en voiture pour tester sa réaction quand je lui avouerais que je me suis perdu.

C'est en apprenant à développer ses facultés d'acceptation qu'une femme aidera son conjoint à être plus désireux de l'écouter et de la comprendre. Quand elle parviendra à ne plus avoir envie de le faire changer, il deviendra plus compréhensif, même si ça doit lui prendre du temps. Il se souciera des besoins émotionnels de sa compagne et aura envie de s'impliquer davantage pour qu'elle soit épanouie. Et plus un homme se montrera compréhensif vis-à-vis de sa femme, plus il pourra prendre conscience de l'incroyable faculté qu'elle possède : celle de pardonner les erreurs de son compagnon et de l'accepter tel qu'il est.

LE RESPECT ET L'APPRÉCIATION

Quand un homme apprend à respecter les droits de sa compagne en reconnaissant qu'elle a autant d'importance que lui au sein du couple, il constatera qu'elle ne l'en appréciera que davantage. Respecter les droits de sa femme implique d'avoir de la considération pour ses différences. Elle a en effet le droit d'être imparfaite et celui de réagir avec excès de temps en temps sans qu'il se sente pour autant offensé. La respecter signifie admettre qu'elle puisse passer par des moments où elle est désorientée et bouleversée et qu'en de telles circonstances, c'est de soutien dont elle a besoin. Respecter ses droits sous-entend également de l'inviter à participer à toutes les prises de décision qui auront un impact sur sa vie. Un homme pourra utiliser à cette fin des questions simples comme : « Est-ce que ça te convient ? », « J'aimerais bien... Qu'en penses-tu ? » ou « Je pense que nous devrions... Que préférerais-tu ? » En cas de désaccord, c'est animé du plus profond respect pour sa compagne qu'il devra s'évertuer à poursuivre la conversation jusqu'à ce qu'une solution équitable pour chacun soit trouvée. Respecter une femme, c'est prendre le temps de s'intéresser à ses besoins spécifiques et de faire le nécessaire pour y répondre sans forcément attendre qu'elle les formule. Respecter une femme, c'est également la soutenir dans la réalisation de ses rêves, de ses ambitions. Porté par le respect, un homme fera tout pour que sa compagne se sente spéciale, qu'elle reste consciente de sa valeur inestimable et qu'elle se sente en droit de s'affirmer et d'exprimer ses émotions. Se sentir spéciale, unique aux yeux de son compagnon, est un des besoins les plus forts d'une femme. Combler ce besoin est l'essence même du romantisme. Rien qu'en lui offrant une fleur, un homme montre qu'il a de la considération pour la féminité de sa compagne. L'engagement et la fidélité sont probablement les démonstrations les plus simples et les plus puissantes à la fois du respect qu'un homme porte à la femme qu'il aime. Par son engagement, il indique qu'elle est la plus chère à ses yeux. Par sa fidélité, il lui exprime qu'ils continueront à partager quelque chose de très spécial et de précieux pour chacun d'eux.

En retour de toutes ces manifestations de respect, sa compagne sera plus facilement capable de se détendre. Elle ne se sentira pas obligée de prouver qu'elle est égale à son partenaire, elle saura que c'est bien ainsi qu'il conçoit les choses. Elle ne sera pas obsédée par un besoin de reconnaissance pour ce qu'elle fait ; elle se consacrera plutôt à montrer à son conjoint qu'elle l'apprécie, qu'elle l'estime, comme tout ce qu'il fait d'ailleurs pour que sa vie à elle soit plus agréable. Quand elle lui rendra service, ce ne sera pas avec l'attente d'un retour ; elle lui offrira son aide de manière inconditionnelle, comme une preuve de gratitude. Apprécier son compagnon signifie faire tout ce qu'on peut pour que sa vie soit plus simple. C'est faire en sorte que l'atmosphère soit paisible et qu'y règne la beauté pour qu'il s'y sente important, estimé, spécial et compétent dans sa capacité à rendre sa femme heureuse. Lorsqu'une femme apprécie son partenaire, elle est pleine de désir pour lui et a envie de le séduire. Elle se réserve donc du temps pour se faire belle et s'amuse à le traiter comme un invité prestigieux auquel elle ouvrirait les portes de son luxueux palais. Parce qu'elle apprécie son conjoint, une femme gérera ses émotions en vue d'être de bonne humeur, autant que possible, évidemment. Elle prodiguera un effort tout particulier pour communiquer ce qu'elle ressent et ce dont elle a besoin pour éviter d'accumuler du ressentiment. Quand une femme est contrariée ou qu'elle se sent dépassée et que son compagnon n'y est pour rien, il faut qu'elle le lui dise, pour qu'il entende bien qu'il n'est pas fautif. Apprécier un homme, c'est être remplie d'une joie authentique du seul fait de vivre à ses côtés. C'est aussi éviter de formuler des critiques négatives tant que son conjoint ne les a pas sollicitées. Quand une femme montre à un homme qu'elle l'apprécie, il sera incité à la soutenir et lui épargnera de se fatiguer outre mesure.

LES BÉNÉFICES DE L'AMOUR

En apprenant à développer nos natures élémentaires, nous améliorons nos chances d'être mieux soutenu par notre partenaire. Bien entendu, même si nous avons focalisé notre attention sur les relations de couple, cela vaut pour d'autres domaines : professionnel, familial ou amical.

Bien comprendre l'essence complémentaire du soutien affectif permet d'insuffler un nouvel élan à son couple, pour une entraide toujours plus efficace. Si on veut bénéficier de la confiance de l'autre, il faut se montrer attentionné. Si on souhaite être l'objet de plus d'attentions, il est indispensable de s'exercer à faire confiance, suffisamment pour être capable d'aller vers l'autre et lui demander de l'aide. Quand un homme souffre du manque de confiance de sa partenaire, il est important qu'il se demande s'il est capable de faire preuve de plus d'attentions envers elle, d'empathie, de compréhension, de respect, de considération et de compassion. Il se demandera aussi dans quelle mesure il pourrait s'améliorer en vue de valider le ressenti de sa compagne. Ces sept qualités figurent sur la palette de sa nature élémentaire et découlent de trois qualités fondamentales qui sont l'attention, la compréhension et le respect. Il faut qu'un homme comprenne qu'en enrichissant sa personnalité avec toutes ces expressions d'amour, il ne fait pas que soutenir sa compagne, il en bénéficie aussi à titre personnel. En associant ces qualités avec ses caractéristiques masculines innées, il sera plus équilibré et plus fort. Ce nouvel état d'esprit sera pour lui un outil performant. Il lui permettra de se détendre, d'avoir la force d'agir, de penser ou de prendre des décisions tout en faisant preuve de souci de l'autre, de compréhension et de respect.

Parfois, tout ce dont un homme a besoin pour se sentir mieux, c'est de mener une action respectueuse des besoins d'autrui. Quand il fait quelque chose pour aider une personne, il constate qu'il est utile et que ses actes peuvent faire la différence. Par contre, s'il n'est pas mû par le respect, ses agissements auront un impact négatif. En conséquence, il sera moins motivé pour donner de lui-même et se focalisera sur ce qui peut servir ses propres intérêts. Hélas, en se centrant uniquement sur lui-même, il ne sera jamais pleinement satisfait. Un homme a en effet besoin de se fixer un but, de servir une cause. Dès qu'il cesse de se soucier des autres, il s'oriente vers le surmenage et l'épuisement. Les prisonniers de guerre offrent en ce sens un témoignage instructif. Ils disent souvent que ce qui leur a donné le courage de survivre, c'était de penser aux gens qu'ils aimaient. Quand un homme cesse d'être généreux envers autrui, il devient vide, sans énergie, et sa vie lui paraît dépourvue de sens ; elle devient insipide. Pour briser l'ennui, il sera tenté de prendre des risques, comme faire de la course automobile ou de l'escalade, transgresser des tabous sociaux, enfreindre la loi, parier de l'argent ou effectuer des placements financiers hasardeux, etc. C'est en effet quand il sent qu'il peut perdre sa vie, son argent ou sa liberté qu'il recommence à s'en soucier. Dans ces moments-là, il sécrète une bonne dose d'adrénaline et il plane comme s'il était sous l'effet d'une drogue. Malheureusement, cette illusion n'est que temporaire et bien vite, il retrouve son ennui, se sent déprimé et frustré. S'il souhaite connaître une joie plus durable, il lui faudra réinvestir son champ relationnel et prendre soin de ceux qui lui sont chers. En faisant preuve d'amour, il n'aura nul besoin de créer des situations d'urgence, ni de friser un drame pour s'apercevoir que ce qu'il vit a de l'importance. En écoutant et en comprenant les sentiments d'autres personnes, il finira par vraiment prendre conscience de leurs besoins et par développer l'envie de les soutenir. En leur rendant service, il réalisera que pour ceux qui l'aiment, il n'a pas besoin d'être le meilleur, de posséder davantage de biens ou de faire plus que ce dont il est capable. Quand un homme est en couple, il peut se sentir encore plus utile. Dans le cadre de cette relation privilégiée, il se soucie de sa compagne et de sa famille plus que quiconque. Ce statut l'incite donc à se montrer encore plus généreux et motivé. Par contre, si son couple va mal, il ne se sentira plus à la hauteur.

Il en va de même pour une femme. Quand elle aime son conjoint et nourrit pour lui une appréciation sincère, qu'elle l'accepte totalement et lui accorde sa confiance, il n'est pas le seul à en bénéficier. Elle en retire également des avantages. Faire confiance, par exemple, lui permet de se connecter à sa source intérieure de force et d'amour-propre. Accepter lui permet de se détendre et de développer un état d'esprit positif. Reconnaître la valeur de son partenaire l'amène à s'ouvrir à lui et lui permet d'être comblée en retour. En travaillant sur elle-même pour que ces qualités soient manifestes, une femme devient capable d'accéder à un sentiment de joie profonde et de se délecter de son existence. De plus, à mesure qu'elle se libère de ses émotions négatives et qu'elle développe une attitude positive et aimante, elle suscite le soutien des autres. Mais ce n'est pas tout ! Elle renoue aussi avec sa nature profonde et est plus en paix. Aimer ainsi, s'obstiner sur ce chemin où rien n'est évident, mais néanmoins tellement important, donne à une femme la possibilité d'exprimer tout le spectre des émotions positives dont son compagnon aura besoin pour se sentir soutenu. Il recevra sa confiance, son approbation, son acceptation, sa reconnaissance, son appréciation, et son admiration.

LE COUPLE, UN DÉFI

En apprenant à surmonter les difficultés liées à nos différences, nous sommes appelés à nous aimer nous-mêmes et à donner de notre personne de manière inconditionnelle. En étudiant et en appliquant consciencieusement les conseils de ce guide, votre bonheur et votre satisfaction grandiront assurément mais vous contribuerez également à la création d'un monde meilleur pour vos enfants. Grâce à vous, la corruption, la maladie et la maltraitance reculeront. Je suis persuadé qu'on peut espérer un monde meilleur, justement parce que nous sommes capables d'améliorer notre relation de couple. Ce qui est possible à une petite échelle doit l'être à un niveau plus élevé. Chaque jour, je suis témoin de l'amélioration de la vie de nombreux couples grâce à l'information que je partage avec eux. Ils se croyaient pourtant incapables d'y parvenir, malgré leur bonne volonté. J'ai vu des gens abandonner leurs résistances et leur posture de défense pour s'engager sur la voie de la communication afin de résoudre leurs problèmes. Plus important encore, j'ai vu la sagesse des propos que je vous livre transformer mon existence. Elle m'a aidé à aimer davantage ma femme et mes proches. J'ai aussi pu développer ma conscience sociale. C'est principalement de ceci que je tire mon espérance.

Il est impossible de croire que nos États vont se démilitariser quand au sein du couple, nous entretenons et perfectionnons des armes de défense psychologiques. On ne peut pas attendre de nos gouvernants qu'ils cessent de faire la guerre quand nous sommes incapables de résoudre les conflits qui nous opposent sur le plan familial. Comment pourrions-nous exiger de différents pays qu'ils se fassent confiance quand nous refusons de croire nos proches parents ? La paix sur terre restera une utopie tant que la paix ne règnera pas sur nos foyers.

Alors, oui, je maintiens qu'il y a de l'espoir pour le monde, parce qu'il y a des personnes qui s'engagent pour la paix dans leur couple et au sein de leur famille. La paix mondiale est un rêve qui peut se concrétiser parce qu'elle débute sous votre toit. La paix dans le monde commence avec vous…

CHAPITRE 13

COMMENT EXPRIMER SES ÉMOTIONS PAR ÉCRIT

L'écriture émotionnelle est la plus importante des techniques qu'une personne puisse apprendre pour réussir sa vie de couple et voir l'amour y perdurer. Elle vous permettra de vous débarrasser de votre rancœur et d'autres ressentis négatifs pour être à nouveau capable d'aimer, de comprendre et de pardonner. Certains s'en sont servis pour sauver leur union, d'autres l'ont utilisée pour vivre leur séparation d'une manière plus paisible et respectueuse.

C'est en 1984 que je l'ai dévoilée, dans mon livre *What You Can Feel, You Can Heal*. Depuis, elle a été reprise et revisitée par d'autres auteurs à succès. Cette méthode est également utilisée aux États-Unis par de nombreux thérapeutes, groupes de développement personnel, programmes de lutte contre les addictions, communautés religieuses, dans la formation universitaire des psychologues et dans divers groupes de parole et de soutien. C'est le moyen le plus efficace pour gérer vos ressentis négatifs et les transformer en émotions positives.

En résumé, la lettre que vous allez rédiger se composera de deux parties. Dans la première, vous allez formuler tout ce que vous ressentez sans rien omettre, en imaginant que vous serez entendu et compris. Ensuite, vous allez écrire la réponse bienveillante que vous aimeriez recevoir. Quand vous aborderez cette seconde étape, imaginez que c'est la personne à laquelle vous écrivez qui vous répond avec sincérité. Il est essentiel que vos mots expriment les sentiments et la reconnaissance que vous espérez de l'autre.

LA FINALITÉ DE L'ÉCRITURE ÉMOTIONNELLE

Le but de la lettre que vous allez rédiger est de vous permettre d'ouvrir votre champ de conscience pour ne plus voir uniquement ce qui vous contrarie et ainsi devenir capable d'incorporer à votre ressenti tous les éléments positifs de votre relation. En clair, sans réprimer vos émotions négatives, vous allez ouvrir votre cœur et laisser l'amour guider votre plume. Cette technique vous permettra d'assimiler le contenu de ce livre et d'expérimenter les stratégies qu'il vous propose. Peu importe ce que vous savez déjà sur l'art d'entretenir une relation de couple épanouissante, quand on est blessé, il est compréhensible qu'on ait du mal à se montrer aimant et d'avoir envie de soutenir son partenaire.

L'écriture émotionnelle vous permet aussi d'obtenir l'aide dont vous avez besoin quand votre conjoint n'est pas capable d'y pourvoir. En effet, pendant que vous rédigerez votre lettre, vous prendrez automatiquement le temps de vous écouter avec amour, avec égards et compréhension. Dites-vous bien que si vous n'êtes pas disposé à prendre ce temps pour vous aimer vous-même en écoutant ce qui vous chagrine, il n'est pas réaliste d'attendre d'autrui qu'il le fasse. Dès lors que vous manquez de soutien émotionnel et qu'on ne vous l'accorde pas, cela indique que vous avez besoin d'être généreux envers vous-même en écrivant une lettre d'émotions. Son objectif n'est pas de vous permettre de déverser votre rancœur, vos jugements et vos critiques sur votre partenaire. Ce n'est pas non plus de tenter de le faire changer, de corriger sa façon d'être ou de penser, ni même de relever ses manquements. Si vous vous en servez en ce sens, ce sera totalement inefficace. Cette méthode ne marche que si votre lettre est écrite *pour que vous puissiez vous sentir plus aimant*.

L'IMPACT DE L'ÉCRITURE ÉMOTIONNELLE

Si votre partenaire ne comprend pas ce que vous ressentez, il est important qu'il y ait au moins une personne qui le puisse ; et cette personne, c'est vous. Une fois que vous aurez couché vos émotions sur le papier, il sera indispensable d'imaginer la réponse que vous aimeriez qu'on vous fasse pour que vous vous sentiez véritablement soutenu et aimé. La lettre d'émotions élimine de votre chemin les obstacles qui vous empêchent de donner et recevoir de l'amour. À partir du moment où vous allez percevoir et explorer toute la palette de vos émotions, votre pessimisme vous quittera presque instantanément.

Lorsque vous élaborerez votre réponse, votre subconscient commencera à percevoir ce qu'il est en droit d'attendre en termes de soutien affectif. En exprimant ce que vous avez envie d'entendre, vous ouvrirez votre cœur pour qu'il ressente et accepte le soutien qui existe assurément, à commencer par le vôtre. En outre, votre réponse orientera le destinataire de votre lettre en lui permettant de savoir ce que vous attendez de lui.

La structure même de la lettre-type vous aidera à explorer votre ressenti émotionnel de manière intense et sur plusieurs niveaux. Vous verrez qu'en écrivant, votre conscience s'élargira spontanément, vous permettant de redécouvrir des émotions positives que vous n'aviez jamais cessé de porter en vous. À chaque fois que vous êtes contrarié ou perturbé, c'est parce que votre conscience se focalise exclusivement sur l'aspect négatif des choses. Mais à travers le processus d'analyse de votre ressenti négatif, votre champ de perception va s'étendre et de ce fait, percevoir l'aspect positif de la situation. Vous cesserez instantanément d'être sous l'emprise de vos émotions négatives et une foule d'émotions positives jailliront à votre esprit. Pour entraîner cette catharsis[1] et cette transformation, il y a quatre niveaux d'émotions négatives qu'il vous faudra vivre et ressentir de manière consciente. Le résultat que vous obtiendrez, c'est de pouvoir accéder à la tendresse, la joie et l'amour que votre négativité réprimait. D'ailleurs, après avoir rédigé la partie de la première

---

1. *Méthode thérapeutique qui vise à obtenir une situation de crise émotionnelle telle que cette manifestation critique provoque une solution du problème que la crise met en scène (définition Larousse).*

lettre réservée aux quatre niveaux de contrariété, vous finirez par explorer par écrit le cinquième niveau émotionnel qu'est celui de l'amour. Écrire est un processus permettant d'amener nos ressentis à un plan conscient pour les libérer totalement. Voici ces différents niveaux émotionnels :

- La colère
- La tristesse
- La peur
- Le remords
- L'amour et autres états d'esprit positifs

En suivant ce plan, vous serez capable d'explorer la profondeur de vos émotions négatives et de redécouvrir l'amour qu'on oublie si facilement sous l'effet du stress. Une fois cette étape franchie, préparez votre réponse. Trouvez des formules exprimant des excuses, la compréhension, l'harmonie, l'amour et la reconnaissance. Transcrivez ce que vous aimeriez vraiment entendre suite à ce que vous avez confié dans votre lettre d'émotions. Exprimez ce qui vous permettrait d'aller mieux. Écrivez aussi ce que vous pensez que le destinataire pourrait vous dire si réellement il était capable de vous comprendre et de vous répondre avec une totale sincérité.

COMMENT COMPOSER UNE LETTRE D'ÉMOTIONS

Lorsque vous écrivez une lettre d'émotions, vous allez tout d'abord transcrire tout le ressenti se rapportant au premier niveau émotionnel. Très naturellement, votre conscience va progressivement opérer un glissement vers le deuxième niveau. Commencez par formuler tout ce qui se rattache à votre colère et continuez jusqu'à ce que vous sentiez qu'elle s'apaise. Dès lors, vous serez prêt à aborder l'étape suivante. Écrivez tout ce qui se rapporte à la tristesse, explorez profondément ce ressenti. Vous allez constater que votre conscience se dirigera spontanément vers les émotions du niveau suivant : la peur. Vous allez vivre ces émotions en profondeur, saisir la vulnérabilité qui s'y loge. D'ailleurs, vous réaliserez que plus vous décortiquerez votre ressenti de peur, plus vos émotions auront tendance à être vives. Ne vous inquiétez pas, c'est bon signe ! Cela indique simplement que vous êtes en train de libérer ces émotions négatives et que la catharsis est à l'œuvre. À ce stade, vous commencerez à entrevoir votre part de responsabilité, ce qui vous indiquera que vous êtes prêt à passer au quatrième niveau et à exprimer vos remords ainsi que vos excuses. C'est ce revirement qui vous empêchera de vous cramponner à vos émotions négatives. De votre cœur jailliront plusieurs sentiments positifs et vous commencerez assurément à vous sentir mieux ; il est primordial que vous les mettiez en mots. Exprimez votre amour, votre appréciation, votre compréhension, votre reconnaissance, le souci que vous avez de votre partenaire et la confiance qu'il vous inspire. Mettre ces émotions par écrit les fera résonner en vous plus longtemps. Chaque fois que vous rédigerez une lettre d'émotions, vous renforcerez votre aptitude à entretenir une attitude positive même durant les périodes de grand stress.

Quand vous vous adonnez à l'écriture émotionnelle, imaginez que vous partagez votre ressenti avec une personne qui a sincèrement envie de vous écouter et de vous aider. Si quelqu'un vous a contrarié, il sera destinataire de ce courrier que vous aurez composé pour lui exprimer ce que vous avez ressenti. Cependant, gardez bien à l'esprit que le propos de la lettre ne doit pas tourner autour de cette personne ; il ne s'agit pas de critiquer l'autre mais au contraire de livrer vos émotions pour qu'il sache de quelle manière il peut vous soutenir. Sachez aussi que vous retirerez de grands bénéfices de cette technique d'écriture même si vous ne donnez pas votre lettre à celui ou celle qui vous a blessé. Si vous êtes persuadé que cette personne ne vous offrira pas la moindre attention, ce n'est pas grave. Écrivez-lui tout de même, mais ne lui remettez pas votre courrier. Vous vous sentirez mieux après l'avoir fait. Bien sûr, il est bien plus efficace de partager vos émotions avec la personne concernée, mais uniquement si elle est capable de faire preuve à votre égard d'amour et de compréhension. Si tel n'est pas le cas, lui confier votre ressenti ne servirait qu'à vous énerver tous les deux.

Afin de vous permettre de mieux sonder votre ressenti, le modèle de lettre que je vous offre comporte une introduction type pour chaque niveau émotionnel. Écrivez-la, puis complétez la phrase. Avec ce genre d'amorce, il est plus facile de laisser couler ses émotions. En outre, c'est très utile quand on ne sait pas vraiment comment s'y prendre pour exprimer ce qu'on ressent. L'autre avantage que présentent ces introductions, c'est de vous entraîner dans la bonne direction : l'exploration de niveaux émotionnels toujours plus profonds. Pour chaque étape, vous pouvez n'utiliser qu'une seule formule d'introduction ou toutes celles qui sont proposées. C'est vous qui allez choisir ce qui convient le mieux pour exprimer ce que vous ressentez. La plupart des amorces commencent par « Je », ce qui vous aidera à rester centré sur vous-même. À chaque fois que vous êtes énervé, prenez une feuille de papier et un stylo et commencez à écrire. Ce sera pour vous un moyen de retrouver votre paix intérieure et de vous reconnecter avec votre nature aimante.

MODÈLE DE LETTRE D'ÉMOTIONS

Cher, chère...

Je t'écris cette lettre pour me débarrasser de mon ressentiment et de mes émotions négatives. J'en ai également besoin pour explorer et t'exprimer ce que je ressens de positif à ton égard et te demander du soutien. Évidemment, tu es libre de me l'accorder ou pas.

Niveau 1 : la colère

Je n'aime pas...
Je t'en veux...
Je suis énervé(e)
Je suis furieux/furieuse...
Je veux...

Niveau 2 : la tristesse

J'ai mal…
Je suis déçu(e)…
Je suis triste…
Je suis malheureux/malheureuse…
J'aimerais…

Niveau 3 : la peur

C'est si douloureux…
Je suis inquiet/inquiète…
J'ai peur…
Je suis terrorisé(e)…
J'ai besoin…

Niveau 4 : le remords

Je te présente mes excuses…
Je suis un peu gêné(e)…
Je suis désolé(e)…
J'ai honte…
Je suis prêt(e) à…

Niveau 5 : l'amour

J'aime…
J'apprécie…
Je réalise…
Je te pardonne…
J'aimerais beaucoup…
J'ai confiance…

Et vous concluez par : « Avec tout mon amour », avant de signer.

Souvenez-vous bien que dès que vous sentez l'amour vous quitter, il faut que vous exploriez et écriviez vos émotions sous cette forme. Si vous suivez cette méthode telle quelle, vous pourrez traiter vos émotions négatives et faire remonter à la surface tout l'amour que le destinataire vous inspire. Donnez-vous suffisamment de temps pour explorer votre ressenti de fond en comble. Même si vous êtes perdu et ne savez pas par où commencer, asseyez-vous, prenez une profonde respiration, détendez-vous et partez à la découverte de vos émotions. Notez tout ce qui vous vient à l'esprit. Dans l'idéal, accordez le même temps à chaque niveau. Si vous en négligez un, il est possible que ce soit justement celui qui aurait le plus mérité d'être approfondi.

En général, il vous faudra une vingtaine de minutes pour rédiger votre lettre, ce qui correspond à environ quatre minutes par niveau. Ne vous souciez pas de l'orthographe ou de la ponctuation, ne vous concentrez que sur les émotions qui jaillissent. Si les mots vous manquent, si vous avez le sentiment de ne pas voir ce que vous pourriez dire, commencez à écrire la formule d'introduction. Ensuite, laissez venir les émotions et couchez-les sur votre feuille, même si elles ne paraissent pas avoir de lien avec l'amorce ou avec la personne à laquelle vous écrivez. La lettre d'émotions est un outil qui va vous aider à ouvrir et sonder votre cœur. Au fil du temps et avec de la pratique, vous parviendrez à garder votre cœur ouvert en toutes circonstances.

LA RÉPONSE

Quand vous aurez fini d'écrire votre lettre d'émotions, prenez quelques minutes de plus pour rédiger une réponse. Pour la plupart des gens, c'est cette étape qui est la plus efficace pour guérir de leurs blessures. En effet, c'est grâce à elle que vous allez vous-même vous donner l'amour que vous méritez. En général, quand vous êtes contrarié, c'est parce que votre sphère émotionnelle a saisi que vous avez subi une maltraitance, quelle qu'en ait été la forme. La réponse que vous allez élaborer sera également captée par votre sphère émotionnelle et elle puisera du réconfort dans ces mots bienveillants que vous méritez d'entendre. Cette réponse devra comporter les éléments suivants :

- Des excuses exprimées de manière à ce que vous vous sentiez entendu et soutenu.
- Des mots qui traduisent qu'on vous a compris et qu'on valide votre ressenti de manière chaleureuse et compassionnelle.
- Des mots qui expriment la tendresse, qui font votre éloge, qui démontrent que vous êtes apprécié et qu'on reconnaît l'amour que vous méritez.
- Tout ce dont vous avez besoin pour vous sentir bien.

En plus de constituer un excellent moyen d'être responsable vis-à-vis de votre propre bien-être, la réponse fait savoir à son destinataire de quelle façon vous avez besoin d'être soutenu. Tout au long de cet ouvrage, nous avons vu à quel point nous sommes tous différents. Vous devez donc savoir à présent qu'il n'est pas réaliste d'attendre que les personnes que vous aimez aient toujours les mots justes. Par le biais de votre réponse, vous allez offrir à votre partenaire une chance d'exprimer son amour et de vous apporter son soutien d'une manière qui soit la plus efficace et satisfaisante pour vous. Si vous voulez savoir comment et pourquoi cette technique d'écriture émotionnelle fonctionne aussi bien, vous trouverez des informations complémentaires dans mon livre *Les hommes viennent de Mars, les femmes viennent de Vénus*.

J'AI LU
Bien être
11347

Composition
NORD COMPO

Achevé d'imprimer en Slovaquie
par NOVOPRINT
le 17 janvier 2016

Dépôt légal janvier 2016
EAN 9782290123010
OTP L21EPBN000370N001

ÉDITIONS J'AI LU
87, quai Panhard-et-Levassor, 75013 Paris
Diffusion France et étranger : Flammarion